入門 編
人事の緑本
JINJI no MIDORIBON

はじめて
人事担当者に
なったとき
知っておくべき、
⑦の基本。
⑧つの主な役割。

第3版 労務行政研究所 編

労務行政

は じ め に

　2020 年の年初から急加速した新型コロナウイルスの世界的感染拡大は、各国の経済活動に大きな打撃を与え、わが国においても、感染再拡大の抑止とともに "アフターコロナ" を見据えた生活様式の在り方が問い直される中、企業と働く人々は新たな課題に直面しています。

　一方、デジタルトランスフォーメーションの進展によるビジネスの構造的変化、グローバルな企業間競争の激化、加速する少子高齢化による働き手の減少など、わが国の企業を取り巻く現下の課題もさらに重みを増し、経営基盤の強化と競争力の向上はまさに急務といえます。そうした中、最も重要な経営資源であり、企業にとって大切な財産である「ヒト」をいかに活かすかが、あらためて問われています。

　そこで、人事労務を担当する初心者から中堅クラスまでの方を対象に、人事の業務全般を網羅的に把握していただくために編集したのが、人事管理の入門書である本書です。2012 年の初版以来多くのご支持をいただき、2017 年には第 2 版を刊行、さらに「働き方改革」をはじめ、人事パーソンに必須の情報・知識を新たに盛り込み、ここに第 3 版としてお届けすることといたしました。

　人事労務管理には、人材を確保する入り口の「採用」から「退職」に至るまでさまざまな仕事があり、本書はそれらの仕事の進め方やポイントを簡潔にまとめています。全体は、「人事の基本」として 7 つの仕事を取り上げ、さらに人材確保、人材活用、人材育成、働き方や報酬マネジメント、働きやすい環境、労使関係など、人事にとって重要となる 8 つの役割を解説しています。

　本書は、2010 年に刊行した「人事担当者が知っておきたい、⑩の基礎知識。⑧つの心構え。(基礎編)」(人事の赤本)、「人事担当者が知っておきたい、⑧の実践策。⑦つのスキル。(ステップアップ編)」(人事の青本) と並ぶ、人事担当者向け教育書であり、併せてお使いいただくことで、知識・スキルのレベルアップが図れるようになっています。

　本書を、皆さまの日常の実務や学習を進める上での参考として、お役立ていただければ幸いです。末筆ながら、人事パーソンの成長支援への熱意を込めて、ご執筆の労をおとりいただいた深瀬勝範氏に厚く御礼申し上げます。

　2020 年 8 月

労務行政研究所　編集部

Contents

第3章　人材を活用する
～配置と人事制度の基礎知識～

第4章　人材を育成する
～能力開発とモチベーション向上に関する基礎知識～

第5章　働き方をマネジメントする
～労働条件管理に関する基礎知識～

第6章　報酬を支払う
～報酬管理と給与計算に関する基礎知識～

第 7 章　安心して働くことができる環境を整える
～社会保険と福利厚生、安全衛生に関する基礎知識～

第8章　社内コミュニケーションを良くする
～労使関係と社内コミュニケーションに関する基礎知識～

第9章 これからの人事

～環境変化と人事労務管理～

特別付録

第 1 章

人事の基本

~人事の仕事を理解しよう~

1 人事労務管理とは

人事労務管理とは

　「人事労務管理」とは、「会社の目的達成に役立てるため、経営資源である「人材」の効果的活用を図る一連の管理」をいう。

　経営資源である「人材」は、次の三つの側面を持っている。

1 労働力としての「人材」

　「人材」は、製品やサービスを生産したり、販売したりする主体である。そこで、会社は、事業を行う上で、まず「人材」を確保し、さらに、採用した「人材」を活用し、育成することが必要になる。

2 コストとしての「人材」

　「人材」に対して支払われる報酬は、会社から見れば、事業を行うためのコストである。そこで、会社は、より多くの生産量・販売量をより少ないコストで生み出すために、働き方や報酬を管理する。

3 人間としての「人材」

　「人材」は、一人の人間でもあるから、感情や人間関係によって行動が変わる。そこで、会社は、従業員が安心して働くことができる環境を整えたり、職場内のコミュニケーションを活性化したりする。

　これらの「労働力、コスト、人間」という三つの側面に着目して、「人材」を最も効果的に活用できる状態をつくり出し、それを維持していくことが「人事労務管理」（または「人材マネジメント」）である。

人事労務管理のねらい

会社が「人事労務管理」を行うねらいは、次のとおりである。

①働き方や処遇に関するルールの決定とその運用、職場環境の改善など
を通じて、社内の秩序の安定と維持を図る。

②従業員を評価し、あるいは教育研修を行うことなどを通じて、従業員
の意欲向上と能力開発を図る。

③上記を通じて、会社の持続的発展、従業員の成長と生活の安定に寄与
する。

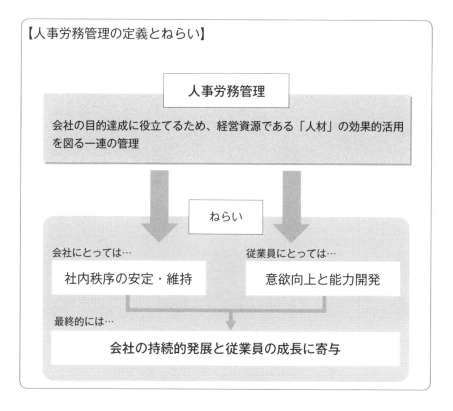

【人事労務管理の定義とねらい】

人事労務管理

会社の目的達成に役立てるため、経営資源である「人材」の効果的活用
を図る一連の管理

ねらい

会社にとっては…
社内秩序の安定・維持

従業員にとっては…
意欲向上と能力開発

最終的には…
会社の持続的発展と従業員の成長に寄与

2 経営理念・経営戦略と人事労務管理

● 人事労務管理は、経営理念・経営戦略と関連している

　会社の経営を実践していくのは、「人材」にほかならない。そこで、会社は、経営理念に基づいて行動できる、かつ、経営戦略を具体化できる「人材」を採用し、また育成しようとする。

　その意味では、「人事労務管理」とは、経営理念・経営戦略を実践するためのプロセスといってもよい。人事部員は、人事労務管理を行う上で、まず、自社の経営理念・経営戦略と人事労務管理との関連性を意識し、確認しておかなければならない。

● 経営理念・方針によって、人事労務管理の方向性が決まる

　「経営理念」とは、会社の目的や使命などを言葉で表現したもの、「経営方針」とは、事業運営におけるポイントを整理したものである。

　経営理念・経営方針に基づいて行動できる人材が、その会社の「求める人材像」となる。そして、評価制度や教育研修体系など人事労務管理に関わる制度や体系は、「求める人材像」を活用し、育成する仕組みとして構築されている。例えば、「先進性」を重視する経営理念・方針を持つ会社は、「挑戦意欲が旺盛な人材」を求め、開発力やチャレンジ精神を重点的に評価する仕組みを導入するだろう。

　このように、会社の経営理念・方針によって、その会社の人事労務管理の方向性が決まる。

● 経営戦略・戦術を具体化するときに、人事労務管理が機能する

　「経営戦略・戦術」とは、会社が目的・使命を達成するために、「何をどうやって行うのか」を定めたものである。ところが、経営戦略・戦術を策定しただけでは、「誰が何をすればよいのか」が分からないため、

それが実行に移されることはない。そこで、経営戦略・戦術に基づいて各部門の事業計画を作成し、また、部門計画に基づいて従業員の業務計画を設定する仕組み（目標管理制度など）が人事労務管理の中に組み込まれる。これによって、各自がやるべきことを明確にすれば、経営戦略・戦術を具体的に実践することができる。例えば、会社として「事業拠点の海外展開」を戦略とするならば、人事部門は「海外で活躍できる人材の育成」を事業計画に盛り込み、研修担当者は語学や異文化理解・コミュニケーション等の研修を積極的に実施する業務計画を立てるだろう。

　このように、会社の経営戦略を具体化する上で、人事労務管理がその機能を発揮するのである。

　人事部員は、「経営理念や経営戦略を実践する」という感覚を持って、人事労務管理を行うようにしなければならない。

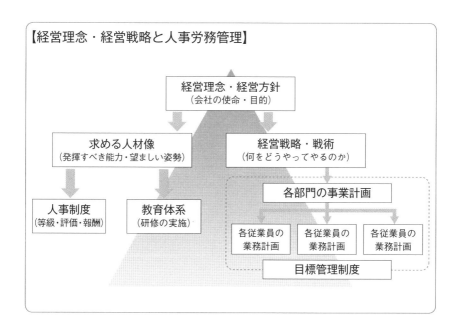

【経営理念・経営戦略と人事労務管理】

経営理念・経営方針
（会社の使命・目的）

求める人材像
（発揮すべき能力・望ましい姿勢）

経営戦略・戦術
（何をどうやってやるのか）

各部門の事業計画

人事制度
（等級・評価・報酬）

教育体系
（研修の実施）

各従業員の業務計画

各従業員の業務計画

各従業員の業務計画

目標管理制度

3 人事部門の使命と役割

人事部門の使命

　人事労務管理の最終目的は、「会社の持続的発展と従業員の成長に寄与する」ことにある。そこで、人事労務管理を主な仕事とする「人事部門」の使命を、次のように言い表すことができる。

> 人事部門の使命は、経営目的を達成するために、必要な人材を確保し、その人材を最大限に活用する仕組みと環境を整備することである。

人事部門の役割

　人事部門のサービスの提供先は、「経営者」あるいは「従業員」である。また、人事部門の仕事は、「管理・実務」と「企画・開発」とに分けることができる。ここで、サービスの提供先（経営者—従業員）と仕事の内容（管理・実務—企画・開発）の二つの軸から人事部門を捉えると、次の四つの「役割」が見えてくる。

1「マネジャー」としての役割
　会社が大きくなると、経営者だけで、すべての管理を行うことは不可能になる。人事部門は、人事制度や就業規則の運用を通じて、経営者が行うべき人事労務管理を代行する「マネジャー」の役割を担う。

2「コンサルタント」としての役割
　人事部門は、法改正に基づいて就業規則の改定を行ったり、環境変化を捉えて人事戦略の見直しを行ったりする。このように、人事労務の専門家として、経営者を支援する「コンサルタント」の役割も持つ。

③「エージェント」としての役割

　人事部門は、従業員を支える「エージェント（代理人）」となって、給与計算や社会保険の届け出など、さまざまなサービスを提供する。これによって、従業員が、仕事に集中し、また安心して生活できるようになる。

④「コーチ」としての役割

　人事部門は、従業員のキャリア（職務経験）や能力の開発を支援する「コーチ」の役割も担う。また、「コーチ」として、社内を活性化するための施策も行う。

　人事部門に所属する者（人事部員）は、この四つの役割のすべて、またはいずれかを担って、日々の仕事をしている。

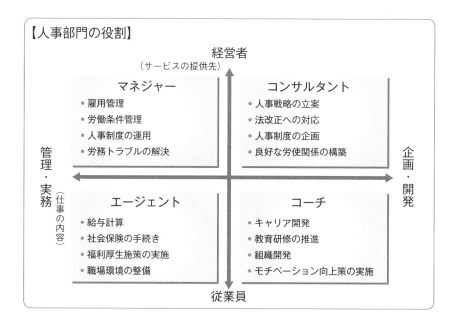

【人事部門の役割】

経営者
（サービスの提供先）

マネジャー
・雇用管理
・労働条件管理
・人事制度の運用
・労務トラブルの解決

コンサルタント
・人事戦略の立案
・法改正への対応
・人事制度の企画
・良好な労使関係の構築

管理・実務
（仕事の内容）

企画・開発

エージェント
・給与計算
・社会保険の手続き
・福利厚生施策の実施
・職場環境の整備

コーチ
・キャリア開発
・教育研修の推進
・組織開発
・モチベーション向上策の実施

従業員

4 人事部門の仕事

人事部門の仕事

　人事部門の仕事は、募集・採用から退職に至るまで、従業員に関することすべてが対象となる。具体的には、次の仕事がある。

1 人材を雇用（確保）する

　事業が正常に運営されるように、人材を過不足なく調達する仕事。具体的には、要員計画の策定、募集・採用に関わる業務、退職に関わる業務などを行う。

2 人材を活用する

　採用した人材を職場に配置し、職務を与える仕事。また、人材活用のために、人事制度を構築し、それを運用する仕事。

3 人材を育成する

　従業員のキャリア（職務経験）を開発し、その能力を伸ばす仕事。また、各従業員の持つ能力や知識を組織的に活用する工夫を凝らす仕事。

4 働き方をマネジメントする

　就業規則などで労働条件を定めて、それを適切に運用する仕事。具体的には、労働時間の管理、年次有給休暇の管理などを行う。

5 報酬を支払う

　報酬制度を構築し、それに基づいて従業員に給与を支払う仕事。具体的には、報酬制度の見直しや給与計算などを行う。

6 働きやすい環境を整える

　従業員が安心して働くことができるように、労働・社会保険への加入

手続きをしたり、作業環境の改善を図ったりする仕事。

７ コミュニケーションを良くする

　会社と従業員との間、および従業員同士のコミュニケーションを良くすることにより、良好な労使関係を維持し、また職場内の人間関係の円滑化を図る仕事。

【人事部門の仕事】

	管理・実務	企画・開発
確保する （雇用管理）	募集・採用活動 労働契約の締結 入社手続き 退職手続き	採用戦略（雇用ポートフォリオなど）の策定 要員計画の策定 定着率向上策の実施 雇用調整の検討・実施
活用する （人事管理）	配置・異動の業務（発令、転勤の処理） 昇格・昇進の管理 評価制度の運用 目標管理制度の実施	配置計画の策定 人事方針（「求める人材像」など）の明確化 等級制度の構築・見直し 評価制度の構築・見直し
育成する （キャリア開発・能力開発・組織開発）	人事面談、アセスメントの実施 自己申告の実施、人事情報管理 教育研修の実施 キャリアカウンセリング	CDPの作成 教育研修の企画、年間計画の作成 組織開発の検討 モチベーション向上策の実施
働き方をマネジメントする （労働条件管理）	就業規則などの運用 労働時間の管理（勤怠管理） 休暇の管理 職場指導	就業規則などの改定 労働時間制度の見直し 休暇制度などの見直し その他労働条件変更の検討
報酬を支払う （報酬管理）	給与計算 税金の処理、年末調整 退職金、企業年金の事務	報酬制度、給与体系の見直し 昇給、賞与の決定
働きやすい環境を整える	労働・社会保険に関わる事務（資格得喪、標準報酬決定、給付手続きなど） 社宅・寮、その他福利厚生施策の実施 安全衛生に関する業務（健康診断の実施など）	福利厚生施策の企画、見直し 安全衛生体制の構築
コミュニケーションを良くする （労使関係管理・人間関係管理）	団体交渉の実施 労働協約・労使協定の締結 労務トラブルへの対応 コミュニケーションの活性化（社内報の作成など）	団体交渉の方針検討 労働争議などへの対策 経営理念を徹底する施策の企画

5 人事部門の年間スケジュール

人事部門には、毎年、定期的に発生する仕事がある

　人事部門の仕事には、毎年、一定の時期に必ず行わなければならないものがある。人事部員は、どの時期に、どのような仕事が発生するのかを把握しておくと、人事労務管理を効率的に進めることができる。

■1 募集・採用関連業務
　2017年卒以降の大学新卒者採用は、入社前年3月1日に広報活動を、6月1日に選考活動を開始し、内定は10月1日以降に出すというスケジュールで進められている。
　入社式は4月1日前後に実施する会社が多い。入社式前後の時期は、翌年入社の採用活動と今年の入社受け入れ業務が重なり、多忙になる。

■2 人事制度の運用に関わる仕事
　昇格・昇進や従業員の評価が、毎年一定の時期に行われ、この時期が忙しくなる。

■3 労働条件・労使関係管理の仕事
　毎年2月から3月にかけて、昇給（賃上げ）や労働条件の改善に関する労使交渉（春闘）を行い、3月に労使協定などの締結、4月に就業規則改定を行う会社が多い。

■4 報酬管理、給与計算の仕事
　昇給が4月、賞与支給が6月（または7月）と12月に行われる（会社により時期が異なることがある）。毎年末に所得税の「年末調整」が行われる。

■5 労働保険・社会保険の手続きに関する仕事
　新入社員が入社するときに、労働・社会保険に加入させる手続き（被

22

保険者資格の取得）が発生する。また、労働保険料の申告が6月から7月にかけて、社会保険料の標準報酬の届け出が7月上旬に発生する。

【人事部門の年間スケジュール(例)】

	募集・採用関連業務	人事制度の運用	労働条件・労使関係管理	報酬管理・給与計算	労働保険・社会保険
4月	●入社式 ●入社手続き ●新入社員研修、配属	●昇格・昇進の通知 ●組織変更・人事異動 ●上期目標の設定	●就業規則の改定 ●36協定の締結 ●年休カードの配布	●給与の改定(昇給)	●新入社員の資格取得届
5月		●賞与考課 （前年10月～当年3月）		●個人住民税の税額通知	
6月	●(大学卒)選考活動開始 ●(高校卒)求人説明会		●高年齢者雇用状況報告 ●障害者雇用状況報告 　（ともに7/15まで）	●夏季賞与と計算 ●夏季賞与と支給	●労働保険の年度更新 （6/1～7/10) ●社会保険賞与支払届・賞与支払届総括表の提出 ●社会保険の定時決定 （7/1～7/10)
7月	●(高校卒)求人票の提出 ●インターンシップの実施				
8月					
9月	●(高校卒)応募者選考	●上期目標の達成度評価			●社会保険料の改定
10月	●(大学卒)翌年入社内定 ●(高校卒)翌年入社内定	●下期目標の設定 ●賞与考課 （当年4月～9月）	●年末賞与　団体交渉)		
11月				●年末賞与と計算 ●年末調整の準備	
12月				●年末賞与と支給 ●年末調整	●社会保険賞与支払届・賞与支払届総括表の提出
1月	●新年度要員計画の策定		●春闘(労使交渉)準備	●法定調書提出(税務署) ●源泉徴収票の配布 ●給与支払報告書の提出 （市町村～1/31)	
2月		●人事考課 （前年4月～当年3月）	●春闘開始		
3月	●新入社員受け入れ準備 ●(大学卒)広報活動開始	●昇格・昇進の審査・決定 ●下期目標の達成度評価	●労働条件の見直し ●春闘終了(妥結) ●年休付与日数の算定		

※毎年4月1日を新年度の開始日とし、5月と10月に賞与支給額決定のための評価、2月に昇格・昇進と昇給を決定するための評価を行う場合。なお、各項目の実施月は、年度や会社により異なる場合がある。

6 人事部員の心構え

「人材」という経営資源の特徴を理解すること

　「人材」は、モノ（設備や原材料など）やカネ（資金）などの経営資源と異なる特徴を持っている。人事部員は、次に掲げる特徴を理解した上で、人事労務管理を行わなければならない。

■人材の「できること」は大きく伸びる可能性がある

　「できること」があらかじめ決まっているモノやカネと異なり、人材は、活用や育成の仕方によって、「できること」が大きく伸びる可能性がある。人事労務管理の判断においては、「今、できること」だけではなく、「将来の伸びる可能性」も視野に入れて行う必要がある。

■人材は「感情」を持っている

　人事部門が何か施策を行うときに、その伝え方が悪いと、従業員の「感情」を害してトラブルになってしまうこともある。人事労務に関する施策を行うときには、人材の「感情」にも配慮することが必要になる。

人事部員の三つの心構え

　人事労務管理を行う者には、次の三つの心構えが必要である。

■常にバランスを考えること

　人事部員は、労働条件の決定などに当たり、経営者と従業員との間に立って両者の利害関係を調整する役回りを担うことがある。また、採用活動では入社希望者に対応したり、渉外活動では地域関係者と折衝したりするなど、会社と社外関係者との橋渡し役を行う場面もある。
　このような場面で、どちらか一方の意向に偏った動きばかりしている

と、他方からの信頼が得られなくなり、調整役や橋渡し役の機能が果たせなくなる。人事部員には、労使あるいは社内外の双方の立場を理解した上で、適切に対処する「バランス感覚」が必要である。

2 公明正大

人事部員の仕事の対象である「人材」は感情を持っている。不公平に取り扱われたという感情を持つと、従業員は、仕事に対する意欲を減退・喪失させたり、会社に対する愛着をなくしたりしてしまう。人事部員は、規則や制度の運用に当たり、常に公明正大であることを心掛けておかなければならない。

3 幅広い視野と向上心

近年、「人材」に関わる社会情勢は急激に変化している。人事部員は、社会情勢の変化を捉えて、幅広い視野からさまざまな施策を提案し、実施していくことが求められている。そして、常に最新知識や技術を追い求め、それを習得していく「向上心」を持つことが必要である。

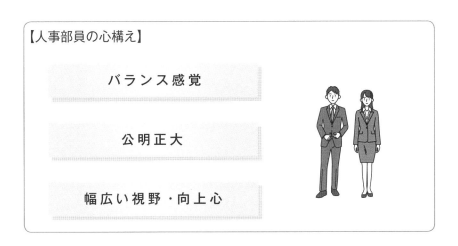

【人事部員の心構え】

バランス感覚

公明正大

幅広い視野・向上心

7 人事部員に必要とされる知識・スキル

人事部員に必要な知識

人事部員に必要な知識としては、次のものが挙げられる。

1 法令に関する知識

人事の仕事、特に労働条件管理については、労働法令に基づいて対応しなければならないものが多々ある。労働法令を理解しないままに人事労務管理を行っていると、知らないうちに法律違反を犯していたということにもなりかねない。

人事部員は、労働法や社会保険に関する法令を、一通り理解しておかなければならない。

2 経営に関する知識

人事労務管理は、経営に多大な影響を及ぼす。したがって、経営に関する基礎的な知識、特に「組織」や「人」に関する知識(モチベーション理論など)は、十分に勉強しておかなければならない。

3 会社の経営方針・業務内容の理解

採用活動において、人事部員は「会社の顔」として入社希望者に対応することもあるので、入社希望者の質問に適切な受け答えができるように、自社の経営方針や業務内容を十分に理解しておくことが必要になる。また、人事制度を適正に運用する上でも、自社の経営方針や業務内容を十分に理解しておかなければならない。

人事部員に必要なスキル

人事労務管理を行う上では、次のスキルが必要になる。

❶コミュニケーション・スキル

　人事方針や人事制度を従業員に説明する、あるいは従業員から職務に関する不満や希望を聞き出すなど、人事部員はさまざまな人とコミュニケーションを取らなければならない。人事部員は、「自分の言いたいことを的確に相手に伝える」「相手の言いたいことを聴き、理解する」などのコミュニケーション・スキルを高めることが必要である。

❷情報リテラシー

　人事労務管理では、従業員の職務や給与に関するさまざまな情報を取り扱う。また、雇用や給与に関する社外の情報を分析し、人事施策の企画立案を行うこともある。人事部員は、情報を収集して的確に分析するスキルやパソコンの表計算ソフトを活用するスキルなども求められる。

❸企画力・実行力

　データ分析を通じて経営上の問題を的確に捉えたとしても、その問題の解決に向けた施策を企画提案し、その施策を実行に移すことができなければ、何の意味もない。人事部員には、問題解決を図るための企画力や実行力も求められる。

【人事部員に必要とされる知識・スキル】

〈必要な知識〉　　　　　　　　　　〈必要なスキル〉

法令に関する知識　　　　　　コミュニケーション・スキル

経営に関する知識　　　　　　　　情報リテラシー

経営方針・業務内容　　　　　　　企画力・実行力

人事労務管理に関係する主な法令

　人事労務管理を行う上では、労働や社会保険など
に関する法令の知識が必要になる。人事労務管理に関係する主な
法令は次のとおりであり、一度、自分で目を通しておくことが望
ましい。

労働	労働基準法※
	労働組合法※
	労働関係調整法
	労働契約法※
	労働安全衛生法※
	育児休業、介護休業等育児又は家族介護を行う労働者の福祉に関する法律※
	女性の職業生活における活躍の推進に関する法律
雇用	職業安定法
	雇用の分野における男女の均等な機会及び待遇の確保等に関する法律※
	高年齢者等の雇用の安定等に関する法律※
	青少年の雇用の促進等に関する法律
	障害者の雇用の促進等に関する法律
	短時間労働者及び有期雇用労働者の雇用管理の改善等に関する法律※
	労働者派遣事業の適正な運営の確保及び派遣労働者の保護等に関する法律
労働保険、社会保険	労働者災害補償保険法※
	雇用保険法※
	労働保険の保険料の徴収等に関する法律
	健康保険法※
	厚生年金保険法※
	国民年金法
	介護保険法※
	確定給付企業年金法
	確定拠出年金法
経営、税制など	民法
	会社法
	会社分割に伴う労働契約の承継等に関する法律
	個人情報の保護に関する法律
	行政手続における特定の個人を識別するための番号の利用等に関する法律
	所得税法
	地方税法

※人事部の仕事をする上で特に重要な法令

第 2 章

人材を確保する

～雇用管理の基礎知識～

1 人材確保のポイント

「必要な人材を過不足なく」がポイント

　会社は、ヒト、モノ、カネなどの経営資源を使って、製品やサービスを社会に提供する。経営資源のうち「ヒト（＝人材）」を確保することが、人事部の仕事となる。

　人材確保は、事業運営に大きな影響を及ぼす。必要な人材が確保できないと、製品やサービスを思うように提供できなくなってしまう。逆に、人材を多く確保し過ぎると、その分人件費が高くなって、利益を出せなくなってしまう。

　「必要な人材を、過不足なく社内に提供すること」

これが、人材確保を進める上で、最も重要なポイントとなる。

人材確保を難しくしている要因

　このポイントを実現することは、意外と難しい。人材の過不足ない提供を困難にしている要因として、次の三つを挙げることができる。

(1)「必要な人材」が明確にされていない

　「優秀な人が欲しい」というばかりで「必要な人材」が持つべき能力や資質が明確にされていないことがある。どういう人材を採用してよいのかが分からなければ、必要な人材を確保することはできない。

(2)仕事量に応じて、必要な人材の量も変動する

　季節や景気によって仕事量は絶えず増減し、それに応じて必要な人材の量も変動する。ある時期に人材の量が適正な状態になったとしても、仕事量が増減した途端に、人材の過不足が生じることになる。

(3)確保した人材が退職することもある

　正社員として長期勤続を見込んでいた人材が、短期間のうちに退職することがある。採用を積極的に行っても、多くの退職者が出てくると、結局、人材不足が生じてしまう。

人材確保を進める上での注意点

したがって、人材確保を効果的に進めていくためには、次の点に注意することが必要となる。

(1)「必要な人材（人材像）」を明確にする

　　経営層や職場の意見を聞いた上で、人事部が「必要な人材」を明確にして、それをベースにした採用などを行う。

(2)要員計画を作成し、実際の人員を常にチェックする

　　仕事量の増減や退職者の見込みも考慮して、「いつまでに何人確保するのか」という要員計画を作成する。また、要員計画と実際の人員にズレが生じていないか、常にチェックしておく。

(3)正社員の確保は、長期的な視点から行う

　　正社員については、勤務が長期間継続することが見込まれるため、および、その中から会社の将来を担う人材を育成していくため、長期的な視点から確保する。

【人材確保のポイント】

人材確保のポイント

必要な人材を、過不足なく、社内に提供する

| 「必要な人材」を明確にする | 要員計画を作成し、実際の人員を常にチェックする | 正社員の確保は、長期的な視点から行う |

2 人材確保の業務の流れ

　人材確保に関わる業務を、「入社するまでの業務」と「入社以降の定着化と退職・解雇に関する業務」とに分けて見ていこう。

入社するまでの業務（要員計画の策定から、募集・採用まで）

　要員計画を策定し、それに基づいて、必要とする人材を採用する。具体的には、次の業務を行う。

(1)現状分析

　　経営層や各部門の責任者に「必要な人材像」や「人材の過不足状況」などについてヒアリング（またはアンケート）を行う。

(2)要員計画の策定

　　現状分析の結果に基づき、いつまでに何人の採用を行うのかを明確にする。要員計画の策定時点で、雇用形態（正社員・非正規社員）や採用方法（新卒採用・中途採用）についても検討する。

(3)採用スケジュールの作成

　　要員計画に基づき、具体的な採用スケジュールを作成する。

(4)募集に関わる業務（新卒採用・中途採用）

　　学校、ハローワーク、人材紹介会社などに求人票などを提出する。必要に応じて、企業説明会などを実施する。

(5)採用活動・内定（新卒採用・中途採用）

　　応募者からのエントリーを受け付けて、書類選考、面接、適性検査などの選考を行う。採用が決定した者に「内定」の連絡をする。

(6)内定者フォロー

　　内定者が辞退しないように、定期的に連絡を取る。入社日が近くなったら、出社時間・場所および準備する書類などの連絡をする。

※学生に職場で就業体験をしてもらう機会（インターンシップ）を設けている会社もある。なお、インターンシップは、本来、学生に仕事の内容や自分の適性を理解してもらうために行われるものであり、募集・採用活動と区分けされることも多い。

【要員計画の策定から入社までの業務】

現 状 分 析

経営層、各部門責任者への
ヒアリングやアンケート

要員計画の策定

採用スケジュールの作成

募集（新卒）　　　　募集（中途採用）

（インターンシップの実施）　　求人票の提出
求人票の提出　　　　　　　　求人情報の掲載など
企業説明会の開催

採用（新卒）　　　　採用（中途採用）

エントリーの受付
選考（面接、適性検査など）

内 定

内定者フォロー

（入 社）

入社から退職・解雇までの業務

　入社から退職・解雇に至るまでの業務を行う。入社した従業員の定着率を高めることも、人材確保においては重要である。また、人材が過剰な場合には、雇用調整を実施しなければならない場合もある。

⑴入社手続き

　　採用された従業員に対して、労働条件などを説明した上で、労働契約を締結する(「入社する」とは「会社と従業員との間の労働契約が効力を発したこと」を意味する)。

　　また、労働保険・社会保険の資格取得など、必要な手続きを行う。

⑵定着化に関する業務

　　職場に配属された従業員から、仕事内容や労働条件などに関する意見を聞き、それに基づき、定着化を高めるための施策を実施する（特に新卒入社については、入社後3年間は定着率をチェックしておくことが望ましい）。

⑶要員計画と実際の人員のズレのチェック

　　定期的に各部門の実人員を集計して、要員計画とのズレをチェックする。ズレがある場合は、要員計画の見直しを行う。

⑷退職に関する手続き

　　従業員から退職願が提出されたら、必要な書類を堤出させる、退職金の計算をする、貸与物を返却させるなどの手続きをする。場合によっては、退職者との面談を行って退職事由などを確認する。

⑸解雇に関する手続き

　　解雇される従業員に対しての退職手続きをする（解雇は、通常の退職と異なる取り扱いをする場合があるので注意すること）。

⑹雇用調整に関わる業務

　　雇用調整が必要な場合は、対象者数や実施方法などを考慮の上、実施計画を作成する。計画に沿って、希望退職者の募集、退職勧奨、整理解雇などを実施する。

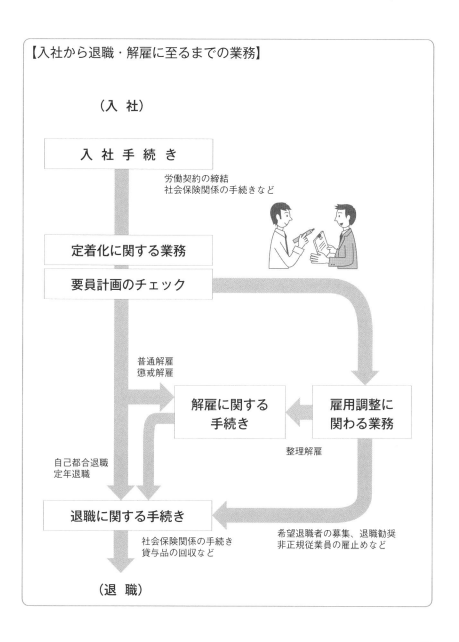

【入社から退職・解雇に至るまでの業務】

（入　社）

入　社　手　続　き

労働契約の締結
社会保険関係の手続きなど

定着化に関する業務

要員計画のチェック

普通解雇
懲戒解雇

解雇に関する
手続き

雇用調整に
関わる業務

整理解雇

自己都合退職
定年退職

退職に関する手続き

社会保険関係の手続き
貸与品の回収など

希望退職者の募集、退職勧奨
非正規従業員の雇止めなど

（退　職）

3 要員計画の立て方

経営層や各部門責任者から意見・要望を聞く

　必要な人材を過不足なく確保するためには、まず、「どのような人材が何人必要か」ということを明確にした要員計画を策定することが必要になる。要員計画を策定するときには、まず、経営層や各部門の責任者に「必要な人材像」や「人材の過不足状況」などに関するヒアリングやアンケート調査を行って、確保したい人材の質（資質や能力）と量（人数）について意見、要望を聞く。ここでは、次の注意をしなければならない。

①人材の質は具体的に示されなければならない。例えば、「英語が得意な人材を確保したい」という部門責任者などには、仕事において英語を使う場面を確認した上で、必要とされる英語力のレベルまで明確にすることが必要である。

②部門責任者は、業務に支障を来さないように人材を多めに確保しようと考える傾向がある。部門責任者が要求してきた人員数が多過ぎると判断されるときには、人事部門で調整しなければならない。

③一般的に、部門責任者は「現在、必要な人材」だけを要求してくるので、そこからは「将来、必要とされる人材」は見えてこない。長期的な視点から人材確保を行う場合には、経営層から「将来、必要とされる人材」について意見を聞くようにする。

雇用形態や採用方法を検討する

　近年、雇用形態（正社員／パートタイマー／嘱託社員など）が多様化しており、その組み合わせ方によっては、従業員数が同じであっても、人件費は大きく変わってくる。また、人材紹介会社を使うのかどうかによって、採用にかかる費用も大きく変わってくる。

　要員計画を策定するときには、これらのコスト面も考慮に入れておかなければならない。

「要員計画」と「採用スケジュール」を作成する

　経営層や各部門責任者の意見・要望、および人事部内でのコスト面の検討結果を踏まえて、確保するべき従業員数（部門別・雇用形態別）、およびその従業員数と実際の人数との差の調整方法（採用または雇用調整）を明確にした「要員計画」を策定する。

　人材不足の場合には、採用する人数、採用時期、および採用方法を具体的に示した「採用スケジュール」を作成する（なお、人材が過剰で雇用調整を行う場合については、73ページで説明する）。

要員計画は、定期的に見直しを行う

　業務内容の変化に伴い、確保したい人材の質、量が変わることもあるので、要員計画は、定期的に見直さなければならない。

　例えば、各年度が始まる前に「要員計画」を策定し、6カ月経過後、あるいは大きな環境変化が生じた場合に、必要に応じて計画を見直すというパターンなどがとられている。

【要員計画の例】

部　　署		今期の計画						実際の人員（2020年4月1日）			
		正社員			非正規社員			正社員		非正規社員	
		男性	女性	合計	パート	嘱託	派遣	男女計	差	合計	差
人事部	人事課	5	1	6	0	1	0	1	5	−1	1	0
	採用課	8	3	11	2	0	1	3	11	0	4	1
	合計	13	4	17	2	1	1	4	16	−1	5	1
今後の計画・見込		(1)人事課の正社員欠員1名は、来年度の新卒にて補充する予定。 (2)非正規社員1名の超過人員は、派遣社員の契約打ち切り時（4月末日）に解消。										
経理部	財務課	4	2	6	0	1	0	1	6	0	1	0
	経理課	4	6	10	0	1	0	1	11	1	1	0
	合計	8	8	16	0	2	0	2	17	1	2	0
今後の計画・見込		(1)経理課の正社員超過1名は、6月に退職予定がある社員を含んでいるため。 (2)嘱託社員2名は、今年度中に雇止め年齢に到達し、退職する予定。										

雇用形態と人材ポートフォリオ

雇用形態とは

　従業員は、期間を定めずに雇用される「正社員・正職員」と、一定の期間を定めて雇用される従業員(非正規従業員)とに区分される。このような従業員の区分を「雇用形態」という(「正社員とパートタイマー」のように所定労働時間の違いに着目した従業員の区分を「就業形態」という)。主な雇用形態およびその一般的な取り扱いは、下表のとおりである。

【主な雇用形態とその取り扱い】

名　称		内　容	一般的な取り扱い		
			雇用契約の期間	所定労働時間	給与の計算
正社員・正職員		期間を定めずに雇用される者で、会社の基幹的な従業員	定めなし	通常	月給制
(短時間正社員)		(なお、所定労働時間を通常よりも短く設定している正社員を「短時間正社員」という)		短い	
非正規従業員	パートタイマー (短時間労働者)	正社員より1日の所定労働時間が短いか、1週の所定労働日数が少ない労働者	定めあり※	短い	時給制
	嘱託社員	定年退職者等を一定期間再雇用する目的で契約し、雇用する者		個別に設定	月給制
	契約社員 (専門職)	高度な専門技術を持ち、期間を定めて雇用される者			年俸制
	契約社員 (期間工など)	増産などに対応するため、一定の期間を定めて雇用される者			日給制、または月給制
	アルバイト	臨時に発生する業務に対応するために、期間を定めて臨時的に雇用される者			時給制

※有期労働契約が5年を超えて反復更新された場合、使用者は労働者からの申し込みがあれば、無期契約に転換しなければならない(労働契約法18条)。

人材ポートフォリオで雇用形態の組み合わせを考える

　従来の日本企業は、「正社員」が従業員の大多数を占めており、軽易な作業に対応するために「パートタイマー」や「アルバイト」を必要人数だけ雇用するという人員構成になっていた。しかし、1990 年代以降、人員調整をより柔軟に行えるようにするために、非正規従業員を積極的に活用するようになってきた。

　長期に継続する仕事やノウハウの蓄積が必要な業務には「正社員」を配置し、一時的に発生する仕事や軽易な業務には「非正規従業員」を配置する。このように業務の特性に応じて雇用形態を組み合わせていけば、人材確保において安定性と柔軟性のバランスを取りつつ、人件費の面でも調整を図ることができる。

　そこで、業務特性に応じて、どの雇用形態で人材を確保するのかを定めた「人材ポートフォリオ」を作成し、それに基づいた人材の採用や配置が行われるようになっている。

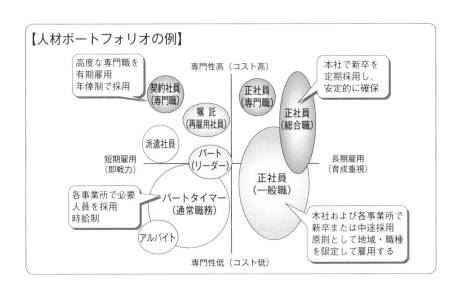

【人材ポートフォリオの例】

5 募集・採用活動

募集・採用活動の流れ

　募集・採用活動は、学校卒業予定者を対象とした「新卒採用」と、他社で働いたことがある者を対象とした「中途採用」とに区分される。それぞれの業務の流れは、次のとおりである。

■ 新卒採用の流れ（大学卒などの場合）

　大学・大学院新卒者を対象とする採用活動のスケジュールは、従来、経団連が公表する「採用選考に関する指針」に基づいて、大まかに決められていたが、2018年10月に経団連から、今後は指針を策定しない方針が示された。これを受けて政府は、関係省庁による協議を経て「2020年度卒業・修了予定者の就職・採用活動日程に関する考え方」を公表し、経済団体・業界団体などに対してそれまでと同様のスケジュール（次ページの図参照）で採用活動を行うように要請した。

- 広報活動開始：卒業・修了年度に入る直前の3月1日以降
- 採用選考活動開始：卒業・修了年度の6月1日以降
- 正式な内定日：卒業・修了年度の10月1日以降

　今後、2022年度（23年3月卒）以降は、このスケジュールが変更される可能性もあるので、人事部員は、採用活動を適切に行うことができるように、政府などが公表する情報や世間の動きなどに注意を払うことが必要である。

　なお実際には、企業は、選考活動において採用が確定した学生に対して「内々定」を出し、その学生を10月1日に集めて、内定式を行っている。内定式では、企業は「内定通知書」を交付するとともに、学生から「入社承諾書」を提出させて、この段階をもって正式な「内定」とし、採用の最終決定とする。

　会社によっては、内定から入社までの約半年間、学生を会社に集めて近況を報告させたりする「内定者フォロー」を実施する。そして、多く

の企業が毎年 4 月 1 日に入社式を行い、新卒入社者を迎え入れる。

2 新卒採用の流れ（高校卒の場合）

高校卒の場合、ハローワークと学校を通じた採用活動を行う。

会社は、入社前年の 6 月にハローワークへ求人の申し込みを行い、7 月 1 日以降、ハローワークから返却された求人票を高校に提出する。

求人票を受理した高校は、校内で応募者を募り、9 月初旬になると、生徒から提出された応募書類が高校を通して会社に送られてくる。そして、9 月中旬から、会社側が応募者の選考をすること、および内定を出すことが可能になる。

【新卒採用の流れ】

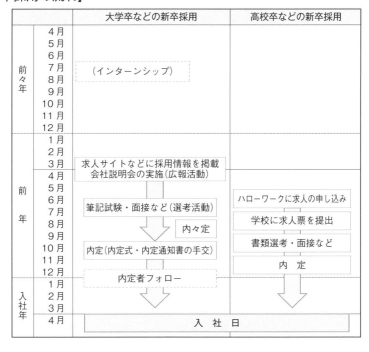

🔳3 中途採用の流れ

中途採用は、会社側の必要性に応じて、その都度、実施される。

まず、会社が、求人誌などに求人広告を掲載する、またはハローワークに求人票を提出するなどして、入社希望者を募集する。あるいは、人材紹介会社に求人票を提出して、人材の紹介を受ける。これらの方法により集めた応募者について、筆記試験や面接などの選考を行う。

選考に合格し、会社と応募者との間で入社後の労働条件について合意に至ったら、そこで「内定」が出され、期日を定めて入社となる。

なお、人材紹介会社から紹介を受けた者が入社した場合には、紹介会社に報酬（紹介料）を支払わなければならない。

🔳4 採用活動の新たな動き

若年労働者の減少、グローバル化などの環境変化に伴い、会社側の採用の動きにも変化が見られる。

(1)第二新卒などの積極的採用

若年労働者の減少傾向が続く中、新卒だけでは目標採用者数を確保できないため、定期採用の対象を、第二新卒（新卒で就職したが数年のうちに退職した者）や学校中退者にも広げる動きが出てきている。

国も、若年労働者の就職支援を積極的に行っており、ハローワークに若年層専用の相談窓口を設けるなどの施策を講じている。

(2)秋入社、通年採用などの実施

海外の大学に留学した者は、5〜7月に卒業して、秋に日本に帰国するパターンが多く、一般的な新卒入社のスケジュールでは半年間の空白期間が生じてしまう。このため、留学経験者や外国人の新卒を積極的に採用している会社では、秋にも入社日を設けて、これらの者をスムーズに受け入れられるようにしている。

また、1年間を通じて、常に採用、入社を実施する仕組み（通年採用）を導入し、優秀な若年労働者を確保する動きも広がっている。

(3)外国人留学生の積極的採用

　　グローバル化を進めている会社の多くは、日本の大学を卒業する外
国人留学生に対する採用ニーズが強い。これらの会社では、外国人を
対象とした就職イベントに参加するなど、留学生の採用に向けた取り
組みを積極的に行っている。

　　なお、外国人留学生が日本で就職する場合、在留資格の変更の申請
などが必要になるので、採用する会社側は、それらの手続きを適切に
支援できるようにしておかなければならない。

募集・採用活動における注意点

　募集・採用活動を行うに当たり、次の点に注意しなければならない。

■1「会社の顔」としての意識を持つこと

　　人事担当者や面接官は、「会社の顔」としての意識を持ち、応募者に
丁寧に対応することが必要である。会社説明会などにおける不誠実な対
応がインターネットを通じて社外に流され、会社のイメージダウンを引
き起こすこともある。また、威圧的な態度を取り受験者の反応を見る
「圧迫面接」や、内定を出す代わりに就職活動の終了を学生に強要する
「オワハラ」が行われないように注意することも必要である。

■2募集・選考の方法を十分に検討すること

　　募集・選考の方法を工夫することによって、採用にかかる費用や入社
後の定着率が大きく変わってくる。採用スケジュールを立てるときに
は、次の点を踏まえて、募集・選考方法についても検討しておく。

● インターンシップや紹介予定派遣（派遣先による直接雇用を予定して
　行われる労働者派遣）などを利用すると、業務内容や職場の雰囲気を
　把握させた上で入社させることができるため、定着率を高めることが
　できる。

- 求人ルート（人材紹介会社、ハローワークなど）によって応募者の能力レベルや採用コストが大きく変わるので、上手に使い分けることが必要である。一般的に、人材紹介会社を活用するほうが、能力レベルの高い人材を採用できる可能性は高まるが、紹介料を支払う分だけコストが高くなる。
- 募集・採用活動は、世間の動きと歩調を合わせるように進めること。例えば、「内々定」を出すタイミングが他社よりも早いと内定辞退者が多く出現してしまい、遅いと優秀な人材を他社に先取りされてしまう。採用活動に関する情報を入手して、他社とほぼ同じタイミングで内々定を出すことが望ましい。

❸ 募集・採用に関する法的な制限や社会的ルールを理解すること

募集・採用に関する法的な制限や社会的なルールがあるので、それらを理解して、トラブルを発生させないようにすることが必要である。

【募集・採用における法的な制限・社会的なルール】

①性別を理由とする差別の禁止（男女雇用機会均等法5条、7条）

労働者の募集および採用は、性別に関わりなく均等な機会を与えなければならない。そのため、次の行為は、原則として、違法とされる。

- 募集・採用の対象から男女のいずれかを排除すること
- 募集・採用の条件を男女で異なるものとすること
- 採用選考において、能力・資質の有無等を判断する方法や基準について男女で異なる取り扱いをすること
- 募集・採用に当たって男女のいずれかを優先すること
- 求人の内容の説明等情報の提供について、男女で異なる取り扱いをすること

また、次の行為は、業務上の必要性など合理的な理由がない場合は、「間接差別」として違法とされる。

- 募集・採用に当たって、労働者の身長、体重または体力を要件とすること
- 労働者の募集または採用に当たって、転居を伴う転勤に応じることができることを要件とすること

　なお、男女雇用機会均等法は、募集・採用以外にも、配置、昇進、教育訓練、定年など、雇用管理の各ステージにおける性別を理由とする差別を禁止している（同法6条）。

②年齢制限の禁止（労働施策総合推進法9条）

　労働者の募集および採用に当たっては、年齢の制限を設けることができない（ただし、「労働基準法等法令の規定により年齢制限が設けられている場合」や「長期勤続によるキャリア形成を図る観点から、若年者等を期間の定めのない労働契約の対象として募集・採用する場合」などを除く）。

　このため、募集に際しては、職務を遂行するために必要とされる労働者の適性、能力、経験、技能の程度など「応募者に求められる事項」をできる限り明示することが求められる。

③内定取り消しは、合理的な理由がなければ、無効とされる

　内定は「始期付解約権留保付労働契約の成立」（入社日に効力を発するまで「卒業できなかった」などの一定の理由がある場合には解約できる労働契約）と捉えられている。

　すなわち、内定といえども、労働契約としては成立しているので、その取り消しは、客観的に合理的な理由を欠き、社会通念上相当であると認められない場合には無効とされる。なお、やむを得ない事情により内定取り消しを検討しなければならない場合、会社は、あらかじめハローワークに通知しなければならない。また、内定取り消しを受けた学生からの補償などの要求には、会社は誠意を持って対応するものとされている（厚生労働省「新規学校卒業者の採用に関する指針」）。

若者雇用促進法への対応

　定職に就かない若者の増加や、ブラック企業による若者の使い捨て等が社会問題化したことを背景として、若者の適職の選択、職業能力の開発および向上に関する措置などを総合的に講ずる「青少年の雇用の促進等に関する法律」（若者雇用促進法）が、制定された。これにあわせて、若者の雇用機会の確保および職場への定着等に関して事業主等が適切に対処するための指針も公表されている。

⑴若者雇用促進法のポイント
- 新卒者の募集を行う企業に対し、平均勤続年数や研修の有無・内容といった就労実態などの職場情報も併せて提供する仕組みを設置
- ハローワークにおいて、一定の労働関係法令違反があった事業所の新卒求人を一定期間受け付けない仕組みを設置
- 若者の採用・育成に積極的で、雇用管理の状況が優良な中小企業を厚生労働大臣が「ユースエール認定企業」として認定

⑵「青少年の雇用機会の確保及び職場への定着に関して事業主、特定地方公共団体、職業紹介事業者等その他の関係者が適切に対処するための指針」（平27.9.30　厚生労働省告示406号）のポイント
①事業主などが青少年の募集や採用に当たって講じるべき措置
- 労働条件などの明示などに関する事項を遵守すること
- 固定残業代を採用する場合は、固定残業代に関する労働時間数と金額等の計算方法、固定残業時間を超える時間外労働などについての割増賃金を追加で支払うことなどを明示すること
- 既卒者についても、新卒予定者の採用枠に応募できるような募集条件を設定することなど
②事業主が青少年の職場への定着促進のために講じるべき措置
- 事業主は、研修や職業訓練などを通じて、青少年の仕事に対する能力を高めるための措置を講じるように努めること

【求人申込書（大卒等）】

求人申込書(大卒等)		受付年月日 《令和》　　　　年　　　月　　　　日

<table>
<tr><td rowspan="5">求人
区分</td><td colspan="2">事業所名：</td><td colspan="2">事業番号：</td></tr>
<tr><td rowspan="2">区
分</td><td>1. 大学院　2. 大学　3. 短大　4. 高専
5. 専修学校　6. 能開校　　　※1つ以上選択</td><td>オンライン提供を
不可とする機関</td><td>□ 民間人材ビジネス
□ 地方自治体(地方版ハローワーク)</td></tr>
<tr><td colspan="3">求人の対象年度　（　　　　）年3月卒業の求人</td></tr>
<tr><td rowspan="2">公開
希望</td><td colspan="3">1. 事業所名等を含む求人情報を公開　　　　　　　　　3. 事業所名等を含まない求人情報を公開</td></tr>
<tr><td colspan="3">2. ハローワークの求職者に限定し、事業所名等を含む求人情報を公開　　4. 求人情報を公開しない</td></tr>
</table>

<table>
<tr><td rowspan="18">仕事
内容</td><td colspan="3">職種：(全角40文字以内)</td></tr>
<tr><td colspan="3">仕事の内容：(全角300文字以内)</td></tr>
<tr><td>就業
形態</td><td>1. 派遣・請負ではない　2. 派遣
3. 紹介予定派遣　4. 請負</td><td>雇用
形態

1. 正社員　2. 正社員以外　3. 有期雇用派遣労働者　4. 無期雇用派遣労働者
正社員以外の名称：</td></tr>
<tr><td>雇用期間</td><td colspan="2">1. 定めなし　2. 定めあり(4ヶ月以上)　3. 定めあり(4ヶ月未満)　4. 日雇
　　年　　　月　　　日 ～ 　　　年　　　月　　　日 又は　　　年　　　ヶ月</td></tr>
<tr><td>契約更新の可能性</td><td colspan="2">1. あり（原則更新　・　条件付きで更新あり）　2. なし</td></tr>
<tr><td>試用期間</td><td colspan="2">1. あり　2. なし
試用期間中の労働条件：　　　　同条件　・　異なる</td></tr>
<tr><td rowspan="2">就業場所

(住所)(全角90文字以内)</td><td colspan="2">□ 事業所所在地に同じ　　　　　□ 在宅勤務に該当</td></tr>
<tr><td colspan="2">〒　　－</td></tr>
<tr><td>最寄り駅(全角26文字以内)</td><td colspan="2">最寄り駅(　　　　　　　　　　駅)から[徒歩・車]で(　　　　分)</td></tr>
<tr><td>屋内の受動喫煙対策に関する
特記事項(全角60文字以内)</td><td colspan="2">従業員数：就業場所(　　人) うち女性(　　人) うちパート(　　人)
1. あり（ 屋内の受動喫煙対策：禁煙 ・ 喫煙室あり ）2. なし(喫煙可) 3. その他</td></tr>
<tr><td>屋内の
受動喫煙対策</td><td colspan="2">屋内の受動喫煙対策に関する特記事項：</td></tr>
<tr><td>マイカー通勤
(全角18文字以内)</td><td colspan="2">1. 可
2. 不可　　　　特記事項 [　　　　　　　　　　　　　　　　]</td></tr>
<tr><td>転勤の可能性</td><td colspan="2">1. あり　2. なし</td></tr>
<tr><td>既卒者・中退者の
応募可否</td><td colspan="2">既卒応募：1. 可　2. 不可　　　中退者応募：　1. 可　2. 不可
卒業後概ね(　　　　)年以内</td></tr>
<tr><td>履修科目
詳細：(全角90文字以内)</td><td colspan="2">1. 必須
2. あれば尚可　　履修科目の詳細：
3. 不問</td></tr>
<tr><td>必要な免許・資格
詳細：(全角90文字以内)</td><td colspan="2">1. 必須
2. あれば尚可　必要な免許・資格の詳細：
3. 不問</td></tr>
</table>

<table>
<tr><td rowspan="8">賃金・
手当</td><td colspan="4">（ 1. 大学院　2. 大学　3. 短大　4. 高専　5. 専修学校　6. 能開校 ）の賃金・手当　※1.～6.を○で囲んでください。</td></tr>
<tr><td>賃金形態</td><td>1. 月給　2. 日給　3. 時給　4. 年俸制
5. その他</td><td>基本給(a)</td><td>円</td></tr>
<tr><td rowspan="3">定額的に
支払われ
る手当(b)
(手当名は
全角6文字
以内)</td><td>1</td><td>手当　　　　　円</td><td>3　　手当　　　　　円</td></tr>
<tr><td>2</td><td>手当　　　　　円</td><td></td></tr>
<tr><td>3</td><td>手当　　　　　円</td><td>固定残業代(c) 1. あり　　　　円　2. なし</td></tr>
<tr><td colspan="4">（ 1. 大学院　2. 大学　3. 短大　4. 高専　5. 専修学校　6. 能開校 ）の賃金・手当　※1.～6.を○で囲んでください。</td></tr>
<tr><td>賃金形態</td><td>1. 月給　2. 日給　3. 時給　4. 年俸制
5. その他</td><td>基本給(a)</td><td>円</td></tr>
<tr><td>定額的に
支払われ
る手当(b)
(手当名は
全角6文字
以内)</td><td>1　　手当　　　円
2　　手当　　　円
3　　手当　　　円</td><td>4　　手当　　　円
5　　手当　　　円
固定残業代(c) 1. あり　　円</td><td>2. なし</td></tr>
</table>

賃金・手当		（ 1. 大学院 2. 大学 3. 短大 4. 高専 5. 専修学校 6. 能開校 ） の賃金・手当 ※1～6 を○で囲んでください。				
	賃金形態	1. 月給 2. 日給 3. 時給 4. 年俸制 5. その他 ➡		基本給(a)		円
	定額的に支払われる手当(b) （手当名6文字以内）	1	手当	円	4 手当	円
		2	手当	円	5 手当	円
		3	手当	円	固定残業代(c) 1. あり➡ 円 2. なし	
		（ 1. 大学院 2. 大学 3. 短大 4. 高専 5. 専修学校 6. 能開校 ） の賃金・手当 ※1～6 を○で囲んでください。				
	賃金形態	1. 月給 2. 日給 3. 時給 4. 年俸制 5. その他 ➡		基本給(a)		円
	定額的に支払われる手当(b) （手当名6文字以内）	1	手当	円	4 手当	円
		2	手当	円	5 手当	円
		3	手当	円	固定残業代(c) 1. あり➡ 円 2. なし	
		（ 1. 大学院 2. 大学 3. 短大 4. 高専 5. 専修学校 6. 能開校 ） の賃金・手当 ※1～6 を○で囲んでください。				
	賃金形態	1. 月給 2. 日給 3. 時給 4. 年俸制 5. その他 ➡		基本給(a)		円
	定額的に支払われる手当(b) （手当名6文字以内）	1	手当	円	4 手当	円
		2	手当	円	5 手当	円
		3	手当	円	固定残業代(c) 1. あり➡ 円 2. なし	
		（ 1. 大学院 2. 大学 3. 短大 4. 高専 5. 専修学校 6. 能開校 ） の賃金・手当 ※1～6 を○で囲んでください。				
	賃金形態	1. 月給 2. 日給 3. 時給 4. 年俸制 5. その他 ➡		基本給(a)		円
	定額的に支払われる手当(b) （手当名6文字以内）	1	手当	円	4 手当	円
		2	手当	円	5 手当	円
		3	手当	円	固定残業代(c) 1. あり➡ 円 2. なし	
	固定残業代に関する特記事項（全角120文字以内）		通勤手当	1. 実費支給（上限あり） 月額 ・ 日額 2. 実費支給（上限なし） 3. 一定額 ➡ 4. なし	円	
	賃金締切日	1. 固定（月末以外）➡ 毎月 日 2. 固定（月末） 3. その他 ➡	賃金支払日	1. 固定（月末以外） 当月・翌月 日 2. 固定（月末） 当月・翌月 3. その他 ➡		
	昇給	1. 制度あり ※前年度実績がある場合は記入 2. 制度なし 金額 円 又は 昇給率 %				
	賞与	1. 制度あり	※（新規学卒者の）前年度実績がある場合は記入 回数 回 賞与月数： ヶ月分 又は 賞与額： 円 ～ 円			
		2. 制度なし	※（一般労働者の）前年度実績がある場合は記入 回数 回 賞与月数： ヶ月分 又は 賞与額： 円 ～ 円			
労働時間	就業時間	※就業時間で該当する場合は選択： 1. 交替制（シフト制） 2. フレックスタイム制 3. 裁量労働制 4. 変形労働時間制（1ヶ月単位・1年単位・1週間単位非定型的）				
		就業時間	1 時 分 ～ 時 分 2 時 分 ～ 時 分 3 時 分 ～ 時 分			
	時間外労働（全角60文字以内）	1. あり 2. なし	月平均時間外労働時間： 時間 □ 36協定における特別条項あり➡ 特別な事情・期間等：			
	休憩時間	分	年間休日数 日	年次有給休暇	入社時の年次有給休暇日数 日 6ヶ月経過後の年次有給休暇日数 日	
	休日等（全角100文字以内）	休日	□月 □火 □水 □木 □金 □土 □日 □祝 □その他			
		週休二日制	1. 毎週 2. その他 3. なし			
		その他の記載事項：				

※求人申込書は4枚綴りとなっており、3枚目には「保険・年金・定年等」と「選考方法」、4枚目には「青少年雇用情報」の記入欄がある。

【新規学校卒業者の採用内定取消し通知書】

様式19

新規学校卒業者の採用内定取消し通知書

1 事業所の概要

① 事 業 内 容		
② 従 業 員 数	[当該事業所] 人 ：[企業全体]	人
③ 資 本 金	億 万円	
④ 他 の 事 業 所 の 所 在 地 等		
⑤ 連 絡 先	[人事担当者職氏名] [TEL] [FAX]	

2 採用内定取消しの状況

区 分		合計	中学	高校	大学等 合計	大学	短大	高専	専修	能開
⑥ 内定者数	計									
	男									
	女									
⑦ 内 定 年 月 日										
⑧ 取消し者数	計									
	男									
	女									
⑨ 取 消 し 年 月 日										
⑩ 採用内定の事実関係										
⑪ 内定取消しを実施しなければならない理由										
⑫ 内定取消しの回避のために検討された事項										

※実際には、A4・3枚綴りの書式となっている。

49

6 入社手続き

入社のときに行うこと

　「入社」とは、「使用者と労働者との間で成立した労働契約の効力が発生すること」をいう。したがって、入社における最も重要な手続きは、会社と労働者との間で労働契約を締結することである。

　このほかにも、入社式の実施、労働保険・社会保険の加入手続き、新人研修など、入社に当たり人事部が実施する事項はたくさんある。

【入社に関わる業務】

入 社 式	社長挨拶、新入社員代表挨拶 その他　イベント
入社手続き	労働契約の締結 労働保険・社会保険の加入手続き その他の書類回収
新人研修	安全衛生教育 職場のマナー、仕事の進め方 その他

入社式の実施

　新卒社員が入社するとき（主に4月1日）には「入社式」を行う。

　人事部は、会場の手配、参加者への案内、式次第の作成などを行う。当然のことながら、新入社員には、入社式の会場や集合時間などを事前に連絡し、円滑に行えるように準備しておかなければならない。

労働条件の明示と労働契約の締結

　「労働契約」とは、労働者が一定の労働条件の下で会社において働く

ことを定めた契約をいう。労働基準法15条1項において「使用者は、労働契約の締結に際し、労働者に対して賃金、労働時間その他の労働条件を明示しなければならない（後略）」と定められている。これに基づき、人事部は、入社する労働者に、「労働条件通知書」を交付するなどして、労働条件の明示を行うことが必要になる。

　ただし、労働時間や賃金などの労働条件については、募集の際にも明示が義務付けられており（職業安定法5条の3）、また、通常の場合、内定を出すときに入社後の労働条件を労働者に説明することが必要になる。このように、実際には、入社前に労働条件の明示がなされているが、入社に当たり、会社と労働者との間で労働条件の最終確認を行い、その後に「労働契約書」にそれぞれが記名、押印をする。

【労働契約締結に当たり明示する事項】（労働基準法施行規則5条）

労働条件	方法など
労働契約の期間に関する事項	書面の交付による明示が必要。ただし、労働者が希望した場合は、電子メール等の送信でも可（昇給に関する事項を除く）
期間の定めのある労働契約を更新する場合の基準に関する事項	
就業の場所及び従事すべき業務に関する事項	
始業及び終業の時刻、所定労働時間を超える労働の有無、休憩時間、休日、休暇並びに労働者を2組以上に分けて就業させる場合における就業時転換に関する事項	
賃金（退職手当及び臨時に支払われる賃金などを除く）の決定、計算及び支払の方法、賃金の締切り及び支払の時期並びに昇給に関する事項	
退職に関する事項（解雇の事由を含む）	
退職手当の定めが適用される労働者の範囲、退職手当の決定、計算及び支払の方法並びに退職手当の支払の時期に関する事項	定めがない場合は、明示しなくてもよい
臨時に支払われる賃金（退職手当を除く）、賞与及び第8条各号に掲げる賃金並びに最低賃金額に関する事項	
労働者に負担させるべき食費、作業用品その他に関する事項	
安全及び衛生に関する事項	
職業訓練に関する事項	
災害補償及び業務外の傷病扶助に関する事項	
表彰及び制裁に関する事項	
休職に関する事項	

【労働条件通知書】

（一般労働者用；常用、有期雇用型）

労働条件通知書

年　　月　　日

＿＿＿＿＿＿＿＿＿殿

事業場名称・所在地

使 用 者 職 氏 名

契約期間	期間の定めなし，期間の定めあり（　　年　　月　　日～　　年　　月　　日） ※以下は、「契約期間」について「期間の定めあり」とした場合に記入 1　契約の更新の有無 　［自動的に更新する・更新する場合があり得る・契約の更新はしない・その他（　　　　　）］ 2　契約の更新は次により判断する。 　・契約期間満了時の業務量　　・勤務成績、態度　　　　・能力 　・会社の経営状況　・従事している業務の進捗状況 　・その他（　　　　　　　　　　　　　　　　　　　　　　　　） 【有期雇用特別措置法による特例の対象者の場合】 無期転換申込権が発生しない期間：　Ⅰ（高度専門）・Ⅱ（定年後の高齢者） 　Ⅰ　特定有期業務の開始から完了までの期間（　　年　　か月（上限10年）） 　Ⅱ　定年後引き続いて雇用されている期間
就業の場所	
従事すべき 業務の内容	 【有期雇用特別措置法による特例の対象者（高度専門）の場合】 ・特定有期業務（　　　　　　　　開始日：　　　　完了日：　　　　）
始業、終業の 時刻、休憩時 間、就業時転 換（(1)～(5) のうち該当す るもの一つに ○を付けるこ と。）、所定時 間外労働の有 無に関する事 項	1　始業・終業の時刻等 　(1) 始業（　時　分）終業（　時　分） 【以下のような制度が労働者に適用される場合】 　(2) 変形労働時間制等；（　　）単位の変形労働時間制・交替制として、次の勤務時間の 　　組み合わせによる。 　　・始業（　時　分）終業（　時　分）（適用日　　　　） 　　・始業（　時　分）終業（　時　分）（適用日　　　　） 　　・始業（　時　分）終業（　時　分）（適用日　　　　） 　(3) フレックスタイム制；始業及び終業の時刻は労働者の決定に委ねる。 　　　　　　（ただし、フレキシブルタイム（始業）　時　分から　　時　分、 　　　　　　　　　　　　　　　　　　（終業）　時　分から　　時　分、 　　　　　　　　　　　コアタイム　　　　　時　分から　　時　分） 　(4) 事業場外みなし労働時間制；始業（　時　分）終業（　時　分） 　(5) 裁量労働制；始業（　時　分）終業（　時　分）を基本とし、労働者の決定に委ね 　　る。 ○詳細は、就業規則第　条～第　条、第　条～第　条、第　条～第　条 2　休憩時間（　　）分 3　所定時間外労働の有無（　有　，　無　）
休　　　日	・定例日；毎週　　曜日、国民の祝日、その他（　　　　　　　　　　） ・非定例日；週・月当たり　　日、その他（　　　　　　　　　　） ・1年単位の変形労働時間制の場合－年間　　　日 ○詳細は、就業規則第　条～第　条、第　条～第　条
休　　　暇	1　年次有給休暇　6か月継続勤務した場合→　　　　　日 　　　　　　　　継続勤務6か月以内の年次有給休暇　（有・無） 　　　　　　　　　→　　か月経過で　　　日 　　　　　　　　時間単位年休（有・無） 2　代替休暇（有・無） 3　その他の休暇　有給（　　　　　　　　　　） 　　　　　　　　無給（　　　　　　　　　　） ○詳細は、就業規則第　条～第　条、第　条～第　条

（次頁に続く）

52

賃　　金	1	基本賃金　イ　月給（　　　　円）、ロ　日給（　　　　　円） 　　　　　　ハ　時間給（　　　　円）、 　　　　　　ニ　出来高給（基本単価　　　　円、保障給　　　円） 　　　　　　ホ　その他（　　　　　円） 　　　　　　ヘ　就業規則に規定されている賃金等級等 　　　　　　[　　　　　　　　　　　　　　　　　　　　　　　　　　]
	2	諸手当の額又は計算方法 　　イ（　　　手当　　　円　／計算方法：　　　　　　） 　　ロ（　　　手当　　　円　／計算方法：　　　　　　） 　　ハ（　　　手当　　　円　／計算方法：　　　　　　） 　　ニ（　　　手当　　　円　／計算方法：　　　　　　）
	3	所定時間外、休日又は深夜労働に対して支払われる割増賃金率 　　イ　所定時間外、法定超　月60時間以内（　　）％ 　　　　　　　　　　　　　月60時間超　（　　）％ 　　　　　　　　　所定超　　　　　　（　　）％ 　　ロ　休日　法定休日（　　）％、法定外休日（　　）％ 　　ハ　深夜（　　）％
	4	賃金締切日（　　）－毎月　日、（　　）－毎月　日
	5	賃金支払日（　　）－毎月　日、（　　）－毎月　日
	6	賃金の支払方法（　　　　　　　　　　　）
	7	労使協定に基づく賃金支払時の控除（無　，有（　　　））
	8	昇給（時期等　　　　　　　　　　　　　　）
	9	賞与（　有（時期、金額等　　　　　　），　無　）
	10	退職金（　有（時期、金額等　　　　　　），　無　）
退職に関する事項	1	定年制（　有（　　歳），　無　）
	2	継続雇用制度（　有（　　歳まで），　無　）
	3	自己都合退職の手続（退職する　　日以上前に届け出ること）
	4	解雇の事由及び手続 　　[　　　　　　　　　　　　　　　　　　　　　　　　　] ○詳細は、就業規則第　条～第　条、第　条～第　条
その他		・社会保険の加入状況（　厚生年金　健康保険　厚生年金基金　その他（　　　））
		・雇用保険の適用（　有　，　無　）
		・その他 　　[　　　　　　　　　　　　　　　　　　　　　　　　　] ※以下は、「契約期間」について「期間の定めあり」とした場合についての説明です。 　　労働契約法第18条の規定により、有期労働契約（平成25年4月1日以降に開始するもの）の契約期間が通算5年を超える場合には、労働契約の期間の末日までに労働者から申込みをすることにより、当該労働契約の期間の末日の翌日から期間の定めのない労働契約に転換されます。ただし、有期雇用特別措置法による特例の対象となる場合は、この「5年」という期間は、本通知書の「契約期間」欄に明示したとおりとなります。

※　以上のほかは、当社就業規則による。
※　労働条件通知書については、労使間の紛争の未然防止のため、保存しておくことをお勧めします。

【労働契約書（雇用契約書）】

雇 用 契 約 書

労 働 者	ふりがな 氏　　　名	生年月日　　　年　　　月　　　日生
	住　　　所	TEL

	下記の労働条件で契約します	
雇 用 の 期 間	年　　月　　日から　　　年　　　月　　　日まで	
就 業 の 場 所		
仕 事 の 内 容		
就 業 時 間	午前・午後　　時　　分から　午前・午後　　時　　分まで	
休 憩 の 時 間		
休　　　　　日		
賃　　　　　金		
手　　　　　当		
昇　　　　　給		
そ　の　他		

契約日　　　年　　　月　　　日

雇用者　　　　　　　　　　印

労働者　　　　　　　　　　印

マイナンバーの取得、労働保険・社会保険の加入手続き

　会社は、労働者の雇い入れに当たり、税・社会保険の手続きにおいて利用する本人および扶養親族のマイナンバーを取得することが必要となる。マイナンバーを取得するときには、会社は「利用目的の通知」と「本人確認・番号確認」を行い、また、情報漏洩が起こらないように、その取り扱いには細心の注意を払うことが必要である。

　労働者は、会社で働いている間、国が運営する労働保険・社会保険に加入しなければならない（労働保険・社会保険については第7章を参照）。労働保険・社会保険に加入することを「被保険者資格の取得」といい、これらに関する手続きも人事部が行う。労働保険・社会保険の対象となる労働者（被保険者）、および資格取得の手続きは、次のとおりである。

【労働保険・社会保険の対象者と手続き】

		被保険者となる労働者	入社時の手続き
労働保険	労働者災害補償保険	労働者全員が対象となる（労働者ではない「役員」は含まない）	不要
	雇用保険	次の二つの要件を満たす労働者（労働者ではない「役員」は含まない） ・1週間の所定労働時間が20時間以上であること ・31日以上の雇用見込みがあること	雇い入れた日の属する月の翌月10日までに、ハローワークに「雇用保険被保険者資格取得届」を提出する
社会保険	健康保険 厚生年金保険	適用事業所に使用される者（役員も含む）。 短時間労働者は「通常の就労者の所定労働時間、所定労働日数の概ね4分の3以上」である場合は、原則として被保険者となる。なお、従業員数501人以上の企業で働いている短時間労働者、または従業員数500人以下の企業で働いていて労使で合意がなされている短時間労働者で、次のすべてに該当する場合も被保険者となる ①週の所定労働時間20時間以上 ②賃金月額8.8万円以上 ③雇用期間が1年以上見込まれる ④学生でない	入社日から5日以内に年金事務所（または健康保険組合）に「健康保険・厚生年金保険被保険者資格取得届」を提出する なお、扶養家族がいる場合には、「健康保険被扶養者（異動）届」も提出する
	介護保険	40歳以上65歳未満の方で医療保険加入者（第2号被保険者）	不要（健康保険の資格取得により、自動的に加入）

【健康保険・厚生年金保険 被保険者資格取得届】

協会けんぽご加入の事業所様へ
※ 70歳以上被用者該当届のみ提出の場合は、「⑩備考」欄の「1. 70歳以上被用者該当」および「5. その他」に〇をし、「5. その他」の〔 〕内に「該当届のみ」とご記入ください(この場合、健康保険被保険者証の発行はありません)。

【雇用保険 被保険者資格取得届】

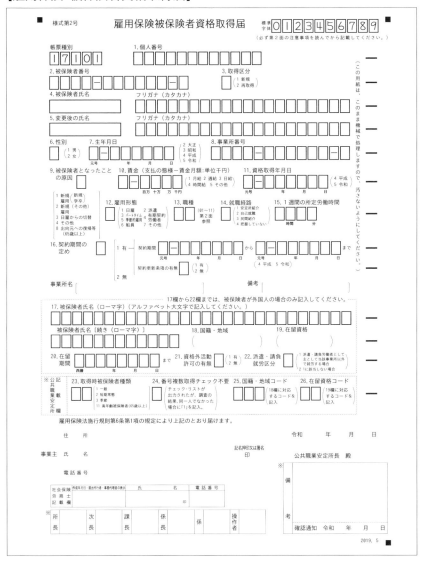

57

労働者からの提出書類の回収

　入社日に労働者から提出してもらわなければならない書類の主なものは下表のとおりである。人事部は、事前に提出書類のリストを労働者に渡して、入社日に持参するように連絡しておく。

　なお、労働者に入社時に提出を求める書類には、個人情報が記載されているものもあるため、取り扱いには十分に注意しなければならない。「年金手帳」や「雇用保険被保険者証」は、手続き終了後、速やかに労働者に返却することが必要である。また、「健康保険証」や「雇用保険被保険者資格取得等確認通知書（被保険者通知用）」「雇用保険被保険者証」等が交付されたら、労働者に確実に渡さなければならない。

【入社時に回収する書類】

書類の名称	備　　考
履歴書、職務経歴書	入社前に提出している場合は、再提出不要
卒業証明書・成績証明書	新卒採用のみ
健康診断書	各自が医療機関等で受診する場合
誓約書	必要に応じて「機密保持誓約書」なども提出
住民票記載事項の証明書	各自で準備し、入社日に提出
扶養控除申告書	入社日に用紙を渡して、各自が記入後に回収
給与振込依頼書	金融機関に給与を振り込む場合
年金手帳	中途採用の場合（前職がある場合）
雇用保険被保険者証	
源泉徴収票	
通勤手当申請書	その他、必要に応じて手当支給の申請書を提出
マイナンバーカードなど	カードの提示、またはコピーの提出を求める

※上記以外にも、会社によって提出を求める書類がある。

その他の手続き

　労働者を雇い入れたときには、会社は、労働安全衛生法59条に基づく安全衛生教育を実施しなければならない。

　また、新入社員の入社に当たっては、社会人としての心構え、職場でのマナー、仕事の進め方など、基本的な事項を教育してから、職場に配属することが一般的である。

　これらの新人研修を行った後に、労働者は、各職場に配置される。

試用期間

　会社は、入社後3カ月間から半年間程度の「試用期間」を設け、その間の労働者の勤務態度などを見て、大きな問題がなければ、本採用（正式採用）とする。ただし、入社した時点で労働契約はすでに効力を発しているため、試用期間中（およびその終了時）といえども、相当な事由がなければ会社は労働者を解雇することはできない。

　なお、試用期間の長さは会社で定めることができるが、労働基準法において解雇予告の適用除外とする「試の使用期間」は、入社後14日以内と定められている（労働基準法21条）。したがって、入社後14日を超えると、就業規則に定めた試用期間中であっても、労働基準法に沿った解雇予告が必要になるので注意しなければならない。

入社手続きにおける注意点

　入社手続きは、単なる「事務手続き」ではなく、労働者を受け入れる行事としての一面も持っている。人事部および関係者全員が「新入社員をしっかりと受け入れる」という意識を持って、入社手続きを実施することが必要である。

　また、労働保険・社会保険の手続きは、入社後一定の期日以内に行わなければならない。期日に間に合わないということがないよう、スケジュールを立てて確実に処理していくことが必要である。

7 定着率の高め方

大学新卒者の入社 3 年後の定着率は約 70%

　採用を積極的に行っても、短期間のうちに退職してしまえば、人材を確保したことにはならない。すなわち、人材確保においては、「採用した労働者を会社に定着させること」も重要である。

　入社後、一定期間が経過した時点で、退職せずに勤務し続けている従業員の比率を「定着率」という（逆に、退職してしまった従業員の比率を「退職率（または離職率）」という）。大学卒の新卒採用の場合、入社後 3 年間に約 30%が退職するという統計データ（厚生労働省「新規学卒就職者の在職期間別離職率の推移」）もあり、どうやって定着率を高めるかは、人事管理における重要な課題である。

募集・採用時における「定着率を高める」ポイント

　入社後短期間で退職する場合の理由には、「想像していた仕事内容と違っていた」「募集のときに聞いた話と労働条件が異なっていた」などが多い。したがって、定着率を高める一つ目のポイントとして、「入社前に仕事内容や労働条件について十分に説明しておくこと」が挙げられる。

　入社希望者に仕事内容を理解してもらうためには、実際に経験してもらうことが一番である。例えば、新卒採用の場合、インターンシップを行って、入社希望者にはそれに参加してもらうとよい。また、過去に同じような仕事に就いた経験を持つ人を積極的に採用すること（アルバイトを正社員として登用していくなど）も効果的である。

　労働条件については、募集や採用の際に、労働者に十分に説明しておかなければならない。優秀な人材を採用しようとするあまり、悪い条件を隠したり、実際よりも良い条件を示したりしてはいけない。むしろ、悪いところについても事前に話しておいたほうが、入社後の退職率が低下するため、最終的には人材確保が図れる。

若年社員の「定着率を高める」ポイント

　新入社員のほとんどは、職場に配属されて1年間ぐらいは、自分の思いどおりに仕事をすることができないだろう。この間に仕事や会社に嫌気が差して退職してしまうというケースも多い。また、配属された職場の上司や先輩との相性が悪くて退職してしまうこともある。

　人事部は、配属後も新入社員との面談を定期的に行ったり、入社1年後に集合研修を実施したりして、新入社員を会社の中で孤立させないようにすることが、定着率を高める二つ目のポイントとなる。

　「世話役」となる先輩社員を決めて、新入社員が仕事のことや日常の悩みを先輩に相談できるようにすること（メンター制度の導入）も、定着率を高める上で効果がある。

中堅社員の「定着率を高める」ポイント

　仕事や職場に慣れてきた中堅社員は、働きやすさ、待遇、および仕事そのものの面白さに関心を持っており、これらに対する満足度を高めることが定着率を高めるポイントになる。

　例えば、次のような施策を実施すると有効である。
- 労働条件の改善を図り、働きやすい職場をつくる。
- 評価制度や報酬制度を整備して、各自の能力や成果に見合った処遇を実現する。
- ジョブ・ローテーション（定期的な人事異動）やプロジェクト活動を通じて、さまざまな仕事を経験させる。
- 定期的にアンケート調査や人事面談を行い、従業員の会社や仕事に対する満足度を把握し、そこから抽出された問題の解決を図る。

　なお、これらについては、第3〜7章で、それぞれ具体的に述べる。

8 退職の手続き

退職の意味と種類

　退職とは、「会社と従業員との間の労働契約が終了すること」を意味し、会社都合退職と自己都合退職とに分けられる。

　会社都合退職は、就業規則や労働契約に定められた事項に基づいて当然に行われるもので、次のものがある。

- 定年年齢に達したことによる退職
- 契約期間満了に伴う退職
- 従業員が死亡したことによる退職　など

　自己都合退職は、従業員の自発的な意思や個人的な事情による退職（辞職）であるから、従業員が労働契約解除の意思を会社に示さなければならない。従業員による退職の意思表示は、一般的には文書による「退職願」の提出を通して行われる。

　期間の定めのない労働契約の場合、民法 627 条により、退職願の提出後 14 日間を経過すれば退職が有効となる。すなわち、会社が「退職を認めない」としても、退職願の提出後 2 週間を経過すれば、それ以降の期日において退職が認められる。ただし、退職する者が担当している仕事の引き継ぎなどを行うため、就業規則で「退職予定日の 1 カ月前に退職願を提出する」等のルールが定められている場合には、従業員は、それに従わなければならない。

　なお、反復的に更新してきた期間の定めのある労働契約を新たに更新せず、その契約期間の満了により雇用関係を終了させる（退職させる）ことを「雇止め」という。

退職手続きの流れ

　退職願は、退職する従業員の上司を経由して、人事部に提出される。退職願を受理したら、人事部は、次の流れで手続きを進める。

■1 退職者および上司への確認と退職日の確定

　退職者に退職願を受理したことを伝えて、退職の意思、退職理由、退職予定日について確認する。必要に応じて、本人と面談を行い、退職理由を聞かせてもらう（短期間に自己都合退職者が続けて出てきた場合、その職場に何らかの問題があることが考えられる。退職者から話を聞いて、その問題を明らかにし、対策を講じることが必要である）。

　退職者の上司にも連絡して、人材の補充の必要性などを確認する。

　退職日が確定したら、退職者に伝えるとともに、退職日までに会社に提出する書類などを連絡する。

■2 給与の計算

　退職日までの分の給与を計算し、振り込み手続きを行う。

　社会保険料は、前月分の社会保険料を当月分の給与から控除するパターンが多いが、このパターンで退職日を月末とした場合、最後に支払う給与から前月分と当月分の2カ月分の社会保険料を控除することになるので注意が必要である（社会保険の資格喪失日は「退職日の翌日」であり、保険料は「資格喪失日の属する月の前月分」までを納付する。したがって、月末退職の場合は、退職日の属する月分の保険料を納付し、月末よりも前に退職する場合は、その月分の保険料は納付しない）。

■3 退職金の計算

　退職金制度があれば、それに基づき、退職金を計算し、指定口座への振り込み手続きを行う。

　なお、退職金の計算に当たっては、退職者に「退職所得の受給に関する申告書」を渡して、必要事項を記入してもらった上で回収する。この処理を行わないと、退職金を支払うときに支給額に20.42%を乗じた額（1円未満の端数切り捨て）を源泉徴収しなければならなくなり、退職者本人が、後日、確定申告をすることが必要になる。

4 所得税、個人住民税の計算

　最後の給与を支給した後に、源泉徴収票を発行して、退職者に渡す（退職者は、その源泉徴収票を次の勤務先に提出して、そこで年末調整を行うか、翌年、自分で確定申告をすることになる）。

　個人住民税は、退職者本人が市区町村に納付（普通徴収）するか、会社が給与や退職金から控除して納付（特別徴収）するか、のいずれかになる。6月〜12月の間に退職する場合は、原則として、退職者が市区町村に直接納付する「普通徴収」（後日、郵送される「納税通知書」に基づき本人が納付）となるが、退職者から希望がある場合には、翌年5月までの未徴収の個人住民税を最終の給与、退職金から控除し、会社を通して納付（特別徴収）することもできる。1月〜5月の間に退職した場合には、5月までの未徴収の個人住民税を最終の給与、退職金から控除して、会社が納付する（ただし、控除しきれない場合などは、退職者が市区町村に納付する）。なお、会社が徴収した個人住民税は、翌月10日までに、退職者の居住地の市区町村に納付する。

5 雇用保険に関する手続き

　会社は、「雇用保険被保険者資格喪失届」を作成して、退職日の翌々日から10日以内に事業所を管轄するハローワーク（公共職業安定所）に提出する。このとき、「雇用保険被保険者離職証明書」を添付するが、退職者が離職票の交付を希望しない場合（例えば、再就職先が決まっている場合）には、それを省略することができる。ただし、59歳以上の退職者は、離職証明書を必ず添付しなければならない。

　離職証明書には、退職者が、離職理由を確認して、記名・押印する欄がある。離職理由は会社が記載することになっているが、その内容に納得がいかない退職者は、「（離職理由に）異議あり」として、提出してもらう。この場合、離職理由は、最終的にハローワークが判断し、その判断に基づき、求職者給付の支給要件を決定する。

　離職証明書の提出後、ハローワークから会社に「離職票」が送られて

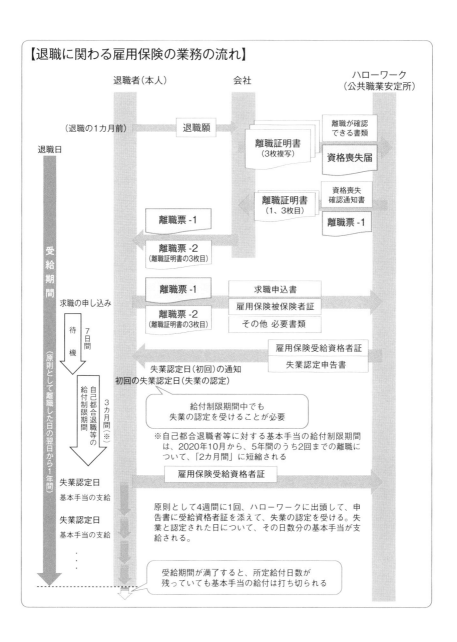

【雇用保険被保険者離職証明書】

様式第5号

雇用保険被保険者離職証明書（安定所提出用）

① 被保険者番号	－	－	③ フリガナ		④ 離職 令和	年 月 日
② 事業所番号	－	－	離職者氏名		年月日	

⑤ 名称		⑥ 離職者の 住所又は居所	〒
事業所 所在地			
電話番号		電話番号（　）　－	

この証明書の記載は、事実に相違ないことを証明します。　　※離職票交付　令和　　年　　月　　日　（交付番号　　　　番）

事業主 住所		離職票印
氏名 ㊞		受領印

離職の日以前の賃金支払状況等

⑧ 被保険者期間算定対象期間		⑨ ⑧の期間における賃金支払基礎日数	⑩ 賃金支払対象期間	⑪ ⑩の基礎日数	⑫ 賃金額			⑬ 備考
Ⓐ 一般被保険者等	Ⓑ 短期雇用特例被保険者				Ⓐ	Ⓑ	計	
離職日の翌日 　月　　日	離職月	日	月　日～離職月　日	日				
月　日～　月　日	月　日	日	月　日～　月　日	日				
月　日～　月　日	月　日	日	月　日～　月　日	日				
月　日～　月　日	月　日	日	月　日～　月　日	日				
月　日～　月　日	月　日	日	月　日～　月　日	日				
月　日～　月　日	月　日	日	月　日～　月　日	日				
月　日～　月　日	月　日	日	月　日～　月　日	日				
月　日～　月　日	月　日	日	月　日～　月　日	日				
月　日～　月　日	月　日	日	月　日～　月　日	日				
月　日～　月　日	月　日	日	月　日～　月　日	日				

⑭ 賃金に関する特記事項		⑮この証明書の記載内容（⑦欄を除く）は相違ないと認めます。 （記名押印又は自筆による署名）
		（離職者 氏名）　　　　　　　㊞

※公共職業安定所記載欄

⑮欄の記載　　有・無
⑯欄の記載　　有・無
資・聴

本手続きは電子申請による申請も可能です。本手続きについて、電子申請により行う場合には、被保険者が離職証明書の内容について確認したことを証明することができるものを本離職証明書の提出と併せて送信することをもって、当該被保険者の電子署名に代えることができます。
　また、本手続きについて、社会保険労務士が電子申請による本届書の提出に関する手続を事業主に代わって行う場合には、当該社会保険労務士が当該事業主の提出代行者であることを証明することができるものを本届書の提出と併せて送信することをもって、当該事業主の電子署名に代えることができます。

社会保険労務士記載欄	作成年月日・提出代行者・事務代理者の表示	氏　名	電話番号
		㊞	

※	所長	次長	課長	係長	係

▲

⑦**離職理由欄**…事業主の方は、離職者の主たる離職理由が該当する理由を1つ選択し、左の事業主記入欄の□の中に○印を記入の上、下の具体的事情記載欄に具体的事情を記載してください。

【離職理由は所定給付日数・給付制限の有無に影響を与える場合があり、適正に記載してください。】

事業主記入欄	離　　　職　　　理　　　由	※離職区分
□	**1　事業所の倒産等によるもの** 　（1）倒産手続開始、手形取引停止による離職	1 A
□	（2）事業所の廃止又は事業活動停止後再開の見込みがないため離職	1 B
□	**2　定年によるもの** 　定年による離職（定年　　　歳） 　　定年後の継続雇用　{ を希望していた（以下のaからcまでのいずれかを1つ選択してください） 　　　　　　　　　　　　{ を希望していなかった	2 A
	a　就業規則に定める解雇事由又は退職事由（年齢に係るものを除く、以下同じ。）に該当したため 　　　　　　　　（解雇事由又は退職事由と同一の事由として就業規則に定める「継続雇用しないことができる事由」に該当して離職した場合も含む。）	2 B
	b　平成25年3月31日以前に労使協定により定めた継続雇用制度の対象となる高年齢者に係る基準に該当しなかったため 　　　　　　c　その他（具体的理由：　　　　　　　　　　　　　　）	2 C
□	**3　労働契約期間満了等によるもの** 　（1）採用又は定年後の再雇用時等にあらかじめ定められた雇用期限到来による離職 　　（1回の契約期間　　　箇月、通算契約期間　　　箇月、契約更新回数　　　回） 　　（当初の契約締結後に契約期間や更新回数の上限を短縮し、その上限到来による離職に該当　する・しない） 　　（当初の契約締結後に契約期間や更新回数の上限を設け、その上限到来による離職に該当　する・しない） 　　（定年後の再雇用時にあらかじめ定められた雇用期限到来による離職で　ある・ない） 　　（4年6箇月以上5年以下の通算契約期間の上限が定められ、この上限到来による離職で　ある・ない） 　　→ある場合（同一事業所の有期雇用労働者に一様に4年6箇月以上5年以下の通算契約期間の上限が平成24年8月10日前から定められて　いた・いなかった）	2 D
		2 E
□	（2）労働契約期間満了による離職 　　　①　下記②以外の労働者 　　　　（1回の契約期間　　　箇月、通算契約期間　　　箇月、契約更新回数　　　回） 　　　　（契約を更新又は延長することの確約・合意の　有・無　（更新又は延長しない旨の明示の　有・無　）） 　　　　（直前の契約更新時に雇止め通知の　有　・　無　） 　　　　（当初の契約締結後に不更新条項の追加が　ある・ない） 　　　　　　　　　　　　　　　　{ を希望する旨の申出があった 　　　　労働者から契約の更新又は延長 { を希望しない旨の申出があった 　　　　　　　　　　　　　　　　{ の希望に関する申出はなかった	3 A
		3 B
		3 C
	②　労働者派遣事業に雇用される派遣労働者のうち常時雇用される労働者以外の者 　　　　（1回の契約期間　　　箇月、通算契約期間　　　箇月、契約更新回数　　　回） 　　　　（契約を更新又は延長することの確約・合意の　有・無　（更新又は延長しない旨の明示の　有・無　）） 　　　　　　　　　　　　　　　　{ を希望する旨の申出があった 　　　　労働者から契約の更新又は延長 { を希望しない旨の申出があった 　　　　　　　　　　　　　　　　{ の希望に関する申出はなかった 　　　　　a　労働者が適用基準に該当する派遣就業の指示を拒否したことによる場合 　　　　　b　事業主が適用基準に該当する派遣就業の指示を行わなかったことによる場合（指示した派遣就業が取りやめになったことによる場合を含む。） 　　　　（aに該当する場合は、更に下記の5のうち、該当する主たる離職理由を更に1つ選択し、○印を記入してください。該当するものがない場合は下記の6に○印を記入した上、具体的な理由を記載してください。）	3 D
		4 D
		5 E
□	（3）早期退職優遇制度、選択定年制度等により離職	
□	（4）移籍出向	
□	**4　事業主からの働きかけによるもの** 　（1）解雇（重責解雇を除く。）	
□	（2）重責解雇（労働者の責めに帰すべき重大な理由による解雇）	
□	（3）希望退職の募集又は退職勧奨 　　　①　事業の縮小又は一部休廃止に伴う人員整理を行うためのもの	
□	②　その他（理由を具体的に　　　　　　　　　　　　）	
□	**5　労働者の判断によるもの** 　（1）職場における事情による離職 　　　①　労働条件に係る問題（賃金低下、賃金遅配、時間外労働、採用条件との相違等）があったと労働者が判断したため	
□	②　事業主又は他の労働者から就業環境が著しく害されるような言動（故意の排斥、嫌がらせ等）を受けたと労働者が判断したため	
□	③　妊娠、出産、育児休業、介護休業等に係る問題（休業等の申出拒否、妊娠、出産、休業等を理由とする不利益取扱い）があったと労働者が判断したため	
□	④　事業所での大規模な人員整理があったことを考慮した離職	
□	⑤　職種転換等に適応することが困難であったため（教育訓練の　有・無　）	
□	⑥　事業所移転により通勤困難となった（なる）ため（旧（新）所在地：　　　　　　　）	
□	⑦　その他（理由を具体的に　　　　　　　　　　　　）	
□	（2）労働者の個人的な事情による離職（一身上の都合、転職希望等）	
□	**6　その他（1〜5のいずれにも該当しない場合）** 　　（理由を具体的に　　　　　　　　　　　　　　）	

具体的事情記載欄（事業主用）

⑯**離職者本人の判断（○で囲むこと）**
事業主が○を付けた離職理由に異議　有り・無し

記名押印又は自筆による署名（離職者氏名）　　　　　　　　㊞

▼

くるので、それを退職者に郵送する。

6 社会保険（健康保険・厚生年金保険）に関する手続き

退職者から、健康保険被保険者証（被扶養者分も含む）を回収して、退職日から５日以内に、年金事務所に「健康保険・厚生年金保険被保険者資格喪失届」を提出する。このとき、全国健康保険協会管掌健康保険（「協会けんぽ」という）の被保険者の場合は、回収した「健康保険被保険者証（本人分および被扶養者分）」を添付する。健康保険組合の被保険者の場合は、「健康保険被保険者資格喪失届」と「健康保険被保険者証」を健康保険組合に提出する。

人事部は、退職後の社会保険の取り扱いに関する問い合わせを受けることが多いので、簡単に説明できるようにしておくことが望ましい。

7 業務の引き継ぎと情報管理

退職者には、業務の引き継ぎをしっかりと行うように、職場での指導を徹底してもらう。また、退職者が、顧客リストや技術情報などを社外に持ち出さないように注意しなければならない。必要に応じて、退職者に「情報を持ち出さない」旨の誓約書を書かせることも効果的である。

8 貸与物品の回収

社員証、事務所への入館証、作業服、机やキャビネットの鍵、事務所の携帯電話など会社からの貸与物品を回収する。貸与物を紛失してしまっている場合には、「理由書」などを提出させる。また、文房具や書類など身の回りのものは、退職日までに整理させる。特に、パソコンや会社のサーバーなどに不要なデータを残さないように指導する。

退職時における人事管理上の注意

退職手続きを進めるときには、次の点に注意が必要である。

■1 退職金計算・雇用保険上の取り扱いを明確にすること

　自己都合退職は、退職金が減額される、雇用保険の求職者給付の支給に給付制限期間が設定されるなど、会社都合退職と比べて不利益な取り扱いになる。このため、退職者は、退職願を自ら出したにもかかわらず、会社都合退職として処理することを求めてきて、トラブルになることもある。人事部は、退職願が提出された段階で、退職者本人に連絡をとり、退職の理由を明確にしておかなければならない。

■2 退職時の金品返還や情報漏洩に注意すること

　退職日を過ぎ、給与や退職金をすべて支払ってしまうと、退職者から貸与物などを回収することは困難になる。退職日までに貸与物等の返却が済むよう、早めに手続きをすることが重要である。

　また、退職者が情報を不正に持ち出さないように注意することが必要である（退職者が営業秘密を不正に持ち出すことは、「不正競争防止法」により禁止されている）。なお、情報の不正持ち出しを防ぐためには、日頃から、情報管理を厳格に行っておかなければならない。

■3 競業避止義務を侵す退職ではないかどうか注意すること

　退職者は、前勤務先の営業を妨害することがないように、同業他社への転職やライバル会社の設立を控えるべきという考え方がある（これを「競業避止義務」という）。会社は、従業員の退職が競業避止義務の観点から問題がないかどうかをチェックすることが必要である。

　ただし、従業員の同業他社への転職を厳しく制限し過ぎると、会社が「職業選択の自由」を侵してしまうことにもなりかねない。会社が競業避止義務を求めることができるかどうか（例：同業他社へ転職する者に退職金を支払わないことが可能か）は、退職者の立場や転職制限期間によって、これまでに裁判でさまざまな判断がなされている。これらの事例を参考にしながら、従業員の退職が会社に大きな損害を与えることがないように注意することが必要である。

9 解雇の種類と注意点

解雇の意味と種類

　退職と同様に、解雇も「会社と従業員との間の雇用関係が終了すること」を意味する。退職は、定年年齢に達したことや従業員が申し出たことにより雇用関係が終了すること（会社と従業員が合意の下に労働契約を終了させること）であるが、解雇は、会社側が一方的に従業員との雇用関係を終了させることをいう。

　解雇は、「会社側が一方的に行う」といっても、それは「会社側の判断で自由にできる」という意味ではない。労働契約法16条には「解雇は、客観的に合理的な理由を欠き、社会通念上相当であると認められない場合は、その権利を濫用したものとして、無効とする」と定められている。解雇は、その性格によって、次の種類に分けられる。

①就業規則に定める事項（例：勤務態度が著しく悪いなど）に該当したことにより行われる解雇（**普通解雇**）

②従業員が問題を起こし、その処分として行われる解雇（**懲戒解雇**）

③業績不振に伴う人員削減のために行われる解雇（**整理解雇**）

解雇に関するルール

　解雇は労働者の生活に大きな影響を及ぼすものであるから、労働基準法では、それが安易に行われないように、次のルールを定めている。

■解雇制限（労働基準法19条）

　業務上の負傷・疾病による休業期間およびその後30日間、ならびに産前産後休業期間およびその後30日間は、その従業員を解雇することはできない。ただし、打切補償（療養開始後3年を経過しても傷病が治らない従業員に対して、平均賃金の1200日分の補償金を支払い、その後の補償を行わないこと→労働基準法81条）を支払った場合、または

天災事変その他やむを得ない事由のために事業の継続が不可能となった場合は、行政官庁の認定を受けて、解雇が可能になる。

■2 解雇の予告（労働基準法20条）

　会社は、解雇する従業員に対して、少なくとも30日前に解雇の予告をするか、30日分以上の平均賃金を「解雇予告手当」として支払わなければならない。解雇の予告については、平均賃金を支払った日数分だけ短縮することができるが、天災事変その他やむを得ない事由のために事業の継続が不可能となった場合、または従業員本人の責に帰すべき事由に基づいて解雇する場合は例外となる（解雇予告手当を支払わずに、即日解雇が可能）。なお、これらの場合も、行政官庁の認定を受けなければならない。また、解雇予告は、雇い入れから1カ月以内の日雇い労働者や、雇い入れから14日以内の試用期間中の労働者などには適用されない。

■3 解雇の理由に関する証明書の交付（労働基準法22条2項）

　従業員が、解雇の理由について証明書を請求した場合においては、会社は、遅滞なくこれを交付しなければならない。解雇を行う場合、会社は、これらの定めに抵触しないように注意しなければならない。

有期契約労働者の解雇・雇止め

　期間の定めがある契約を締結している労働者（有期契約労働者）について、会社は、やむを得ない事由がある場合を除き、契約期間満了まで解雇はできない（労働契約法17条）。また、契約期間が満了時に、会社側が契約更新せず雇用関係を終了させる「雇止め」については、長年にわたり契約が反復更新されている場合などは、解雇と同様に扱われることがある。なお、有期契約を3回以上更新している、または1年を超えて継続雇用している労働者を雇い止めする場合には、少なくとも契約満

了日の30日前までに予告しなければならない。

懲戒解雇の取り扱い

懲戒解雇は、従業員の問題行動に対する制裁として行われるものであるから、退職金の全部または一部を支給しない場合が多い。それでは罰が重過ぎると会社が判断した場合には、本人が非を認めた上で自ら解雇される（退職する）という形にして、自己都合退職に相当する退職金を支払うことがある。これを諭旨解雇または諭旨退職という。

整理解雇の4要件（4要素）

業績不振に伴う人員削減のために行われる解雇を「整理解雇」という。整理解雇については、これまでの判例の積み重ねにより、次の四つの要件（要素）から、その有効性を判断するとの考え方が広まっている。

【整理解雇の4要件】（または4要素）
①経営上の必要性（人員削減を行う必要性があるのか）
②解雇回避努力義務の履行（配置転換や希望退職の募集など、整理解雇を回避する施策を講じてきたか）
③被解雇者選定の合理性（人選基準や具体的人選が合理的で公平であるか）
④手続きの妥当性（労使協議、本人への説明等、必要な手続きを踏んだか）

なお、整理解雇を行えば、社内のモチベーション低下や企業のイメージダウンは避けられない。人事部は、整理解雇の実施を検討するに当たり、上記の4要件（4要素）に照らし合わせて有効性を判断するだけではなく、「対象者や従業員への影響」や「業績回復への効果」を考慮して、その是非を慎重に判断しなければならない。

雇用調整の進み方（整理解雇までのプロセス）

　会社は、業績不振に陥ると、人件費削減のために「雇用調整」（いわゆるリストラ）を行う。雇用調整は、次の段階を踏んで実施される。
(1)新規採用の停止、残業規制
　　採用を抑制し、従業員数を増やさないようにする。また、残業を減らして、時間外手当を削減する。
(2)一時帰休、賃金カット
　　一時的に休業(その日は、通常の給与を支払わずに、休業手当を支給)する、賞与の減額や賃金カットを行う等により、人件費を削減する。
(3)非正規従業員の雇止め、希望退職の募集
　　非正規従業員の契約更新を行わずに、その数を減らす。さらに、会社側が、募集期間、募集条件などを示して、正社員から退職者を募集することによって、正社員の数も減らす（希望退職）。
(4)退職勧奨、整理解雇
　　会社側から、正社員の一部に対して直接的に退職を働き掛ける。これを「退職勧奨」という。さらに人員削減を進める必要性がある場合は、「整理解雇」を行う（退職勧奨は、退職するかどうかの決定権は従業員側にあるが、整理解雇の場合、従業員にはその決定権はない）。

【雇用調整（リストラ）の進み方】

| 軽度 ——————→ | 業績不振の程度 | ——————→ 重度 |
| 短期 ——————→ | 業績不振の期間 | ——————→ 長期 |

| 新規採用の停止
残業規制 | 一時帰休
賃金カット | 非正規従業員の
雇止め
希望退職の募集 | 退職勧奨
整理解雇 |

10 定年後の継続雇用

65歳までの雇用確保が事業主に義務付けられている

　定年到達者を会社が引き続き雇用することを、「定年後の継続雇用」という。

　高年齢者雇用安定法8条において、定年年齢は60歳を下回ることができないと定められていることから、多くの日本企業は「60歳定年」を採用している。ただし、65歳未満の定年年齢を定めている場合、その会社は、高年齢者の65歳までの安定した雇用を確保するため、次のいずれかの措置を講じなければならない（同法9条）。

①定年の引き上げ（定年年齢を65歳以上に引き上げる）

②継続雇用制度（高年齢者が希望するときは、その者を定年後も引き続き雇用する制度）の導入

③定年の定めの廃止

　継続雇用制度には、定年年齢に達した高年齢者を退職させることなく引き続き雇用する「勤務延長制度」と、定年年齢に達した高年齢者をいったん退職させた後、再び雇用する「再雇用制度」の2種類がある。勤務延長制度の場合、定年到達前の担当業務や労働条件を定年後も継続することが少なくないが、再雇用制度の場合は、定年退職後に新しい労働契約を結び直すことになるため、定年前とは異なる労働条件とする（例えば、担当業務の変更、これに伴う勤務条件・処遇内容の変更等を行った上で、1年契約の「嘱託社員」として再契約するなど）ことが多い。

　厚生労働省「2017年　就労条件総合調査」によれば、一律定年制を定めている企業のうち、勤務延長制度がある割合は20.8％、再雇用制度がある割合は83.9％（ともに、両制度併用を含む）であり、現時点では、定年時に労働条件の見直しを行う再雇用制度が、高年齢者雇用確保措置の中心となっていることがうかがえる。

70歳までの雇用・就業機会の確保が求められる時代に

　少子高齢化が進む中、高年齢者を労働力として有効活用すること、公的年金の支給開始年齢をより柔軟に改めること等の必要性が高まってきている。こうした背景から政府が提出した、高年齢者雇用安定法の改正案が第201回通常国会で成立し、希望する高年齢者が70歳まで働けるようにするための措置が、2021年4月から努力義務化されることとなった。改正法が定める措置としては、現行の雇用確保措置に挙げられている3項目に加えて、雇用以外の方法による新たな選択肢（創業支援等措置）が示されている。

　これらの就業確保措置について、政府は努力義務の段階を経て、将来的には義務化への法改正も視野に入れている。このため人事関係者は、高年齢者の雇用・就業機会の確保に向けた社会の動きを注視するとともに、今のうちから、雇用・就業機会を与えた高年齢者を効果的に活用できる仕組みづくり、高年齢者が働きやすいような就業環境の整備などに取り組んでいくことが必要である。

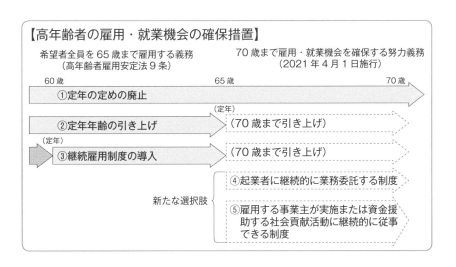

【高年齢者の雇用・就業機会の確保措置】

11 非正規従業員の雇用管理・「同一労働同一賃金」への対応

有期雇用労働者の雇用管理に関する注意点

　非正規従業員の多くは、事業主との間で期間の定めがある労働契約を締結している「有期雇用労働者」である。一般的に、有期雇用労働者は、会社側からの契約打ち切り（雇止め）に対する不安を常に抱えており、また、賃金などの処遇面も、同じ職場に勤務する正社員と格差が生じるケースもしばしば見られる。

　このような、有期雇用労働者の雇止めに関する不安を解消し、また処遇面の改善を図るため、2012年に労働契約法が改正され、有期雇用労働者の雇用管理について、次のようなルールが定められた。

(1)無期転換ルール

　　有期労働契約が繰り返し更新されて通算5年を超えたとき、労働者の申し込みがあれば、事業主は期間の定めのない契約（無期労働契約）に転換しなければならない。なお、賃金や労働時間などの労働条件は、別段の定めがない限り、直前の有期労働契約と同一となる。

(2)「雇止め法理」の法定化

　　判例で確立した「雇止め法理」（一定の場合に雇止めを無効とするルール）が法律に規定された。具体的には、長年にわたり有期労働契約が反復更新されて、実質的に無期契約と変わらない状態になってい

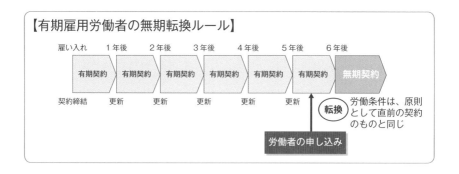

【有期雇用労働者の無期転換ルール】

る場合などは、雇止めが認められないこととした。

(3)不合理な労働条件の禁止

　　有期雇用労働者と無期雇用労働者との間で、期間の定めがあること
による不合理な労働条件の相違を設けることが禁止された。労働条件
の相違が不合理と認められるかどうかは、①職務内容、②職務内容・
配置の変更の範囲、③その他の事情を考慮して判断される。

パートタイム・有期雇用労働法と「同一労働同一賃金ガイドライン」

　1週間の所定労働時間が、同じ事業所に雇用される通常の労働者（正
社員）と比べて短い労働者を「パートタイム労働者（短時間労働者）」
という。

　従来、パートタイム労働者の多くは、補助的業務や臨時的業務を担当
する者として、正社員より低い待遇で雇用されていた。ところが、
1990年代以降、正社員と同じような業務を行うパートタイム労働者が
増加し、その待遇の在り方が問題になった。

　このような背景の下、1993年にパートタイム労働者の雇用管理の改
善等を図ることを目的としてパートタイム労働法（「短時間労働者の雇
用管理の改善等に関する法律」）が制定され、2007年には、パートタイ
ム労働者の待遇を正社員の待遇と比較して均衡の取れたものとするため
の措置などが盛り込まれた法改正が行われた。

　2020年には、法律名称がパートタイム・有期雇用労働法（「短時間労
働者及び有期雇用労働者の雇用管理の改善等に関する法律」）に改めら
れ、有期雇用労働者も対象に含まれることになった。この法律では、同
一事業所内の正社員とパートタイム労働者・有期雇用労働者との間の待
遇差について、次のように定めている。

(1)均衡待遇規定（不合理な待遇差の禁止）

　　①職務内容、②職務内容・配置の変更の範囲、③その他の事情の内
容を考慮して不合理と認められる待遇差を設けてはならない。

⑵均等待遇規定（差別的取り扱いの禁止）

　①職務内容、②職務内容・配置の変更の範囲が同じ場合は、差別的取り扱いをしてはならない。

　待遇差が不合理なものと認められるかどうかは、基本給、賞与などの個々の待遇ごとに判断されるが、厚生労働省は、その判断基準を明確化するための指針（「同一労働同一賃金ガイドライン」）を公表している。

【同一労働同一賃金ガイドラインで示された主な待遇の取り扱い】

| 基本給 |
| 役職手当 |
| 賞　　与 |

支給対象（能力、成果、役職の内容等）が正社員と同一である場合は、非正規従業員の待遇を正社員と同一のものに、また、それらに一定の相違がある場合は、相違に応じた待遇としなければならない。

| 通勤手当 |
| 時間外労働、休日労働の割増賃金 |
| 慶弔休暇など |
| 福利厚生施設の利用 |

非正規従業員の待遇を、正社員と同一のものにしなければならない。

派遣労働者を受け入れる上での注意点

　「労働者派遣」とは、派遣会社（派遣元）に雇用されている労働者（派遣社員）を他の会社（派遣先）の指揮命令下で働かせることをいう。なお、労働者派遣と混同されやすいものとして「請負」がある。請負とは、発注者からの依頼を受けて契約を締結した他者が特定の仕事を完成させることで、この場合、発注者は、他者に雇用される労働者（または他者である個人事業主）に対して直接的に指揮命令を出すことはで

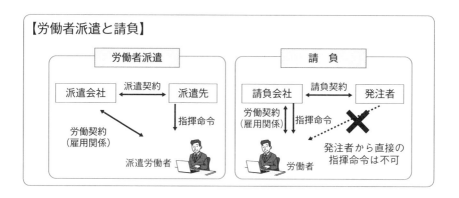

きない。

　労働者派遣については、労働者派遣法などで次のようなルールが定められている。人事部員は、これらのルールを理解して、派遣労働者を受け入れている職場に対し、適切な指導ができるようにしておくことが必要である。

①同一事業所に派遣できる期間は3年を限度とし、これを超える場合は派遣先の労働組合等からの意見聴取が必要。また、同一の派遣労働者を同一の組織単位に派遣できる期間は3年を限度とする。

②退職後1年以内の者を元の勤務先が派遣労働者として受け入れることはできない。

③派遣先が違法であることを知りながら派遣労働者を受け入れた場合、派遣労働者に対して労働契約を申し込んだものとみなされる。

④派遣先が派遣契約を中途解除する場合、「休業手当の支払いに要する費用の負担」などの措置を講じなければならない。

⑤派遣社員の労務管理は、原則として派遣元が行うが、次については派遣先が分担する。
　●労働時間管理（派遣元で締結した36協定を遵守する）
　●安全衛生教育等の実施、ハラスメント対策

同一労働同一賃金の実現に向けて

　2020 年 4 月 1 日に施行されたパートタイム・有期雇用労働法（中小企業は 2021 年 4 月 1 日から適用）により、通常の労働者（正社員）とパートタイム労働者・有期雇用労働者との間で不合理な待遇差を設けることは禁止された。

　どのような待遇差が不合理と考えられるかを示す「同一労働同一賃金ガイドライン」に沿って、事業主が自ら不合理な待遇差の点検と計画的な是正に取り組むことができるよう、厚生労働省ではホームページを通じて、次のような支援ツールを提供している。

■厚生労働省「同一労働同一賃金特集ページ」

　https://www.mhlw.go.jp/stf/seisakunitsuite/bunya/0000144972.html

(1)パートタイム・有期雇用労働法対応状況チェックツール

　　パートタイム・有期雇用労働法などの関係法令に基づいて、自社の状況を点検し、パートタイム・有期雇用労働者の待遇改善に向けて、どのように取り組むべきかを確認することができる。

(2)パートタイム・有期雇用労働法対応のための取組手順書

　　エクセルシートに入力していくことにより、自社の制度の状況を 6 段階の手順に沿って点検・確認することができるツール。

(3)不合理な待遇差解消のための点検・検討マニュアル

　　各種手当、福利厚生、教育訓練、賞与、基本給について、点検・検討の手順を示したマニュアルと併せて、自社の取り組み状況の確認ができる「WEB 上の自主点検ツール」を提供。

第 3 章

人材を活用する

~配置と人事制度の基礎知識~

1 配置・異動

配置・異動とは

　入社した従業員は、社内の部門に配属されて、仕事が与えられる。従業員の適性・能力と仕事の内容がマッチしていれば、従業員は気持ちよく仕事をすることができるし、会社は効率よく事業を運営できる。

　ところが、実際には、適性・能力に合わない仕事に就いている従業員がいる、あるいは、特定の部門は従業員が余っているのに他部門では従業員が足りないなどの状況が見られる。そこで、会社は、従業員の仕事を変えたり、部門間で従業員のやりとりを行ったりして、適材適所の状態に近づけようとする。

　従業員の職務や勤務地を決め、仕事を与えることを「配置」といい、また、適材適所を実現するために、従業員の仕事や所属部門を変えることを「異動」という。

配置・異動の目的

　配置・異動は、次の目的を果たすために実施される。
(1)事業運営の効率化

　　配置・異動によって適材適所が実現されれば、人的資源を余すことなく最大限に活用することができる。
(2)人材育成

　　定期的に人事異動（ジョブ・ローテーション）を行い、従業員に職務経験の機会を与えることによって、人材育成を図る。
(3)組織の活性化

　　部門内に新しい考え方を組み入れたり、雰囲気を刷新したりするために、メンバーを入れ替える人事異動を行う。
(4)モチベーションの向上

　　従業員の適性・能力を生かすことによって、また、新しい仕事を通して刺激を与えることによって、従業員のモチベーション向上を図る。

配置・異動に関する用語の定義

配置・異動に関する用語には、次のものがある。

【同一会社内での動き】

配置：従業員の職務や勤務地を決めて、仕事を与えること

配置転換：同一会社内で配置を変えること(所属部門が変わること)

転勤：配置転換のうち、事業所をまたぐもの

異動：配置転換（横の動き）と昇進・降職（縦の動き）の総称

【会社をまたいだ動き】

出向：現勤務先に在籍したまま、他社の指揮命令下に入ること

転籍：元の会社を退職し、他社に入社すること(転籍は、雇用関係が継続していないため、転籍後の労働条件を柔軟に決めることができる)

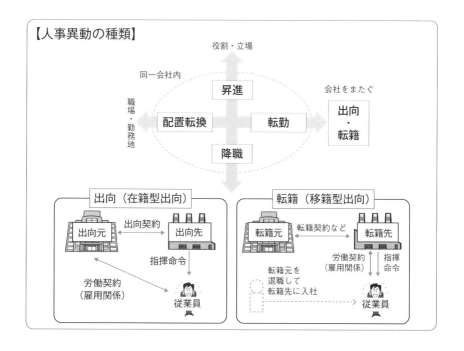

【人事異動の種類】

2 配置・異動の業務の流れ

配置・異動に関する業務の流れ

配置・異動に関する業務は、次の流れで行われる。

(1)配置・異動に関するニーズの把握

　各部門の責任者から提出された「異動申請」などに基づき、配置・異動に関する職場ニーズを把握する。また、自己申告書などから従業員側の異動希望に関する情報を収集する。

(2)配置・異動の検討と上司への打診

　各部門の異動に関するニーズと従業員の異動希望を照合し、人事異動の候補者と時期を決める。また、人事部側で、長期間にわたり同一職務を行っている従業員をリストアップして、ジョブ・ローテーションの観点から異動候補者を決める。異動候補者と時期が決まったら、人事部から候補者の上司および異動先の責任者に打診して、了解を得る。

(3)候補者への内示

　候補者に対して、直属の上司から異動先、目的および異動時期などを説明してもらう。候補者から異動に対して反対の意向が示されたら、人事部が候補者を説得するか、候補者を選び直すか、対応を検討する。候補者全員から異動の了解が得られたら、あらためて候補者に異動時期を連絡して異動を確定させる。

(4)発令・社内通知

　異動対象者に、異動後の勤務地や職務などを示した辞令を交付する。また、掲示板やイントラネット等に人事異動の通知を掲示する。

(5)関係部署への連絡・異動準備

　庶務担当者、システム部門、社宅の管理者などに対象者・異動日を連絡して、受け入れ準備や必要な手配をしてもらう。

(6)異動後の処理

　転勤費用の精算、異動後の対象者へのヒアリングなどを行う。

内示のタイミング・転勤の時期にも配慮すること

　異動に関する業務の中で、よく問題にされるのが内示のタイミングや異動の時期である。異動者からすれば、業務の引き継ぎやさまざまな準備があるため、早めに（例えば、１カ月前ぐらいに）内示をしてほしいと思っている。また、就学児がいる従業員を中途半端な時期に転勤させようとすると、学校編入の関係で家庭に負担を掛けることにもなりかねない。

　内示のタイミングや転勤の時期について法的な制限はないものの、異動者の気持ちや家庭の事情にも配慮して、対象者に余計な負担を掛けない異動を行うことが必要である。

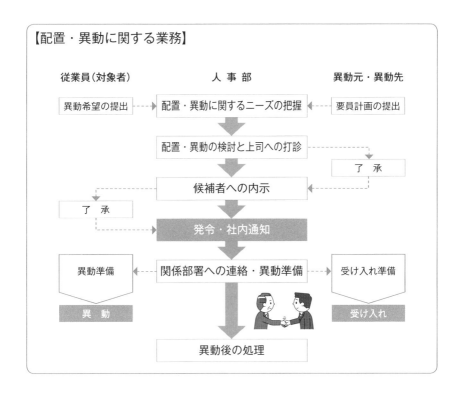

【配置・異動に関する業務】

3 配置・異動における注意点

配置・異動については、次の点に注意しなければならない。

●「転勤拒否」に対する考え方

転勤は、従業員およびその家族の生活に影響を与えるものであるから、個人や家庭の事情により「転勤できない」という従業員が出てくることもある。このような「転勤拒否」は認めるべきなのだろうか。

次の要件を満たす転勤は、正当な業務命令と認められ、原則として、従業員は転勤を拒否することはできないとされている。

【業務命令としての転勤の正当性が認められる要件】

● 就業規則で「転勤を行うことがある」旨の定めがあること
● 不当な動機・目的ではないこと、他の者では代替がきかないこと
● 転勤により生じる従業員にとっての不利益が、通常甘受すべき範囲内と認められること

上記の要件を満たし、正当に発せられた転勤を拒否することは、業務命令違反であり、それは制裁の対象にもなり得る。このことは、転勤を行う会社側も、その命令を受ける従業員側も理解しておくべきだろう。

「転勤拒否」を安易に認めると、多くの従業員が転勤を嫌がるようになり、最終的には、その会社は転勤や人事異動がまったくできない状態に陥ってしまう。そうならないように、会社は、「転勤拒否」に対して毅然とした態度を取らなければならない。

● 出向・転籍時の労働条件と同意の取り方

出向と転籍は、「会社をまたいだ人事異動」という点では共通しているが、出向が現勤務先(出向元)に籍を残したままであるのに対して、転籍は現勤務先を退職して他社に異動するという点で大きな違いがある。

したがって、出向の場合は、働き方（労働日や始業・終業の時間）は、勤務地である出向先に合わせるものの、元の会社（出向元）との労

働契約は継続しているので、出向元の水準で給与を支給したり、出向元と出向先の労働時間の差を手当支給で調整したりする。一方、転籍は、元の会社を退職して、転籍先と従業員との間で新たな労働契約を締結することになり、そこでは、ほとんどの場合、転籍先の働き方や給与水準に合わせた労働条件が定められる。

　出向の場合は、就業規則等で出向に関する規定があり、それを従業員に示していれば実施可能（これを「包括的同意」という）であるが、転籍の場合は、元の会社の労働条件から大きく変わることもあるため、対象者の同意（「個別同意」）を取らなければ実施することはできない。

転勤に関する従業員の不公平感について

　引っ越し費用や勤務地間の生活費の違いなどの経済的負担が大きくなると、転勤者は不公平感を募らせて、二度と転勤に応じなくなるだろう。人事部は、転勤費用や物価水準等をチェックし、適宜、転勤支度料や地域手当などの改定を行うようにしなければならない。

　また、転勤が特定の従業員に集中すると、その者から、また逆に、転勤の機会（＝職務経験を積むチャンス）を与えられない者からも、不公平感が出てくることになる。従業員の異動履歴をチェックして、転勤が特定の者に偏らないようにするなどの注意が必要である。

【転勤命令の正当性が認められる場合】

就業規則などで定めがある

転勤の動機・目的が正当

通常甘受すべき不利益の範囲内

➡ 業務命令としての転勤の正当性
（「転勤拒否」は業務命令違反）

4 人事制度の全体像

人事制度の意義

　「人事制度」とは、従業員の処遇に関する仕組み全般を指す。

　広く捉えれば労働時間などの働き方に関する仕組みも含まれるが、近年では、従業員の処遇を決定する仕組み（具体的には「等級制度、評価制度、報酬制度」の三つの仕組み）に絞り込んで、「人事制度」という言葉を使うことが多い。本書でも、等級制度、評価制度、報酬制度の三つの仕組みを「人事制度」と捉えて、それらについて説明する。

　人事制度の意義は、次のとおり言い表すことができる。

> 人事制度の意義は、従業員の社内での位置付けを定め、公正な評価と処遇を実現することにより、人事管理の効率化、人材の育成、モチベーション向上等を図ることにある。

　従業員の仕事や報酬に関する基準やルールがあれば、効率よく、かつ公正に、それらの決定ができる。また、評価の過程で上司と部下が能力発揮について話し合うことにより人材育成が進み、能力や成果に応じた報酬が支払われることにより従業員のモチベーションが向上する。これらの効果が期待できることから、会社は、人事制度を構築するのである。

人事制度の内容

　人事制度は、次の三つの仕組みで構成される。

⑴等級制度

　　能力レベルや職務内容などを基準とした等級（資格、職階）を定めて、従業員の社内での位置付けを決める仕組み。人事制度全体の柱となるもので、これに基づいて、評価内容や報酬などが決まる。

⑵評価制度

　　従業員の職務上の成果や能力発揮などを評価する仕組み。人事考

課、査定とも呼ばれる。評価結果に基づいて、等級の上げ下げ（昇降格）や報酬の金額が決まる。

(3)報酬制度

　等級や評価結果に基づいて、従業員の月例給与、賞与、退職金等を決める仕組み（なお、報酬制度については、第6章で説明する）。

人事制度を運用するときのポイント

　人事制度の運用におけるポイントは、次のとおりである。

(1)人事制度と経営方針・戦略との関連性を理解すること

　人事制度には、その会社の経営方針や戦略が反映されている。「経営方針を社内に浸透させる」「経営戦略を具体的に展開する」という意識を持って、人事制度を運用することが必要である。

(2)透明性や納得性を重視し、オープンな運用を心掛けること

　「自分は公正に処遇してもらっている」という実感が従業員のモチベーションを向上させる。「どう評価したか」「どうやって報酬を決めたか」などを従業員に明確に示す「オープンな運用」が重要である。

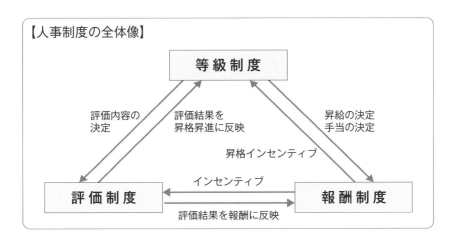

【人事制度の全体像】

等級制度

評価内容の決定　　評価結果を昇格昇進に反映　　昇給の決定　手当の決定

昇格インセンティブ

インセンティブ

評価制度　　　　　　　　　　　　　　報酬制度

評価結果を報酬に反映

5 人事制度の運用

人事制度の運用に関する業務

　人事制度の運用に関する業務には、次のものがある。

(1)等級・役職の決定

　　各部門から提出された昇格申請や評価結果などに基づき、昇格者を決定する。全従業員の等級と役職が確定した後、対象者に辞令を交付する。

(2)人事考課（昇格・昇給考課・評価シートの配布と回収）

　　評価時期に「評価シート（人事考課票）」を配布し、評価者（上司）が評価を実施後、回収する。必要に応じて評価者間の調整を行う。

(3)賞与考課の実施（目標シートの配布と回収）

　　従業員に「目標シート」を配布し、業務目標を設定させる。6カ月後に各部門で達成度評価をさせて、シートを回収する。

　　なお、目標設定や達成度評価の際に上司と部下の面談を実施するよう、各職場に指導、徹底する。

(4)昇給に関する業務

　　昇給の原資（従業員1人当たりの昇給額など）を決定した上で、給与表や計算式に基づき、各従業員の昇給額を決定する。各従業員に、昇給額を通知する。

(5)賞与支給に関する業務

　　賞与の支給月数（賞与の原資）を決定した上で、計算式などに基づき、各従業員の賞与支給額を決定する。各従業員に、賞与支給額を通知する。

人事制度の企画・設計に関する業務

　人事部門は、人事制度の運用に関する業務だけではなく、人事制度そのものを企画・設計する業務（評価基準の見直し、給与体系の改定など）も行っている。

【年度単位で見た人事制度の運用サイクル】

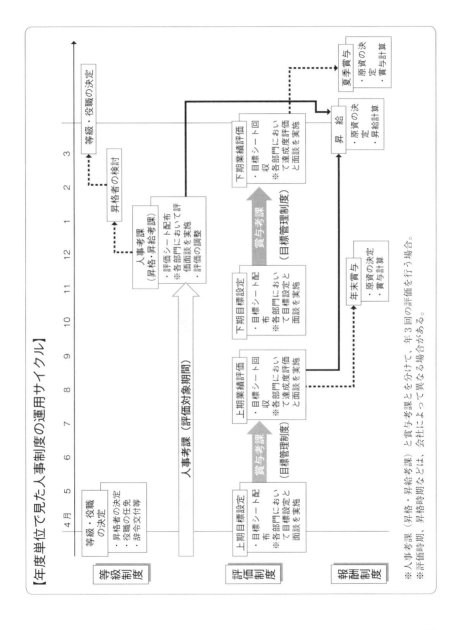

※人事考課（昇格・昇給考課）と賞与考課とを分けて、年3回の評価を行う場合。
※評価時期、昇格時期などは、会社によって異なる場合がある。

6 人事制度の体系

処遇決定の基準により人事制度の体系が決まる

　処遇決定の基準を「年齢・勤続」に置けば「年功」を主体とした人事に、「仕事」に置けば「職務」を主体とした人事制度となる。そして、人事制度の体系によって、等級の上がり方や給与（基本給）の上がり方などが変わってくる。

　主な人事制度の体系とその特徴を整理すると、次のようになる。

⑴年功体系（年功給体系）

　　年齢（または勤続年数）を基準として処遇を決める体系。年齢などに基づいて給与が一律的に決まり、能力や職務の違いによる差がつかないため、優秀な従業員ほど不満を持ちやすい。従業員の平均年齢の上昇に応じて、人件費も上昇する。

⑵能力体系（職能給体系）

　　能力（職務遂行能力、職能）の高さを基準として処遇を決める体系。原則として、等級と役職を分けて管理する仕組みで、役職に就かなくても等級（および給与）だけを上げる、また役職を解任されても等級を下げない等の運用がなされる。同年齢でも能力により給与に差がつく。個人の給与が下がることはほとんどないため、人件費上昇をもたらしやすい。

⑶職務体系（職務給体系）

　　職務内容（職種と職務・仕事、役職）を基準として処遇を決定する仕組み。例えば、「店長」「バイヤー」「販売担当」のような職務に応じて等級や給与を決めるため、等級や給与が細分化される。原則として職務が高くなったり、役職に登用されたりしなければ等級や給与は上がらない。また、役職を解任されると、等級や給与も下がる。社内の職務の種類や対応する給与水準が変わらない限り、人件費の大きな増減は生じない。

⑷役割体系（役割給体系）

　　役割（役職と責任範囲）を基準として処遇を決定する仕組み。一般

的には、「役割」＝責任範囲の大きさ（例えば、部下の数）によって
等級および給与範囲を設定する。職務体系をベースとして、（役職が
上がらなくても給与が上がる）能力体系の要素を加えた仕組みとなっ
ている。

【人事制度の体系と特徴】

	年功体系 （年功給体系）	能力体系 （職能給体系）	職務体系 （職務給体系）	役割体系 （役割給体系）
基準	年齢（勤続）	職務遂行能力	職務（職種・役職）	役割（役職）
等級制度	等級なし。または、等級の基準が曖昧で、実際は年齢を基準として格付ける。 等級と役職の区分なし。	能力レベル(発展段階)を基準として格付ける。原則として、降格はなし。 等級(能力)と役職(組織上の役割)が分離。	職務(職種・責任範囲)を基準として格付ける。職務が変わると、降格することもある。 職務(仕事)や役職によって等級が決まる。	役割(責任範囲)を基準として格付ける。役割が小さくなると降格することもある。 能力体系と職務体系の中間的運用になる。
評価制度	なし。 または基準が曖昧。	能力発揮の評価が中心。	成果評価（職務の実践度）が中心。	成果評価（役割の実践度）が中心。
報酬制度	〈概　要〉 年齢給が中心。同年齢による格差なし。	能力給が中心。同年齢による格差は小さい。	職務給が中心。同年齢による格差は大きい。給与減あり。	役割給が中心。同年齢による格差は大きい。給与減あり。
	〈基本給の決定〉 年齢に応じて一定額	能力発展に伴い昇給	職務により一定額（細かい金額設定）	役割に応じて決定（職務給に幅を持たせるイメージ）
	〈基本給の典型的な形〉 年齢別賃金表 20歳：20万円 21歳：21万円 22歳：22万円 …	等級・号俸表 1級／2級 1 200,000 240,000 2 200,500 240,700 3 201,000 241,400 4 201,500 242,100	職務別賃金表 人事課長：35万円 営業課長：37万円 人事部長：45万円	役割別賃金表 係長：30万～35万円 課長：35万～40万円 部長：45万～50万円 …
	〈個人の給与の変化のイメージ〉			
	〈人件費への影響〉（従業員の入社・退職がない場合） 毎年、人件費が大きく増加	毎年、人件費が増加	基本的に、人件費は固定	人件費は固定、または微増

7 等級制度の概要

等級制度の意義

　等級制度（資格制度、職階制度）とは、能力レベルや職務などによって定められた「等級」に基づいて、従業員の社内での位置付けや給与を決定する仕組みをいう。等級制度には、次の意義がある。

①処遇の基準を明確化して、人事に対する公平性と納得性を高める。
②発揮すべき能力や果たすべき役割を各従業員に示すことによって、組織運営の効率化を図る。
③昇格するために必要な能力や経験を示して、従業員の自発的なキャリア開発を促す。

等級制度の構成要素

　等級制度は、次の要素によって構成されている。
⑴等級（資格、職階）
　　従業員の社内における位置付けを示すもので、これに基づいて給与などの処遇が決まる。等級の決定基準は、「職能要件書」や「職務記述書」に、具体的に記載されている。
⑵役職（職位）
　　「課長」「部長」のように組織上の役割を示すもので、原則として、部下を統括管理する部門の責任者に付与される。
⑶呼称（資格呼称、対外呼称）
　　役職が付与されない者に対して「肩書」として付与するもの。「参事」や「担当課長」などさまざまな呼称がある。
⑷職種・職掌
　　「営業」「事務」など、仕事の種類を示すものを「職種」という。
　　「職掌」とは、「職種」を大くくりにまとめたものをいう。管理職

（部門の責任者）と専門職（統括責任を持たずに、自分の担当職務を遂行する）との区分を「職掌」とする場合が多い。

(5)職群

コース別雇用管理が導入されている場合、総合職（転勤の対象となる基幹社員）と一般職（転勤がない地域限定社員）との区分を「職群」ということがある。

(6)昇格基準

上位等級に昇格できる条件（昇格に必要な在級年数、評価、年齢要件など）を定めたもの。各等級に昇格する標準的な年齢（「モデル昇格年齢」）が記載されていることもある。

【等級制度の構成例】

等級	等級の基準	呼称	役職				職種・職掌				職群		昇格基準
7等級	大規模の組織を統括する。または、経営層を補佐する職務を独立して遂行することができる。	参 与				部長	管理職	専門職			総合職（転勤あり）		
6等級	中規模の組織を統括する。または、経営に大きな影響を及ぼす職務を遂行することができる。	参 事		次長	課長								
5等級	小規模の組織を統括する。または、高度な職務を独立して遂行することができる。	副参事											在級5年 直近評価A
4等級	下級者を指導しつつ、業務全般を主体的に行うことができる。	係 長										一般職（転勤なし）	在級4年 直近評価A
3等級	業務全般を自分の判断で主体的に行うことができる。	主 任					事務職	営業職	技術職	製造職			在級3年 直近評価A
2等級	非定型業務を含む業務全般を指示に基づき行うことができる。												在級3年 直近評価B
1等級	定型業務を上級者の具体的な指示を受けながら行うことができる。												在級2年 直近評価B

8 昇格・昇進管理

昇格と昇進

　等級制度の中には、等級（資格）と役職（職位）を区分しているものがある。この場合、等級は「社内での位置付け」を、役職は「組織における役割」を示している。そして、等級が上昇（下降）することを「昇格（降格）」、役職が上昇（下降）することを「昇進（降職）」という。

　能力体系の人事制度においては、等級と役職が分離し、昇格と昇進とが別々に行われる。一方、職務体系、役割体系の人事制度においては、等級と役職が結び付きやすい傾向があり、昇進（降職）に伴い昇格（降格）が行われることが多い。

等級・役職の分化と人事管理

　もともと、組織管理上は、「役職」だけあれば（権限と責任の所在が示されれば）事足りる。そして、経験と能力を備えた中高齢従業員に対して役職の数が十分にあれば、役職を付与することによって、処遇を決めることができる。

　しかし、中高齢従業員の増加に伴い、相対的に役職の数が不足してくると、役職以外の基準によって処遇を決定する必要性が高まる。そこで、能力によって「等級」を決め、それとは別に、組織管理上の役割によって「役職」を決める「職能資格制度」が、多くの会社で導入されるようになった。等級と役職とを別個のものとして管理すれば、役職を付与しないまま等級だけを上げていくこと、あるいは、役職を後進に譲っても等級を上位のまま残しておくことなどが可能となり、中高齢従業員の処遇を決定する上で都合がよい、など柔軟な運用が可能となった。

　このように等級と役職とを分離する人事管理が浸透する中で、組織管理の責任を担わず、高度な仕事を遂行する「専門職」を、管理職と同等の処遇とする仕組みが取り入れられるようになってきた。これが「専門職制度」である。

一方、こうした制度を長く運用してきた企業では、役職が付与されない上位等級者が増え過ぎたことにより、人件費の高騰や指揮命令系統の複雑化などの問題が生じている。このため、「職能資格制度」を見直して、役職に基づく人事体系（職務等級、役割等級）に切り替える企業が増えている。

昇格・昇進管理の仕事

昇格・昇進管理の仕事は、「昇格・昇進者の決定」と「昇格・昇進の通知」に分けられる。

⑴昇格・昇進者の決定

部門責任者からの昇格者の申請に基づき、あるいは各従業員の評価履歴などを「昇格基準」に当てはめて、昇格・昇進の候補者を選出する。

⑵昇格・昇進の通知

昇格・昇進者が決定すれば、上司および対象者に通知し、「辞令」を発行する。社内の掲示板、またはイントラネットなどに、昇格・昇進者を掲示し、また、人事情報や給与データの更新を行う。

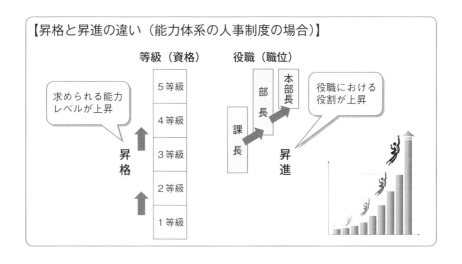

【昇格と昇進の違い（能力体系の人事制度の場合）】

9 複線型人事制度と コース別雇用管理

　従業員の職務内容や等級の上がり方に複数のコースを設定し、コースごとに異なるキャリア開発や教育訓練などを行う仕組みとして、「複線型人事制度」や「コース別雇用管理制度」がある。

複線型人事制度とは

　複線型人事制度とは、従業員の適性や志向によって従業員の処遇に複数の選択肢を設ける仕組みをいう。

　複線型人事制度が日本企業の間に広がりだしたのは 1990 年前後のことである。このころ、多くの日本企業において、中高齢従業員に対して役職の数が足りない「ポスト不足」が発生していた。そこで、能力が高い中高齢従業員については、役職に就かなくても、「専門職」として管理職と同様の位置付けと報酬を与えることにした。これによって、人事制度は、管理職として処遇される職掌しか持たない「単線型」から、管理職と専門職などの複数の職掌が設定されている「複線型」に変わった。

　複線型人事制度における主な職掌には次のものがある。

①管理職：部門の統括管理の責任を担う職掌。直属の部下を持ち、役職が付与される。

②専門職：高い技術や知識を持ち、専門的な仕事や経営補佐などの仕事を行う職掌。原則として、直属の部下を持たない。

③専任職：管理職に相当する等級（資格）に格付けられるが、役職に空きがないため、管理職にならずに、自分の仕事を遂行する職掌。「専門職」への登用を研究開発や技術などの職種に絞った場合に、それ以外の職種で設定されることがある。

コース別雇用管理とは

　一方、コース別雇用管理とは、職務内容の違い、転勤（異動）の有無などによって従業員のキャリア開発に複数のコースを設定し、コースごとに異なる配置・昇進や教育訓練などを行う仕組みをいう。

　コース別雇用管理は、1985年の男女雇用機会均等法施行以降に、「総合職」「一般職」の区分という形で大企業を中心に導入されはじめた。その後、1997年の男女雇用機会均等法の改正によって、配置、昇進、教育訓練などについて性別を理由とした差別的な取り扱いが禁止されたことから、職務内容の違いや転勤の有無などに基づいて、従業員の採用や処遇などを区分けする「コース別雇用管理」が広がった。コース別雇用管理におけるコースには、次のものがある。

①総合職：基幹的業務または企画立案、対外折衝等総合的な判断を要する業務に従事し、原則転居を伴う転勤がある。

②一般職：主に定型的業務に従事し、原則転居を伴う転勤がない。

　なお、2014年7月に施行された改正男女雇用機会均等法により、合理的な理由がないにもかかわらず、採用、昇進、職種の変更などに転勤要件を設けることが「間接差別」として禁止されたことから、総合職・一般職の区分によるコース別雇用管理の見直しが進められている（最近では、従事する職務内容や勤務エリアを限定する「限定正社員」を設定し、人事管理に活用する動きが出てきている）。

複線型人事制度・コース別雇用管理を運用するときの注意点

　複線型人事制度やコース別雇用管理を運用するときの注意点は、次のとおりである。

①職掌やコースの選択において、本人の希望を重視する

　職掌やコースの選択は、従業員が自分の適性やライフプラン等を考慮して、自ら行うことが望ましい。本人の希望を無視して、会社が各自の職掌やコースを一方的に決めると、従業員は大きな不満を持つ。

②これらの仕組みを性別を理由とする差別の「隠れみの」にしない

　例えば、性別による処遇格差をつけるために、女性従業員を「総合職」として採用しなかったり、合理的な理由がないまま転居を伴う転勤に応じることを採用や昇進の要件としたりするような運用を行ってはならない。

10 評価制度の概要

評価制度の意義

　会社には、従業員の仕事ぶりや成果を評価する仕組み（評価制度、人事考課、査定）がある。評価制度には、次の意義がある。

①従業員の能力発揮や成果を捉えて、それを昇給・賞与、昇格等に反映させることにより、公正な処遇を実現する。
②仕事をする上で必要な能力を明確にする、および評価結果のフィードバックを通じて、従業員の能力開発を図る。
③組織目標をブレークダウンして、事業運営の効率化を図る（目標管理制度による評価の場合）。
④従業員の能力や成果を把握して、配置や異動の参考情報とする。

評価制度の種類

　評価制度には、次の種類がある。
(1)評価結果の使用目的で分類した種類

評価の名称	評価結果の使用目的	評価の頻度・時期の例
昇格・昇進考課	昇格・昇進者の決定	年1回・昇格の前（2月）
昇給考課	各自の昇給額の決定	年1回・昇給の前（2月）
賞与考課	各自の賞与の決定	年2回・賞与の前 （夏季は5月、年末は11月）

　上記は、あくまでも一つのパターンで、「どのような評価をいつ行うか」は、各社が自由に決めることができる。例えば、昇格については特に評価を実施せず、過去の昇給考課と賞与考課の結果を使っているパターンや、年俸制を採用している会社では昇給考課と賞与考課を併せたものを年1回実施するというパターンもある。

(2)評価対象で分類した種類

評価の名称	評価の対象
能力評価	判断力や統率力のように、仕事をする過程で発揮していた能力を評価の対象とする。定性的な評価となるため、曖昧なものになりやすい
情意評価	積極性や法令遵守（コンプライアンス）など、仕事の取り組み姿勢や勤務態度を評価の対象とする。能力と同様に曖昧な評価になりやすい
成果評価 （業績評価）	売上目標の達成度や生産個数のように仕事で上げた実績（業績）を評価の対象とする。目標管理制度が用いられることが多い
コンピテンシー （行動特性）評価	業績に結び付く行動を評価の対象とする。高業績者の職務行動を分析して評価基準が作成される。実際には能力・情意評価とほぼ同じものとなるため、それらに代わって導入されることが多い

　なお、評価結果の使用目的によって評価対象も異なってくる。一般的に各期の業績により支給額を決める賞与は「成果評価」の結果を重視し、昇給や昇格は、安定的に発揮できる能力を見極めるために「能力評価」や「情意評価」の結果を重視する傾向がある。

【評価結果の使用目的と評価の対象との関係】

		評価対象			
		能力評価	情意評価	成果評価	コンピテンシー評価
評価結果の使用目的	昇格・昇進	◎	◎	○	◎
	昇給	◎	◎	○	◎
	賞与	○	△	◎	○
	異動・配置	△	△	△	△
	能力開発	△	△	△	△

◎強く反映　○反映　△参考とする

101

11 能力評価・情意評価

能力評価と情意評価の項目

　能力評価は、評価対象期間中の能力発揮を、情意評価は、仕事に取り組む姿勢や勤務態度を、一定のルールに基づき評価する仕組みである。

　能力評価、情意評価の項目としては、次のものが挙げられる。

能力評価の項目	情意評価の項目
知識・技能	勤務態度
処理力・実行力	協調性・チームワーク
企画力・計画力	積極性・挑戦性
判断力	責任感・達成意欲
統率力・指導力	規律意識・コンプライアンス
交渉力・調整力	

　なお、実際には、能力評価と情意評価とを明確に区分けせず、「人事考課」などの名称で一緒に行っているケースも多い。

能力・情意評価の進め方

　評価を実施する時期になると、人事部は、**評価者**（通常は、直属の上司）に評価用紙を配布する。評価用紙には、評価対象となる従業員の職種や等級（能力レベル）に応じて、評価項目と評価基準が記載してある。評価者は、評価基準に基づいて評価を行った後、記入済みの評価用紙を人事部に提出する（なお、直属の上司だけで評価を行うと、その人の「甘辛」が出てきてしまうこともあるため、通常は、評価者の上位の管理職がチェックを行った上で、評価用紙を人事部に提出する）。

　人事部は、全部門の評価用紙を回収し、部門により評価のつき方にバラつきがないかを分析し、必要に応じて部門間の調整を行う。

　近年は、上司が評価する前に被評価者本人が自らの能力発揮や姿勢・態度を評価する「自己評価」を組み込んだり、上司から被評価者に対し

て評価結果をフィードバックすることを義務付けたりしているケースが多い。これらによって、評価に対する納得性を高めると同時に、被評価者の能力開発を図っているのである。

【能力評価・情意評価の評価用紙（人事考課票）】

人事考課票	所属				
	等級		氏名		

	評価項目	評価内容	配点	自己評価	1次評価	2次評価
能力評価	業務知識	職務遂行に必要な知識を持ち、それを発揮しているか。	20	5 3 1	5 3 1	5 3 1
	企画計画力	職務上の問題を発見し、それを解決していたか。	20	5 3 1	5 3 1	5 3 1
	統率力	部下や下級者を掌握し、活気のある組織を構築していたか。	10	5 3 1	5 3 1	5 3 1
	判断力	正しい判断をタイミングよくしていたか。	10	5 3 1	5 3 1	5 3 1
	能力評価合計		60			
情意評価	協調性	関係者とのチームワークを意識していたか。	10	5 3 1	5 3 1	5 3 1
	挑戦性	新しいこと、困難なことに取り組もうとしていたか。	10	5 3 1	5 3 1	5 3 1
	責任感	自分の職務を最後までやり遂げようとしていたか。	10	5 3 1	5 3 1	5 3 1
	コンプライアンス	法令や社内の規程を遵守していたか。	10	5 3 1	5 3 1	5 3 1
	情意評価合計		40			

① 「配点×評価÷5」で項目ごとに点数を算出し、それらの合計を評価点とする。
② 2次評価の評価点を最終評価とする。
③ 評価点は、次の基準に基づき、評価記号に置き換える。
　S：100〜90　A：89〜75　B：74〜60　C：59〜40　D：39〜20

評価点合計	
評　価	

1次評価	2次評価

所見	

12 成果評価と目標管理制度

成果評価と目標管理制度

　能力評価・情意評価は、仕事を通じて、その人の能力や勤務態度などを捉えるものである。評価においては、これとは別に、一定期間における仕事の結果（成果、実績）を捉えることも必要である。

　例えば、「成果」として評価する項目としては、次のものがある。

営業職の場合	技術職の場合	製造職の場合
・売上高	・開発件数	・不良率の低減
・利益	・開発計画の進捗度	・コスト削減額

　これらの項目を評価するときには、具体的な目標数値などを設定し、その達成度を見ればよい。このように目標設定から達成度評価までを行う一連の仕組みを「目標管理制度」という。

目標管理制度の効果

　目標管理制度の運用に当たっては、次の点を踏まえるべきである。
- 目標の設定は、所属部門の目標を踏まえて、従業員本人が行うこと
- 目標設定、達成度評価の段階で、本人と上司が面談を行うこと

　目標管理制度には、次の効果を期待することができる。

①従業員の主体性を重視することにより、モチベーションが高まる。
②各自が目標を実行することにより、組織目標を効率的に達成できる。
③上司と部下の間のコミュニケーションが活性化される。
④目標設定と上司との面談を通じて、従業員の能力開発が図られる。

　従来の目標管理制度は、個人の成果を評価して処遇（主に賞与）に差をつけることを目的として導入されたが、近年は、各自の職務の明確化や能力開発に役立てることに重きが置かれるようになってきている。

目標管理制度の進め方

目標管理制度は、半年間（または１年間）を１サイクルとして、次の流れに沿って行われる。

(1)期初（目標設定段階）

人事部が、各部門に目標設定の案内をする。部門責任者(上司)は、部門目標を部下に示し、それを踏まえて各自で業務目標を設定するように指示する。部下が業務目標を設定したら、上司は部下と面談を行い、目標のレベル調整を行ったり、部下にアドバイスを与えたりする。

(2)期中（目標実施段階）

部下が自分の業務目標を実行する。部下は目標の進捗状況を上司に適宜報告し、上司は部下の目標達成をサポートする。

(3)期末（達成度評価の段階）

人事部から、各部門に達成度評価の案内をする。部門責任者は、部下に目標達成度を自己評価するように指示する。その後、上司は部下との間で面談を行い、達成度評価を決定する。人事部は、目標管理シートを回収し、その評価結果を賞与支給額の決定等に反映する。

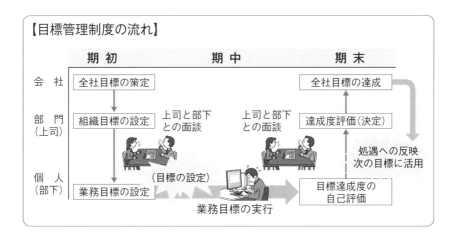

【目標管理シート（成果評価の用紙）】

成果評価シート

所属		氏名	
等級			

	目標項目	達成基準	配点	結果	1次評価	2次評価
1						
2						
3						
4						
5						
合計						

成果評価

	1次評価	2次評価

所見

13 評価制度の運用

絶対評価と相対評価の違い

評価の方法には「絶対評価」と「相対評価」の二つがある。

絶対評価とは、あらかじめ定められた基準に従って評価点を算出する方法である。一方、相対評価とは、被評価者同士を比較し順位付けすることによって評価する方法である。

例えば、100点満点で評価したものを「A、B、C…」などの記号に置き換える場合、「90点以上をA、80点以上をB…」とする方法が絶対評価、「上位20％をA、中間の50％をB…」とする方法が相対評価となる。

これまで、日本企業においては、主に相対評価が用いられていた。相対評価であれば、全員が良い評価になることはあり得ないので、評価結果を昇給や賞与に反映させるときに、見込んでいた予算をオーバーすることなく、確実にメリハリをつけることができる点でメリットが大きかったからである。

ところが相対評価の場合、「全員が同じぐらいの能力・成果でも強引に差をつけなければならない」「優秀な人がいると、他の人は頑張っても評価が上がらない」等、運用上の問題がある。

そこで、最近では、絶対評価を用いる会社が増えている。絶対評価は、会社が要求する成果や能力の基準を従業員に示し、それに達しているかどうかで評価を確定するため、従業員の能力開発を促進し、かつ納得性も高いというメリットがある。

多面評価（360度評価）のメリット・デメリット

評価は、部下の仕事ぶりを観察できる「直属の上司」が行うことが原則である。ところが、上司だけで評価を行うと、上司の個人的な「好き嫌い」で評価が決まってしまう可能性がある、あるいは、上司の目が届きにくいところ（例えば、後輩に接する態度など）を的確に評価するこ

とができないなどの問題点もある。

　このような問題点を解消するために、上司以外の同僚や部下などの評価を取り入れることが効果的である。このように、上司、同僚、部下などさまざまな立場の者が評価を行う仕組みを「多面評価（360度評価）」という。この仕組みには、次のようなメリット、デメリットがある。

多面評価のメリット	多面評価のデメリット
● 評価の客観性、納得性が高まる ● 上司の目が行き届かない点を適切に評価することができる	● 評価の事務工数が増える ● 上司が部下に対して厳しく接することができなくなる

　このようなデメリットがあるため、多面評価は、昇給・賞与などの処遇に反映させずに、管理職登用時のアセスメント（個人の資質や能力を客観的に観察評価すること）として行われている場合が多い。

「評価エラー」が起こらないようにする

　評価は、「事実に基づき、公正に行うこと」が最大のポイントである。しかし、人間が評価する以上、主観が入り込んだり、公正性を欠くものになったりして、不適切な評価になってしまう可能性がある。

　評価が不適切なものとなってしまう要因を「評価エラー」という。

　人事部は、評価者研修を行い、評価者に対して「評価エラー」が発生しないように注意を呼び掛けることが必要である。

ハロー効果	被評価者のある印象に引きずられて、全体の評価が決まってしまうこと。
中心化傾向	評価を中間的な点数に集中させてしまうこと。逆に極端に分散させることを「分散化傾向」という。
寛大化傾向	評価を甘めに付けてしまうこと。逆に厳しめに付けてしまうことを「厳格化傾向」という。
期 末 効 果	評価点を付ける直近の出来事により、評価が決まってしまうこと。

Column

日本の人事制度の変遷

　日本企業の人事制度は、経営環境の変化に伴い、その形を変えている。

　戦後から高度成長期にかけては、労働力を確保し、従業員の生活水準を全体的に向上させていくことが人事管理のポイントであった。企業が稼ぎ出した儲け(付加価値)は、生計費がかかる従業員に優先的に配分され、そこから「年功人事」が主流になった。

　ある程度、生活水準が向上すると、「同一年齢であれば、能力に違いがあっても報酬は同じ」ということに対して、従業員からも不満の声が上がるようになる。そこで、「能力主義」人事が広がってくる。

　1990年代後半以降、経済の低成長期にあっては、「実際に上げた成果によって処遇を決めるべき」という考え方が強くなり、「成果主義」人事が広がった。また、従業員の高齢化が進む中で、「(能力主義の下で上昇した)ポストに就かない従業員の報酬を低く抑えるべき」という考え方が強まり、「職務給・役割給」が導入されたのである。

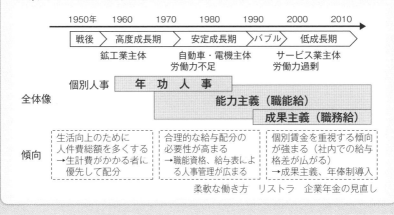

人事制度の設計プロセス

人事制度を設計するときには、社内で行われている「職務」について分析すること（職務分析）が必要となる。

職務分析においては、まず従業員にアンケートなどを行い、職務に関する調査（職務調査）が行われる。

能力体系の人事制度を構築する場合は、職務調査の結果から職務遂行に必要とされる能力や知識を洗い出し、そこから等級制度や評価制度を設計する。職務体系・役割体系の人事制度を構築する場合は、各職務の困難度や重要度を評価し、そこから等級制度や報酬制度を設計する。

職務分析の結果は、能力体系の人事制度の場合は「職能要件書」、職務体系の人事制度の場合は「職務記述書」「役割基準書」などの文書に整理して活用されている。また、近年は、同一労働同一賃金の考え方に基づき、職務に応じて賃金を決定するときにも職務分析の結果が使われるようになっている。

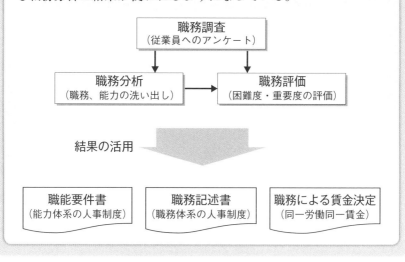

第 4 章

人材を育成する

～能力開発とモチベーション向上に関する基礎知識～

1 人材育成のポイント

人材育成の意義

　会社は、従業員に対して教育研修などを実施し、人材の育成を図る。教育研修によって従業員の能力が高まれば、仕事の質が向上し、会社の業績向上に結び付くものと期待できる。一方、従業員は、自分の能力が高まれば、昇格・昇進や報酬の上昇に結び付くものと期待する。

　このように、人材育成は、会社と従業員の双方が将来にメリットが受けられるものと期待して行われるものと捉えることができる。

　「人材育成」の意義は、次のとおりである。

> 「人材育成」の意義は、従業員の能力と意欲の向上を図り、仕事の質を高めることによって、会社、従業員双方の持続的成長を実現することにある。

「キャリア・能力・組織」の三つを開発すること

　「人材育成」を効果的に進めるためには、キャリア開発、能力開発、組織開発を三位一体で行っていくことが必要となる。

　「キャリア開発」とは、従業員一人ひとりに自らのキャリア（職務経験を中心とするワークキャリアとライフキャリア）の方向性を考えさせたり、人事異動などを通じてさまざまな職務経験を積ませたりすることである。

　「能力開発」とは、教育研修や日常の業務指導（OJT）などを通じて、従業員に知識や技術を習得させることである。

　「組織開発」とは、コミュニケーションの活性化などを通じて、組織の体質改善を図ることである。

　キャリア開発が行われれば、従業員は、自分の将来像を思い描き、能力開発に自発的に取り組むようになる。組織開発が行われれば、従業員同士が切磋琢磨する雰囲気が職場に醸成され、キャリア開発や能力開発が効果的に進むようになる。

人材育成を進めるときのポイント

　人材育成を進めるときのポイントは、次のとおりである。

(1)人材育成には、長期的、全体的な視点が必要となる

　　人材育成は、入社から退職までの長期にわたり行われ、また、教育研修だけではなく職務経験の蓄積等によっても行われるものである。「求める人材像」を明確にした上で、一貫性のある教育研修を行い、職務経験を積む機会を与えていかなければならない。

(2)実践を通じた人材育成を図る

　　理論的過ぎて実務には役立たない施策では意味がない。理論と実践とを組み合わせた教育研修を行い、また、研修で取得した知識・技術を活用する仕事を与えることが必要である。

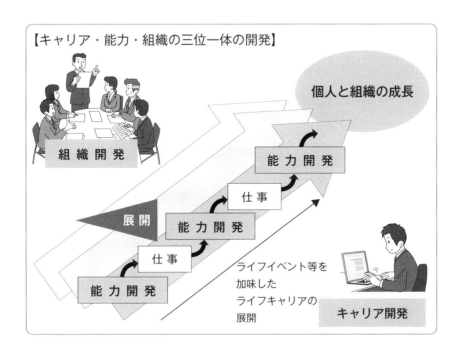

【キャリア・能力・組織の三位一体の開発】

個人と組織の成長

組織開発

能力開発

仕事

能力開発

展開

仕事

能力開発

ライフイベント等を加味したライフキャリアの展開

キャリア開発

2 人材育成に関する業務の流れ

人材育成に関する業務の種類

　人材育成を効果的に行うために、求める人材像を示した「人材育成方針」と、長期的かつ総合的な人材育成体系となる「CDP（Career Development Program）」を策定することが必要になる。

　これらを基盤として、「キャリア開発」「能力開発」「組織開発」に関するそれぞれの業務が行われる。

(1)キャリア開発

　　従業員から、今後のキャリアの方向性や異動希望などがあれば、申告してもらう（自己申告制度の実施）。

　　必要に応じて、従業員の適性を分析（アセスメント）したり、人事部や専門家によるキャリアカウンセリングを実施したりして、従業員自身にライフキャリアを含むキャリアを考えさせる機会を与える。

(2)能力開発

　　CDPにおいて、求める人材を育成するための柱となる研修（毎年度、必ず実施する研修）を定めておく。これに基づき、各年度がスタートする前に、教育研修の予算と実施内容を決定する。経営者や部門責任者から研修に関するニーズを聴取しながら、研修の具体的内容や実施時期などの詳細を検討して、研修計画を作成し、社内に告知する。実施時期が迫ったら、講師依頼、会場手配、参加者への案内などの手続きを行い、研修をスムーズに実施する。

(3)組織開発

　　研修内容が組織において活用できるような工夫（アクション・ラーニングなど）を施したり、個人の知識、ノウハウが組織で共有できるような施策（ナレッジ・マネジメントなど）を実施したりする。

　　また、従業員のモチベーションを向上させる施策を実施することにより、組織の活性化を図る。

キャリアや研修に関する情報の管理

　自己申告の内容や研修の受講歴は、従業員の配置・異動を行う上で、重要な参考情報となる。これらの情報については、人事部においてしっかりと管理しておくことが必要である。職務履歴や研修受講歴などを個人別に管理できる人事情報システムを整備して、必要な情報をすぐに取り出せるようにしておくことが望ましい。

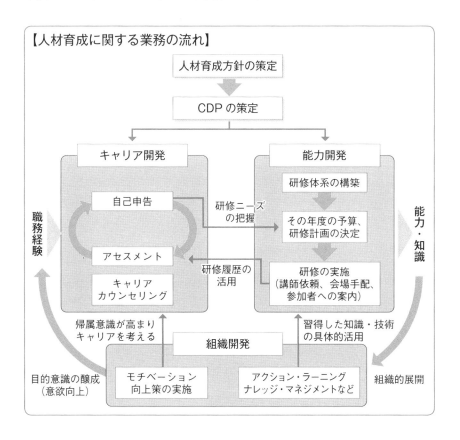

【人材育成に関する業務の流れ】

3 人材育成方針と CDP の策定

人材育成方針とは

　求める人材像や研修体系が頻繁に変わってしまうと、従業員は能力開発の方向性を見失い、人材育成は効果的に進まなくなる。そこで、その時々の状況によって人材育成の考え方にズレが生じてこないように、また、職務付与と教育研修、および処遇決定が一貫性のある考え方の下に実施されるように、長期的かつ全体的な視点から「人材育成方針」を策定することが必要になる。

　「人材育成方針」では、次の事項を明確化する。

①求める人材像

②人材育成における会社の役割（会社が主体となって教育を実施するのか、従業員の自主的な能力開発を支援するのかなどを明確にする）

③人材育成における従業員の責務

CDP とは

　人材育成方針を実現するためには、「どのような職務を経験させるのか」「どのような研修を実施するのか」などを定めておくことが必要になる。そこで、職務経験と研修を組み合わせた総合的な人材育成体系である「CDP（Career Development Program）」が策定される。

　CDP では、従業員が能力を向上させていく職務経験の道筋（キャリアパス）や会社が実施する教育研修などが示される。これに基づいて配置や教育研修を実施すれば、会社は、求める人材を効率的に育成することができる。一方、従業員は、自分の将来の姿を思い描くことができるため、会社に対する帰属意識を高め、仕事に対する意欲も高まる。

人材育成方針、CDP の策定の流れ

　人材育成方針の策定（または改定）は、経営者から「求める人材像」
や「人材育成に対する考え方」を聞いて、それを文書化することによっ
て行う。なお、文書化においては、なるべく長期間にわたり使えるもの
とするように表現に注意することが必要である。

　CDP の策定においては、まず、部門責任者などから「役員クラスに
なるまで、どのような職務を何年ぐらい経験することが理想的か」「各
階層で、どのような能力・知識を習得しておくべきか」などの意見を聞
く。その意見を参考にして、新入社員から役員クラスに至るまでのキャ
リアパス、および受講するべき教育研修を一つの体系図に示す。

　なお、人材育成方針・CDP と現実の異動・研修との間に大きなギャッ
プがあると、従業員の不満が高まる。人材育成方針や CDP が「絵に描
いた餅」にならないように、運用面でも注意することが必要である。

【あるメーカーの CDP の例】

区分	職掌・職種			配置・異動	必須研修	期待要件			
上級管理職	管理職	専門職	関連会社出向	キャリアカウンセリング	経営幹部研修				選抜研修
中級管理職	管理職	専門職	関連会社出向	第2次キャリア選択	マネジメント研修				選抜研修
初級管理職	管理職	専門職	関連会社出向	第1次キャリア選択	初級管理職研修				選抜研修
中堅社員	生産 技術 開発 営業 企画			アセスメント	リーダーシップ研修	職種別研修	語学習得・資格取得支援	自己啓発・通信教育	
中堅社員	生産 技術 開発 営業 企画			第2次ローテーション	中堅社員研修	職種別研修	語学習得・資格取得支援	自己啓発・通信教育	
一般社員	生産 技術 開発 営業 企画			第1次ローテーション		職種別研修	語学習得・資格取得支援	自己啓発・通信教育	
一般社員	生産 技術 開発 営業 企画			キャリアカウンセリング		職種別研修	語学習得・資格取得支援	自己啓発・通信教育	
新人社員	生産 技術 開発 営業 企画			入社時配属	フォロー研修				
新人社員	生産 技術 開発 営業 企画			入社時配属	新入社員研修				

4 キャリア開発の目的と施策

キャリア開発の目的

「キャリア（Career）」とは、職務経験、職業を意味する言葉であるが、近年ではライフキャリアを含む人生全体の経験を指す概念として捉えられる。このうち、企業における「キャリア開発」とは、従業員に職務経験の機会を提供し、その成長を促すことをいう。キャリア開発は、次の2点を目的として行われる。

①職務経験を通じた能力・知識の効果的な習得

②自分の将来像を思い描かせることによる、職務経験の主体的な蓄積および仕事に対する意欲の向上

キャリア開発において実施される施策

(1)自己申告制度

　　自己申告制度とは、自らのキャリアを振り返り、今後就きたい仕事の希望などを会社に申告する制度をいう。従業員は、現在の仕事の内容や今後の希望などを記入した「自己申告シート」を定期的に提出し、会社は、そこで得られた情報を人事異動や研修企画の参考資料とする。

　　自己申告制度のねらいには、次の点がある。

①本人の希望を反映させた納得性の高い人事異動を行うため

②従業員に自分のキャリアの方向性を考える機会を提供するため

③希望を聞いてもらえる安心感を従業員に与えて、モチベーション向上を図るため

(2)ヒューマン・アセスメント

　　リーダータイプの人、営業職に向いている人……等々。キャリアの方向性は、本人の資質や適性も考慮に入れて検討されるべきである。ところが、資質や適性は、自分自身では客観的に捉えることができない。

　　そこで、本人・上司以外の者（アセッサー）が、面談や適性検査など

を通じて従業員の資質や適性を客観的に捉える「ヒューマン・アセスメント」が行われる。日本企業では、管理職クラスが昇格するときに、管理職としての適性を判断するため、また本人に能力開発の指針を提示するために、ヒューマン・アセスメントがよく行われている。

(3)キャリアカウンセリングとキャリア開発研修

　キャリア開発では、各従業員が次の3点を考えることが重要である。

「自分は何ができるのか（自分の能力、これまでの経験)」

「自分は何をしたいのか（自分の志望、目標)」

「自分は何をするべきか（価値観、使命感)」

　この3点を考えることによって、自分のキャリアの方向性（キャリアビジョン）を描くことができる。ところが、自分の能力や目標などを考えることは、実は大変難しいことである。そこで、従業員が自身のライフキャリアをも視野に入れて、キャリア開発の方向性を定められるように、第三者が適性や能力について分析したり、相談に乗ったりする支援が必要になる。これを「キャリアカウンセリング」という。最近では、社内にキャリア相談員を置いて、従業員のキャリアカウンセリングを行ったり、キャリア開発研修と併せて実施する会社も出てきている。

キャリア開発が抱える問題

　キャリアカウンセリングなどを通じて自分の経験したい職務が明らかになり、また、自己申告制度を通じて異動希望を会社に提出しても、人材配置の都合があるため、実際にその職務に就けないこともある。この場合、「会社に希望を受け入れてもらえない」と思った従業員は、退職したり、キャリア開発施策を拒否したりするようになるかもしれない。

　キャリア開発施策の実施に当たっては、その結果をできる限り実際の人事異動に反映させること、また、従業員に「希望に沿えないことがある」と認識させておくことなどの注意が必要である。

5 能力開発の種類

　会社は、仕事の質を高めるために、さまざまな教育研修を実施し、従業員の能力開発を行う。ここでは、能力開発の施策の種類や内容を説明する。

OJT と OFF-JT

　日常業務の中で、下級者は上級者からさまざまな指示・指導を受ける。このような仕事を通じて職場で行われる能力開発を「OJT（On the Job Training：職場内訓練）」という。これとは別に、職務遂行に必要な理論や技術を習得する集合研修等が行われるが、これを「OFF-JT（職場外訓練）」という。

　OJT と OFF-JT の長所・短所を整理すると、次のとおりとなる。日本企業の能力開発は、もともと OJT を主体とするものであったが、近年、職務の専門性が高まってきたことなどを背景として、OFF-JT の重要性が高まってきている。

	長　所	短　所
OJT	• 職場で手軽に実施できる • 実施費用がかからない • 実践的な内容を教えることができる	• 職場によって頻度、内容にバラつきが生じる • 専門的、理論的な内容を教えるには不向き
OFF-JT	• 専門的、理論的な内容を教えることができる • 職場を離れることにより、新たな気付きを与えたり、社内外の人脈を広げたりすることができる	• 時間や費用がかかる • 仕事にすぐには役立たないこともある

階層別研修と職種別研修

　OFF-JT は、「階層別研修」と「職種別研修」に分かれる。

　階層別研修は、特定の階層（年齢層・役職）に必要とされる能力・知識を習得させるための研修で、具体的には、ビジネスマナーを教える「新入社員研修」やマネジメントを教える「管理職研修」などがある。

　職種別研修は、技術職や営業職などの職種ごとに必要とされる能力・知識を習得させるための研修で、具体的には、生産職ではコストダウンや品質管理をテーマとした研修が行われる。

　このほかにも、階層、職種にかかわらず、全社員や希望者を対象にした「テーマ別研修」（コンプライアンス研修、パソコン研修など）が行われることもある。なお、近年、OFF-JT においては、受講対象者を集合させることによる時間と費用の負担を削減するために、社内の情報ネットワークを通じて教材を提供し、従業員が自席のパソコンで受講する「e ラーニング（Web Based Training）」も積極的に導入されている。

自己啓発の支援

　従業員の中には、自分の意思で、社外の教育機関が提供する通信教育を受講する者、あるいは公的資格取得のために専門学校に通う者などもいるだろう。このように、レベルアップを図ることや人生を充実させることを目指して、従業員が自発的に行う能力開発を「自己啓発」という。自己啓発は、本来、従業員の個人的な行動であるが、それを通して実現される能力やモチベーションの向上は、会社にとってもメリットが大きい。そこで、通信教育の受講料の一部を負担する、あるいは、公的資格取得に対して報奨金を支給するなどにより、従業員の自己啓発の支援を行う会社もある。

【能力開発の種類】

	現場で実施	職場外で実施
会社が実施	OJT （日常業務を通じた実務指導）	OFF-JT （集合研修・e ラーニングなど）
個人で実施	上司・先輩の仕事を見る 業務マニュアルを見る……	自己啓発 （通信教育、セミナー参加など）

6 主な教育研修の内容

　新入社員研修や管理職研修は、ほとんどの日本企業が定番として行っている教育研修である。ここでは、その内容について見ていく。

新入社員研修

　入社した新卒社員を対象に実施されるもので、次の内容を集合研修によって教育する。
①社会人としての心構え
②会社の概要（経営理念、歴史、業務内容など）
③安全衛生に関する事項
④就業規則、および働き方に関するルール
⑤職場におけるエチケット、ビジネスマナーなど
⑥報連相（報告・連絡・相談）の方法、基本的なパソコンの使い方など
　一般的には、入社式後の数日間にわたり、社内の会議室を使い、社内から講師を募って実施されることが多いが、最近は、社外の教育機関が開催する新入社員の集合研修に参加させるパターンも増えてきている。

中堅社員研修

　勤続3〜10年目の従業員（管理職になる一歩手前の中堅社員）を対象に、集合研修（またはeラーニング）によって実施されるもの。この階層は、各職場における実務のリーダーになっている場合が多いため、研修では、次の内容に関する講義やグループ討議が行われる。
①中堅社員（職場のリーダー）としての心構え
②下級者指導の考え方および方法
③職場における問題解決の考え方および方法
　なお、中堅社員研修の実施時に、対象者と人事部門との間で面談を行い、今後のキャリアについて考える機会を提供している会社もある。

管理職研修

　管理職クラスに昇格した従業員を対象に実施されるもので、次の内容を集合研修によって教育する。

①業績管理（計数管理）の考え方および方法

②職場における就業管理、人事評価の方法および注意点

③職場におけるコミュニケーション、リーダーシップの考え方など

　近年、「下級者指導」や「職場におけるコミュニケーション」に関する研修では、「コーチング」（上級者が、下級者に問い掛けをすることによって、下級者自身に解決策を見つけ出させて、能力開発とモチベーションの向上を図る手法）についての講義や演習が行われることが多い。また、「リーダーシップ」に関する研修では、自分自身のタイプ（下図参照）を分析した上で、その改善策を考える内容が多い。

【リーダーシップのタイプ】

「業績への関心度の強さ」と「人への関心度の強さ」を判定してリーダーのタイプを分析するための座標で「マネジリアル・グリッド」と呼ばれる。この図で、最も望ましいとされるリーダーは「業績、人への関心度がともに強いタイプ」（9・9型）となる。

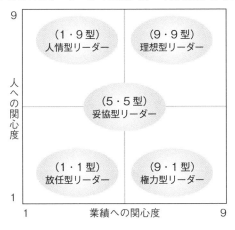

※左図は、R.R.Blake と J.S.Mouton
　による「マネジリアル・グリッド」
　を加筆修正したものである。

7 幹部人材の育成・リーダーシップ論

「幹部人材の育成」は人事の重要なテーマ

　人材育成の中でも特に重要なテーマが、次代を担う幹部人材の育成である。「統率力や決断力に優れた人材を、どのように発掘し、育成していくか」人事の仕事に携わる者は、このテーマを念頭に置いて、日々の仕事に取り組むことが求められる。

　近年、経営トップの後継者候補をあらかじめ選定し、職務経験を積ませながら育成していく仕組み（サクセッション・プラン）を取り入れる会社も増えている。特に大企業においては、35歳前後から優秀人材を選抜し、経営に必要とされる能力を習得する専門的な教育を実施しながら、経営幹部を計画的に育成する取り組みが行われるようになっている。

　不測の事態により経営トップ・幹部が不在となった場合に、すぐに後任者が決まるかどうか、また、その後任者が社内外からの信頼を得られるかどうかが、その後の事業運営に大きな影響を及ぼすことになる。人事部門は、幹部人材の育成に日頃から取り組んでおかなければならない。

リーダーシップ論とそのポイント

　幹部人材には、リーダーシップの発揮が求められる。

　リーダーシップとは、「組織のリーダーが、組織の使命、目的を達成するために、組織の構成員（フォロワー、部下など）に働き掛ける、影響のプロセス」を指すが、その捉え方はさまざまである。主な捉え方（リーダーシップ論）として、次のものが挙げられる。

(1)行動理論

　　リーダーシップをリーダーの行動（仕事志向か、人間関係志向か）から捉える考え方。前ページの「マネジリアル・グリッド」が代表的なもので、基本的に「リーダーとして最適な行動パターンがある」と

いう前提に立っている。

(2)状況適応リーダーシップ理論

　「望ましいリーダーシップは、部下の発達度によって異なる」という考え方。ハーシーとブランチャードは、「部下が発達するにつれて、リーダーには、指示的行動から支援的行動が求められるようになる」という考え方（SL 理論）を提唱した。

(3)変革型リーダーシップ論

　「リーダーは、ビジョンを掲げ、組織構成員を鼓舞して、組織の変革を促す行動をすることが重要である」という考え方。コッターらが提唱した理論で、1990 年代以降、リーダーシップ論の主流となっている。

　幹部人材の育成に関わる人事部員は、これらのリーダーシップ論のポイントも押さえておいていただきたい。

【変革型リーダーシップのイメージ】

組織の方向性（ビジョン）を示す

↓

ビジョンや戦略を組織内に伝える

↓

組織構成員を鼓舞する
（構成員のモチベーションを高める）

↓

組織の変革を導く

8 研修計画の立案と研修の実施

研修計画の立案

人事部門は、次の流れで年間の研修計画を策定する。

(1)研修予算の決定

会社の事業計画および昨年度の研修費用などを参考として、今年度の研修予算を決定する。

(2)実施する研修の企画

経営者や部門責任者から聴取したニーズ、または他社事例などを参考にしながら、今年度実施すべき研修メニューを列挙する。これらのうち研修予算の範囲内で実施可能なものをピックアップする。

(3)研修内容の決定

実施する各研修について次の事項を決定する。

- 研修のねらい
- 研修の対象者、参加予定人数
- 実施方法（集合研修、e ラーニング、社外研修への参加など）
- 研修のカリキュラム

(4)研修の年間スケジュールの作成

研修の実施日を次の順序で決定し、年間スケジュールを作成する。

①実施時期が決まっている研修（新入社員研修、新任管理職研修など）

②重要度が高い研修（多くの従業員が参加できるように業務の繁忙期を避けてスケジュールを設定する）

③その他の研修（研修の実施時期が集中しないようにスケジュールを決める）

(5)研修計画の告知

年間の研修計画は、決まり次第、社内に告知する（参加予定者が研修計画を基にスケジュール調整ができるようにするため）。

研修の準備と実施

　研修実施に当たり、人事部門は、次の仕事を行う。

〈社内で研修を実施する場合〉

　①研修会場の予約、講師の依頼

　②研修対象者への案内、参加予定の取りまとめ

　③研修資料の作成手配

　④会場設営、備品（プロジェクター、ホワイトボードなど）の準備

　⑤研修実施のサポート（参加者の受け付け、資料の配布など）

〈社外の研修に従業員を参加させる場合〉

　①研修パンフレットの入手、社内への案内

　②参加者の取りまとめ、研修実施機関への申し込み

　③参加者からの研修報告など（実際に参加したことを確認する）

研修の効果測定

　研修実施後には、参加者に理解度や改善点についてアンケート調査を行い、次回以降の研修に反映させる。

【研修計画の策定から実施までの流れ】

研 修 計 画 の 立 案

↓　研修予算、年間スケジュールの決定など

研 修 の 準 備 ・ 実 施

↓　会場手配、対象者への案内など

研 修 の 効 果 測 定

アンケートの実施など

9 組織開発

組織開発とは

　「組織開発（Organization Development：OD）」とは、コミュニケーションの活性化、協働意欲の向上、帰属意識の醸成などを通じて、組織風土の改善を図る一連の活動のことである。働き方のルールや役割分担を定めること（これを「組織デザイン」「組織設計」という）を組織のハード面の整備とすれば、組織開発は、これらのハードを効果的に機能させるためのソフト面の充実と捉えられる。

　組織開発は、1950年代後半にグループ・ダイナミクス（集団力学）や行動科学の理論を実際の経営に応用する中で生まれた考え方で、その後、欧米企業を中心に発展してきた。日本の製造現場において広がった「QCサークルによる小集団活動」が、組織開発の一例として取り上げられることもある。

　近年、日本において、組織開発が注目を集めるようになってきているが、それには次の背景があるものと考えられる。

①従業員の価値観の多様化とともに個人主義的な傾向が強まってきたことから、組織に対する帰属意識を醸成して、チームワークを重視する意識を高める必要性が出てきた。

②外国人従業員や高齢者など雇用の多様化が進んでいる中で、職場内のコミュニケーションを活性化して、組織としてのまとまりを持たせる必要性が高まった。

組織開発の手法

　組織開発は、次の手法を通じて実践される。

⑴アクション・ラーニング（Action Learning）

　　少人数のグループを編成し、そこで実際に職場で生じている問題の解決策を検討し、実施する手法。個人とグループの分析力や実行力が

向上すると同時に、職場の問題も解決する「一石二鳥」の効果がある。

(2)職場ぐるみ訓練（Family Training）

　　同一テーマの研修を職場全員に実施することにより、研修内容を実際に活用しやすくし、組織全体のレベル向上を図る手法。

(3)交流分析（Transactional Analysis：TA）

　　自己洞察と他者との関わり合いの分析を通じて、対象者に「気付き」を与え、行動変容を促す手法。これにより、職場のコミュニケーションが活性化されることが期待できる。

(4)ナレッジ・マネジメント

　　個人の知識・ノウハウを組織内で共有し、活用する手法。組織の問題解決能力や生産性が高まることが期待できる。近年は、イントラネットを活用したもの（社内SNSなど）も導入されるようになっている。

(5)モチベーション向上施策

　　表彰制度や目標管理等の施策を実施し、従業員のモチベーションを高め、生き生きとした組織を構築する。

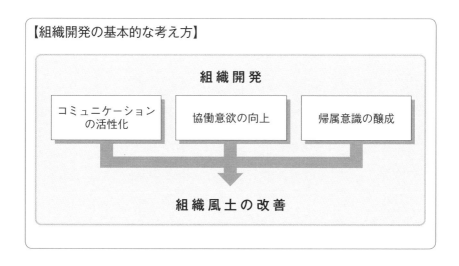

【組織開発の基本的な考え方】

組織開発

コミュニケーションの活性化　協働意欲の向上　帰属意識の醸成

組織風土の改善

10 アクション・ラーニングと ナレッジ・マネジメント

組織開発の手法の具体的な進め方について説明する。

アクション・ラーニングの進め方

アクション・ラーニングの進め方は、次のとおりである。

①参加者で少人数（5〜8人）のグループを編成する。なお、全社的な問題解決を図りたいときには部門横断的に、職場の問題解決を図りたいときには職場内で、参加者を募る。

②参加者全員が、問題解決の考え方をコーチから学び、それに基づいて、実際の職場の問題について話し合い、解決策を立案する。

③立案された問題解決策を職場で実行する。参加者は、実行の過程で、効果や新たに生じた問題をチェックする。

④一定期間の経過後、グループで集まり、問題解決策の効果や問題点について報告する。この際、参加者は、コーチから問題解決能力に関する指導を受ける。それに基づいて、新しい問題解決策を立案する。

⑤参加者は、職場に戻って、新たな問題解決策を実行する。問題解決の効果が具体的に表れるまで、このプロセスを繰り返す。

【アクション・ラーニングの進め方】

参加者が数人のグループに分かれて、実際の職場の問題について話し合い、解決策を立案する

職場で問題解決策を実行する。効果や新たに生じた問題をチェックする

職場に戻り、再び問題解決策を実行する

グループで集まり、問題解決策について再検討する。この際、各自が自分の問題解決に対する思考や行動を見直す

ナレッジ・マネジメントの進め方

　ナレッジ・マネジメントは、個人の知識やノウハウを組織内で共有化することにより、組織全体の問題解決能力の向上と、知識・ノウハウの高度化を図る施策である。具体的には、次のステップで進める。

①問題解決事例を紹介する事例報告会を開催する、あるいは、イントラネット上で従業員が仕事上の問題について意見交換できるサイトを設けるなど、会社が情報共有の「場」を提供する。

②報告会やイントラネット上で情報公開することにより、個人の頭の中に蓄積されていた、事例やアイデアが他人に伝えられる形式で整理され、表出化する。

③他の従業員が事例やアイデアを取り込み、それを自分でも実施する。

④事例やアイデアの実施過程の中で、新たな工夫が組み合わされる。問題解決手法のレベルが向上し、それが新たな問題解決事例やアイデアとなって、報告会などで紹介される。このプロセスを繰り返す。

【ナレッジ・マネジメントの進め方】

②個人がアイデアを公開
（事例やアイデアの表出化）

①情報共有の場の提供
（報告会の開催、情報交換
サイトの設置など）

④アイデアのレベル向上
（新しいアイデアが組み合わされる）

③他人がアイデアを共有
（組織による事例・アイデアの実践）

11 従業員満足度調査の実施

「従業員満足度調査」とは

　組織風土を改善していくためには、職場や仕事に対する従業員の満足度を高めていくことが不可欠である。そこで、会社は、「従業員満足度調査」を定期的に実施することによって、組織風土や従業員意識の現状を把握し、職場や仕事に対する不満があれば、それを解消する施策を講じる。

　従業員満足度調査は、仕事の内容、労働条件、職場環境などに関する質問項目について、各従業員が「満足か、不満か」を回答するアンケート形式で行われる。アンケートの集計結果から「満足度が低く、改善するべき項目」を明確化すること、また、部門や年齢層ごとの集計結果を見て問題が発生しそうな部門や年齢層を見つけることができる。

従業員満足度調査の進め方

　従業員満足度調査の進め方は、次のとおりである。

(1)質問項目の決定、アンケート用紙の作成

　　「会社への満足度」「仕事に対する満足度」など、従業員に質問する項目を決める。質問項目は、多くても50項目ぐらいに絞り込み、できるだけ簡単に回答できるように工夫する。

　　なお、アンケートの最後には、従業員が意見・要望を自由に記入できる「自由記入欄」を設けておくとよい。

(2)アンケート用紙の配布、回収

　　アンケート用紙を全従業員に配布し、期日を定めて回収する。なお、記入済みの用紙は、上司がチェックしないように、直接、人事部門に提出してもらうようにする。

(3)集計結果の分析、問題点の抽出と施策の検討

　　回収したアンケートを集計し、結果を分析する。

集計結果から問題点を抽出し、それに対する人事施策を検討する。

(4)分析結果の報告・公表

経営層などに分析結果を報告し、今後、取り組むべき人事施策を提案する。また、必要に応じて、社内に集計結果を公表する。

従業員満足度調査を実施するときの注意点

従業員満足度調査を行うときは、次の点に注意しなければならない。

①調査結果は、経営層に報告すると同時に、アンケートを行った職場にもフィードバックすること。その際、人事部門として取り組む施策も併せて提言すること（「現場の不満を聞いただけ」のアンケートではいけない）。

②調査から得られた情報は、人事施策の企画だけに用いて、個人の評価などには絶対使わないこと。そのような調査の使い方をすると、次の調査から従業員は正直に回答してくれなくなってしまう。

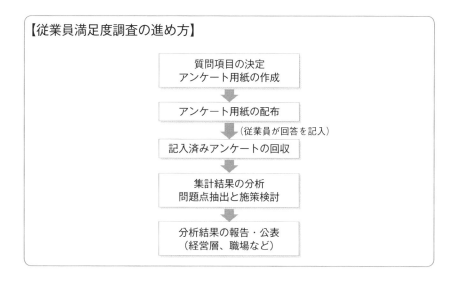

【従業員満足度調査の進め方】

質問項目の決定
アンケート用紙の作成
↓
アンケート用紙の配布
↓（従業員が回答を記入）
記入済みアンケートの回収
↓
集計結果の分析
問題点抽出と施策検討
↓
分析結果の報告・公表
（経営層、職場など）

12 モチベーションの向上施策

● モチベーションとは

　モチベーション（motivation）とは、簡単にいえば「やる気」のことである。厳密にいえば、人間の行動を起こさせる内面的な要因（動機）をもたらすことを示す心理学用語で、「動機付け」と訳される。

　従業員のモチベーションが高まれば、各自が生き生きと仕事をすることにより、組織が活性化される。そこで、組織開発においてモチベーション向上は重要なポイントと考えられている。

● ポイントは「内発的動機付け」と「非金銭的報酬」

　モチベーションは、「〜したい」という欲求と、その欲求を満足させる刺激（インセンティブ）から成り立っている。したがって、モチベーションを高める方法としては「欲求そのものを強めること」と「効果的な刺激を与えること」の2通りが考えられる。

　「仕事をしたい」という欲求を強めるためには、仕事の面白みや目標達成の喜びのように仕事自体に内包されているものを高めるとよい。この仕事自体に含まれている、やる気を高める要素を「内発的動機付け」という（これに対し、報酬のように外から与えられる刺激を「外発的動機付け」という）。

　モチベーションを高めるための刺激には、給与などの「金銭的な報酬」と、組織への貢献を認めることや希望する仕事を与えることなどの「非金銭的報酬」に区分される。

　外発的動機付けや金銭的報酬は、本人が満足してしまうとモチベーション向上の効果が極端に落ちてしまうが、内発的動機付けや非金銭的報酬は満足してもモチベーション向上の効果が持続する。

　近年の人事管理においては、内発的動機付けの向上や非金銭的報酬の効果的活用によって、従業員のモチベーションを高める取り組みが注目を集めるようになっている。

モチベーションの向上施策

モチベーション向上施策として、次のものが挙げられる。

(1)表彰制度

　　チームワークへの貢献や地道な努力を評価し、それらを実践した従業員を全員の前で表彰する。従業員本人にとって、自分の仕事の重要性が会社に認められることにより、モチベーションが高まる。

(2)権限委譲（エンパワーメント）

　　従業員に職務遂行上の権限を委譲する。仕事の進め方や予算の使い方などの裁量の範囲を広げることによって、「仕事をやらされている」という感覚がなくなり、モチベーション向上を図ることができる。

(3)目標管理制度

　　目標管理制度（104 ページ参照）も、自分で目標を設定、評価すること、上司と部下との間のコミュニケーションを取ることを通じて、従業員のモチベーション向上が図られる。

【モチベーション向上のイメージ】

モチベーション

欲求 × 刺激（インセンティブ）

内発的動機付け（仕事の面白み・達成感など）　外発的動機付け（報酬・称賛など）

13 モチベーション理論

　これまでに多くの経営学者や心理学者がモチベーションに関するさまざまな理論を提唱し、それらは現在の人事管理に大きな影響を与えている。ここでは、主なモチベーション理論について説明する。

● 人間関係論

　メーヨーやレスリスバーガーによって提唱された理論。アメリカのホーソン工場における実験から、職場の中に公式組織とは別の非公式組織（インフォーマル・グループ）が存在し、それが作業能率に影響を及ぼしていることを明らかにした。

　これをきっかけに、企業経営において、従業員の心理的な側面（意識や気持ちなど）にも関心を払うことの重要性が認識されるようになった。

● コンテント理論

　初期のモチベーション理論は、モチベーションを高めるものを明らかにするという視点に立っていた。この視点に立つ理論を「コンテント理論」といい、主なものとして以下がある。

(1)マズローの欲求5段階説

　　アメリカの心理学者A.H.マズローによって提唱された理論。

　　人間の欲求には、次の五つの段階があり、低次の欲求が満たされると高次の欲求が顕在化してくるとした。

　①生理的欲求：食欲や睡眠欲など、生存するための基本的な欲求

　②安全の欲求：危険を回避して、安全に生活したいという欲求

　③社会的欲求：仲間が欲しい、集団に属したいという欲求

　④自我の欲求：仲間から認められたい、称賛されたいという欲求

　⑤自己実現の欲求：自分の理想に近づきたいという欲求

　　この理論に基づけば、「生理的欲求」「安全の欲求」「社会的欲求」

がほぼ満たされた従業員のモチベーションを高めるためには、「自我の欲求」や「自己実現の欲求」を充足させることが必要ということになる。この考え方がベースとなって、従業員の取り組みを認める表彰制度や各自が実現するべき目標を明確にする目標管理制度が、企業に導入されるようになった。

(2)マグレガーのＸ理論・Ｙ理論

アメリカの経営学者 D. マグレガーによって提唱された理論。

「人間は、怠け者であり、仕事が嫌いである」とする見方を「Ｘ理論」、「人間は、もともと仕事をしたいという気持ちを持っており、自ら進んで目標達成に尽くそうとする」とする見方を「Ｙ理論」とした。「Ｘ理論」に基づけば、従業員に仕事をさせるためには命令と処罰が必要ということになり、「Ｙ理論」に基づけば、適切な目標を与え、しっかりと評価すれば、従業員は自発的に仕事をするということになる。

マグレガーは、「Ｙ理論」に基づく管理の重要性を主張しており、それが、従来の「Ｘ理論」に近かった人事管理の考え方を大きく変えるきっかけとなった。

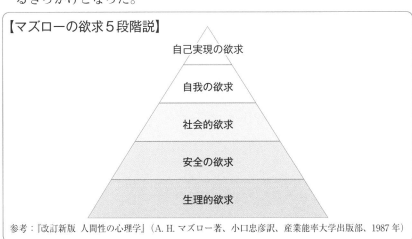

【マズローの欲求５段階説】

自己実現の欲求

自我の欲求

社会的欲求

安全の欲求

生理的欲求

参考:『改訂新版 人間性の心理学』（A. H. マズロー著、小口忠彦訳、産業能率大学出版部、1987 年）

(3)ハーズバーグの衛生要因・動機付け要因

　　アメリカの臨床心理学者ハーズバーグが提唱した理論。

　　ハーズバーグは、人事管理に関することを、次の2要因に区分けした。

①衛生要因：不十分だと不満をもたらすが、十分であっても高い満足をもたらさないもの。例えば、給与、労働時間など

②動機付け要因：不十分でも不満の原因とはならないが、十分なときは高い満足感をもたらすもの。例えば、責任、達成感など

　　この理論によれば、従業員の「不満を解消すること」と「満足感を高めること」は別であり、モチベーションを高めるためには、満足感を高める「動機付け要因」の改善が必要ということになる。

　　「給与や労働時間などを改善しても、従業員の満足度を高めることには必ずしもつながらない」とする考え方は、人事管理に大きな影響を与えることとなった。

(4)アルダーファのERG理論

　　アルダーファは、人間の欲求を次の三つのグループに集約した。

• 存在欲求（Existence needs）：あらゆるタイプの物質的、生理的欲求

• 関係欲求（Relatedness needs）：自分にとって重要な人々との関係を良好に保ちたい欲求

• 成長欲求（Growth needs）：自分自身が成長したいという欲求

　　なお、アルダーファの説では、三つの欲求は同時に存在しており、低次の欲求が満たされなくても高次の欲求が発生することがあるとしている。

　　マズローの欲求5段階説と似ているが、シンプルで分かりやすいため、今日は、マズローの説以上に使われるようになってきている。

プロセス理論

　「モチベーションが喚起されるプロセスやメカニズムを明確にする」という視点に立った理論を「プロセス理論」といい、有名なものとして、次のものが挙げられる。

(1)アダムスの公平理論

　　人間のモチベーションは、不公平を解消しようとするエネルギーであると捉える考え方で、「大きな不公平を感じるほど、それを解消しようとしてモチベーションが高まる」とする。

$$\frac{\text{自分の成果（報酬）}}{\text{自分の努力・能力}} = \frac{\text{他人の成果（報酬）}}{\text{他人の努力・能力}}$$

この状態に近づけようとして、モチベーションが高まる

(2)ブルームの期待理論

　　「努力で目標が達成できる」という期待、および「目標達成により報酬を得られる」という期待によってモチベーションが高まるとする理論。この理論によれば、モチベーションを高めるためには「達成できる目標」と「目標達成時に得られる報酬」を設定することが必要となる。

| モチベーションの強さ | = | 努力 | × | 成果（目標達成） | × | 報酬の魅力 |

　プロセス理論に基づけば、従業員のモチベーションを向上させるためには、個々の目標、成果や努力に対する評価、および報酬の関係性を明確にすることが重要となる。この考え方も、今日の人事管理のベースとなっている。

タレント・マネジメント

　経営環境が目まぐるしく変化する中、企業は、事業の再構築と人材配置の最適化を常に行っていくことが求められている。従業員の保有する能力、資質、職務経験などを重要な経営資源と捉え、それらに関するデータを情報システム等により集中管理し、人材配置や育成等の場面で積極的に活用する……このような人事管理・組織開発の統合的な手法を「タレント・マネジメント」という。

　タレント・マネジメントは、次の三つのプロセスを効果的に統合することにより実践される。

①従業員の能力や資質等をデータ化して「把握」する

②人材に関する情報を人材の登用・適正配置に「活用」する

③能力やキャリアの情報に基づき、人材を計画的に「育成」する

　最近は、必要人材の検索や過不足状況の見える化などの機能を備えた人事情報システムも販売されており、これらのツールを用いたタレント・マネジメントが一層広がる動きを見せている。

【タレント・マネジメントの概念図】

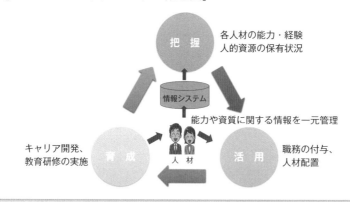

第 5 章

働き方をマネジメントする

～労働条件管理に関する基礎知識～

1 労働条件管理のポイント

労働条件管理の意義

　会社は、労働時間や休暇など、従業員の働き方に関するルールを定めて、従業員の働き方がバラバラにならないように管理する。これを「労働条件管理」という。労働条件管理には、次の意義がある。

(1)働き方の統一による労働生産性の向上

　　例えば、生産ラインでは、従業員の作業の開始時刻、終業時刻を統一すれば、効率よく製品を作ることができる。このように、生産性を高めるために、従業員の労働条件を統一して、それを運用する。

(2)従業員の健康維持と安全確保

　　労働時間の長さに一定の制限を設けたり、危険な作業が行われないようなルールを定めたりすることによって、従業員が健康で、安心して働ける職場環境を整備する。

(3)従業員の納得性向上、労働条件決定の効率化

　　「他の人と同じ」ということであれば、従業員の労働条件に対する納得を得やすくなり、また、各従業員と個別に交渉しなくてもよいため、労働条件の決定が効率的に行えるようになる。

労働条件管理と労働法令の遵守

　本来、労働条件は、会社と従業員との間で自由に決めるべきものである。ところが、このような決め方では、会社が、その立場を利用して、従業員にとって不利な労働条件を定めるかもしれない。そこで、労働者保護の観点から、国は、法律で労働条件の最低基準を定めており、会社は、それを遵守しなければならないものとされている。

　人事部員は、労働関連法令の内容を熟知し、また、その改正動向を把握して、自社の労働条件が法令に定められた基準を下回ることがないように、しっかりと管理することが必要である。

働き方に関する職場指導

　労働関連法令に則って労働条件を決定しても、職場において、そのとおりに運用されていなければ意味がない。例えば、規則上は「1日8時間」と定めても、実際には毎日12時間労働となっていれば、労働基準法違反となってしまう。

　したがって、人事部門は、各職場における労働条件の運用実態を把握して、問題がある場合は、職場に対して働かせ方などを指導することが必要である。

【主な労働関連法令とそのポイント】

名称（通称）	ポ　イ　ン　ト
労働基準法（労基法）	法定労働時間など、会社が遵守する最低の労働基準が定められている。
労働契約法	労働契約、就業規則の変更等に関する基本的な事項が定められている。
労働安全衛生法（安衛法）	安全衛生管理体制、機械や危険物に関する規制などが定められている。
育児休業、介護休業等育児又は家族介護を行う労働者の福祉に関する法律（育児・介護休業法）	育児・介護を行う労働者に対して事業主が講ずべき措置について定めている。
雇用の分野における男女の均等な機会及び待遇の確保等に関する法律（男女雇用機会均等法）	募集・採用、配置、昇進などについて、性別による差別的取り扱いの禁止を定めている。
労働施策の総合的な推進並びに労働者の雇用の安定及び職業生活の充実等に関する法律（労働施策総合推進法）	募集・採用における年齢制限の禁止、パワーハラスメントの防止などについて定めている。
高年齢者等の雇用の安定等に関する法律（高年齢者雇用安定法）	定年の引き上げや継続雇用制度の導入等に関することが定められている。
障害者の雇用の促進等に関する法律（障害者雇用促進法）	障害者の雇用に関する事業主の責務について定めている。
短時間労働者及び有期雇用労働者の雇用管理の改善等に関する法律　（パートタイム・有期雇用労働法）	パートタイム労働者・有期雇用労働者と正社員との均等・均衡待遇等を定めている。
労働者派遣事業の適正な運営の確保及び派遣労働者の保護等に関する法律（労働者派遣法）	派遣労働者を受け入れる職場（派遣先）が講ずべき措置についても定められている。

2 労働条件管理の流れ

労働条件管理に関する業務は、「労働条件の決定・改定」と「労働条件の徹底・運用」に分けることができる。

労働条件の決定・改定に関わる業務

労働条件の決定・改定は、労働関連法令の改正があった場合、あるいは社内において労働条件を見直す必要性が生じた場合に、その都度、実施される。したがって、人事部門は、労働法令の改正動向や職場における労働条件の見直しに関する要望などを、的確につかんでおくことが必要である。労働条件の決定・改定は、次の流れで進める。

(1)労働条件（案）の検討

人事部門が、改正される労働法令の内容、または職場からの要望を踏まえて、新しい労働条件の案を作成する。

(2)労働組合等との協議

労働条件（案）について、労働組合（組合がなければ、従業員の代表者）との間で協議して、問題点を修正する。

(3)労働条件の決定

新たな労働条件について労働組合等との間で合意に至れば、その内容を労働協約（または労使協定）にまとめて、正式決定する。

(4)就業規則の作成・改定

新たな労働条件を基に就業規則を作成・改定する。

新たに作成された就業規則は、労働組合（または従業員の代表者）の意見書を添付して、所轄の労働基準監督署に届け出る。

労働条件の徹底・運用に関わる業務

会社は、新たな労働条件を社内に周知徹底し、また、それが正しく運用されるように、実態把握や現場指導を行っていくことが必要である。

(1)就業規則の備え付け、および従業員への説明

　　作成・改定された就業規則は、職場に備え付ける、書面として交付する、あるいは、イントラネット上に掲載するなどの方法により、従業員に周知徹底する。必要に応じて従業員への説明会を実施し、新たな労働条件が各職場において確実に適用されるようにする。

(2)運用実態の把握、現場指導

　　人事部門は、各職場における労働条件の運用実態を把握し、問題があれば、適切に運用するように現場指導を行う。また、運用の中で問題が見つかれば、必要に応じて、労働条件や運用方法の見直しを行う。

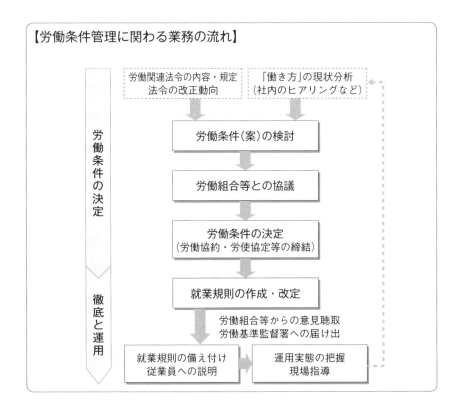

【労働条件管理に関わる業務の流れ】

3 労働基準法と就業規則

　労働基準法は、日本における「労働条件の最低基準」を定めたものであり、会社は、就業規則や労働契約において、この法律で定める基準以上の労働条件を定めなければならない。

> **労働基準法 13 条**
> 　この法律で定める基準に達しない労働条件を定める労働契約は、その部分については無効とする。この場合において、無効となつた部分は、この法律で定める基準による。

就業規則に記載する事項

　労働基準法 89 条は、常時 10 人以上の労働者を使用する使用者に対して、就業規則の作成と行政官庁への届け出を義務付けており、さらに、就業規則に記載する事項についても定めている。

(1)絶対的必要記載事項（必ず記載しなければならない事項）
　①始業および終業の時刻、休憩時間、休日、休暇ならびに労働者を 2 組以上に分けて交替に就業させる場合においては就業時転換に関する事項
　②賃金（臨時の賃金等を除く）の決定、計算および支払いの方法、賃金の締め切りおよび支払いの時期ならびに昇給に関する事項
　③退職に関する事項（解雇の事由を含む）

(2)相対的必要記載事項（定めをする場合には記載しなければならない事項）
　④退職手当の適用される労働者の範囲、退職手当の決定、計算および支払いの方法ならびに退職手当の支払いの時期に関する事項
　⑤臨時の賃金等（退職手当を除く）および最低賃金額に関する事項
　⑥労働者に負担させる食費、作業用品その他に関する事項
　⑦安全および衛生に関する事項

⑧職業訓練に関する事項
⑨災害補償および業務外の傷病扶助に関する事項
⑩表彰および制裁の種類および程度に関する事項
⑪上記以外のもので当該事業場の労働者のすべてに適用される定めに関する事項

労働基準法と就業規則との対応関係

　労働基準法の内容と会社の就業規則は、下図のように対応関係がある。人事部員は、自社の就業規則だけではなく、その根拠となっている労働基準法の条文にも目を通しておくことが必要である。

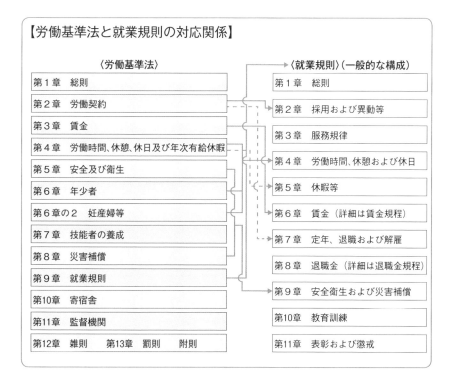

【労働基準法と就業規則の対応関係】

〈労働基準法〉

第1章	総則
第2章	労働契約
第3章	賃金
第4章	労働時間、休憩、休日及び年次有給休暇
第5章	安全及び衛生
第6章	年少者
第6章の2	妊産婦等
第7章	技能者の養成
第8章	災害補償
第9章	就業規則
第10章	寄宿舎
第11章	監督機関
第12章	雑則　第13章　罰則　附則

〈就業規則〉（一般的な構成）

第1章	総則
第2章	採用および異動等
第3章	服務規律
第4章	労働時間、休憩および休日
第5章	休暇等
第6章	賃金（詳細は賃金規程）
第7章	定年、退職および解雇
第8章	退職金（詳細は退職金規程）
第9章	安全衛生および災害補償
第10章	教育訓練
第11章	表彰および懲戒

4 労働時間、休日に関するルール

労働時間、休日のルールを定める目的と視点

　会社が労働時間、休日のルールを定める目的は、次の点にある。
①従業員の働き方を統一したほうが効率的で、管理がしやすいため
②従業員の健康を維持し、安心して働ける職場環境を確保するため
　これらの目的と照らし合わせると、労働時間、休日を管理するときの視点は、次の2点となる。
⑴労働時間数・休日数を管理する視点（量的管理の視点）
　　仕事をする上で十分な時間を確保しつつ、長時間労働とはならないような労働時間数、休日数を管理する。
⑵働き方を管理する視点（質的管理の視点）
　　全従業員の始業、終業時刻を統一する働き方にするか、各従業員が状況に応じて始業、終業時刻を決めていく働き方にするか。仕事をする上で効率的な「働き方」を決め、それを運用することが、もう一つの視点となる。

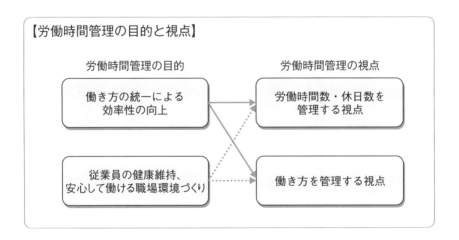

【労働時間管理の目的と視点】

労働時間管理の目的　　　　　労働時間管理の視点

働き方の統一による
効率性の向上　　　　　　　　労働時間数・休日数を
　　　　　　　　　　　　　　管理する視点

従業員の健康維持、
安心して働ける職場環境づくり　働き方を管理する視点

法定労働時間と法定休日

　労働基準法32条で定められている「1週間40時間以内、1日8時間以内」（ともに休憩時間を除く）という労働時間の上限を「法定労働時間」という（ただし、常時10人未満の労働者を使用する商業、映画演劇業（映画の製作の事業を除く）、保健衛生業、接客娯楽業については、1週間について44時間まで労働させることができる）。

　法定労働時間を超えて労働者を働かせる場合、使用者は労使協定（36協定）を結び、時間外労働割増賃金を支払うことが必要になる。

　1日の労働時間が6時間を超える場合は少なくとも45分、8時間を超える場合は少なくとも1時間の休憩時間を与えなければならない（労働基準法34条）。

　休日については、会社は少なくとも毎週1日の休日か、4週間を通じて4日以上の休日を与えなければならない（労働基準法35条）。これを「法定休日」という。

　なお、「法定休日」とは、「労働基準法上の休日」を指すもので、日曜日や国民の祝日など、一般的な「休日」を指すものではない。

「所定」は会社が定めた労働時間・休日

　「法定」とは、労働基準法で定められた労働時間や休日を指す。一方、所定労働時間や所定休日というときの「所定」とは、その事業所（会社）が定めたものを意味する。

　労働基準法は労働条件の「最低基準」を定めたものであるから、会社は、独自の判断で、その基準よりも短い労働時間、あるいは基準よりも多い休日数を定めても構わない。このように就業規則などで会社が定めた労働時間を「所定労働時間」、休日を「所定休日」という。

　「法定」と「所定」の違いは、どのような形で表れるのであろうか。

　例えば、1日の所定労働時間が7時間の会社を考えてみよう。

この場合、1日の労働時間が「所定」の7時間を超えても、「法定」の8時間に達するまでは、労働基準法で定める時間外労働には該当しない。同様に、毎週2日の「所定」休日を定めている会社の場合、どちらか一方の休日に労働させても、労働基準法上の休日労働には該当しない。

すなわち、労働基準法でいう時間外労働や休日出勤とは、「法定」労働時間を超えて、あるいは「法定」休日に働くことを意味するものであって、会社が定めた「所定」を基準としているわけでない。したがって、労働時間、休日について、「所定」の基準を超えて労働させても「法定」の基準に達するまでは、原則として、**時間外労働割増賃金（残業手当）**を支払う必要はないということになる（法定の範囲内で所定労働時間を超えて労働した場合、あるいは所定休日に労働した場合、労働基準法に定める「時間外労働割増賃金」ではなく、その時間に相当する分の賃金のみを支払っている会社が多い）。

柔軟な「働き方」と労働時間の計算の特例

事業所内で始業時刻、終業時刻および休憩時間をあらかじめ定めておけば、毎日、全従業員の作業を一斉に開始し、終了することができるので、効率がよくなる。そこで、会社は、法定労働時間の上限を超えない範囲で、所定労働時間を「始業9時、終業18時、休憩12時〜13時、土曜・日曜が休日」などと定める。このように、始業、終業、休憩の時間、および所定休日を固定的に、かつ全従業員で統一的に定めることが労働時間管理の基本である。

ところが、「月初は仕事が少なく、月末は忙しい」という仕事では、「月の前半は9時〜16時（休憩1時間：1日6時間労働）、後半は9時〜20時（休憩1時間：1日10時間労働）」のように、1日の労働時間数および始業・終業時刻を変えたほうが、月初の手待ち時間と月末の時間外労働の双方を減らすことができるため、効率がよくなる。また、研究開発職のように個人で仕事をする傾向が強い職種では、従業員の労働時間を統一するよりも、仕事の進捗状況に応じて、日々の始業、終業時刻

を各従業員が個別に決めたほうが効率はよくなる。このように、日々の労働時間、または各自の労働時間を、仕事の繁閑や進捗に応じて柔軟に決めていく仕組みを「変形労働時間制」という。

また、例えば、外出先で仕事をした場合など、従業員が働いた時間を会社が算定できないときには、一定の労働時間だけ働いたものとして、労働時間の計算を行う。これを「みなし労働時間制」という。

変形労働時間制とみなし労働時間制は、労働時間管理に柔軟性を持たせるという意味では似ているが、前者は「始業、終業時刻を柔軟に定める働き方の特例（労働時間数を算定できることが前提にある）」、後者は「労働時間の計算に関する特例（労働時間の算定が困難であることが前提にある）」という点で異なっている。

【労働時間・休日の「法定」と「所定」】

労働時間数		法 定（法令で定める）	所 定（会社が決める）
	労働時間	1週40時間以内 1日8時間以内（労基法32条）	（法定の範囲内で）就業規則で定める
	休憩時間	労働時間6時間超え＝最低45分 労働時間8時間超え＝最低1時間（労基法34条）	
	休 日	毎週1回の休日・4週間を通じて4日以上の休日（労基法35条）	
柔軟な働き方		変形労働時間制（労基法32条の2〜5）	これらを適用する場合は、労使協定や就業規則などで運用方法について定める
労働時間計算の特例		みなし労働時間制（労基法38条の2〜4）	

労働時間の適正把握のために講ずべき措置

　厚生労働省「労働時間の適正な把握のために使用者が講ずべき措置に関するガイドライン」は、会社に対して、次のことを義務付けている。
(1)使用者は、労働時間を適正に把握するため、労働者の労働日ごとの始業・終業時刻を確認し、記録すること
(2)始業・終業時刻の確認、記録は、原則として次の方法によること
　①使用者が、自ら現認することにより確認し、適正に記録する
　②タイムカード、ICカード、パソコンの使用時間の記録等の客観的な記録を基礎として確認し、適正に記録する
(3)自己申告制による場合、使用者は次のような措置を講ずること
　①労働者や労働時間を管理する者に対して、労働時間を適正に自己申告し、運用することなどについて十分な説明を行う
　②自己申告により把握した労働時間が実際の労働時間と合致しているか否かについて、必要に応じて実態調査を行い、所要の補正をする（例えば、入退場記録と自己申告の労働時間とを照合する、など）
　③自己申告した労働時間を超えて事業所内にいる時間について、労働者に理由を報告させる場合、その報告が適正であるかを確認する
　④申告できる時間外労働の時間数に上限を設けるなど、労働時間の適正な申告を阻害する措置を講じてはならない
　なお、ガイドラインでは、労働時間に関する規定が適用されない管理監督者や、みなし労働時間制が適用される労働者についても、健康確保を図る観点から、会社に労働時間を適正に把握するように求めている。

テレワーク、在宅勤務の労働時間管理

　近年、外出先などで情報通信機器を活用して仕事を行うテレワーク、あるいは自宅のパソコンを会社のサーバに接続して仕事を行う在宅勤務が広がりつつある。これらの働き方においては、仕事をしている時間と

それ以外の時間との境目が曖昧になりがちで、かつ、上司が部下の労働時間を直接的に確認することも困難であるため、「事業場外みなし労働時間制」（156ページ参照）が適用されることが多い。

しかし、みなし労働時間制が適用されているからといって、労働時間管理を本人に任せきりにしてしまうと、長時間労働や生産性低下を招くことにもなりかねない。上司や人事部は、テレワークなどを行っている者から労働時間の実態について定期的に話を聴く、また、仕事の成果を厳密に評価するなどの措置を講じて、これらの働き方が効果的に運用されるようにしていくことが必要である。

副業・兼業を行う者の労働時間管理

労働基準法38条には「労働時間は、事業場を異にする場合においても、労働時間に関する規定の適用については通算する」と定められている。このルールは、同じ会社の二つの事業場で働いた場合以外に、異なる会社で働いた場合にも適用される。つまり、副業・兼業を行っている労働者が、本業で6時間働いた日に副業で4時間働いた場合、その日の労働時間は両方を合算した10時間になるということである。

この場合、時間外労働割増賃金（残業手当）の支払い義務は、通常、「労働契約を後から結んだ会社（副業・兼業の勤務先）」のほうが負うとされている（副業・兼業の勤務先は、労働者が他社でも働いていることを知った上で労働契約を結んでいるものと解されるため）。

ただし、時間外労働割増賃金の支払い義務がないとしても、長時間労働を防止する観点からは、本業の勤務先も、副業・兼業の労働時間を把握しておくことが必要である。したがって、従業員が副業・兼業を行っている場合、会社は、副業・兼業先での労働時間を報告してもらう、または副業・兼業先との間で労働時間に関する情報を共有するなどして、本業と副業・兼業を合算した労働時間を管理していくことが必要になる。

5 変形労働時間制とみなし労働時間制

変形労働時間制を導入するメリット

　一定期間を平均して１週間当たりの労働時間が法定の労働時間を超えない範囲内において、特定の日または週に法定労働時間の上限（１日８時間、１週40時間）を超えて労働させることを認める仕組みを、「変形労働時間制」という。この制度には、次のメリットがある。
①仕事の繁閑に応じて所定労働時間の長さを変えることにより、手待ち時間や時間外労働を削減し、生産性の向上を図ることができる。
②始業時刻や終業時刻を弾力的に定めることを可能にすることにより、従業員の生活にゆとりをもたらすことが期待できる。

変形労働時間制の種類

　変形労働時間制には、次の４種類がある。
(1)１カ月単位の変形労働時間制（労働基準法32条の２）
　　１カ月以内の一定の期間を平均し１週間の労働時間が40時間以下となる範囲内において、特定の日や週について１日および１週間の法定労働時間を超えて労働させることができる制度。例えば、「１〜15日は９〜16時（休憩１時間）の６時間労働、16〜30日は９〜20時（休憩１時間）の10時間労働」と定める仕組み。労使協定、または就業規則などで定めをしなければならない。
(2)フレックスタイム制（労働基準法32条の３）
　　３カ月以内の一定期間（清算期間）を平均し１週間の労働時間が40時間以下（１カ月を超える清算期間を定める場合は、週50時間以下）となる範囲内において、各従業員に日々の始業・終業時刻の決定を委ねる制度。清算期間における実労働時間のうち、清算期間中の法定労働時間の総枠（週の法定労働時間×清算期間の暦日数／７）を超えた時間数が時間外労働となる。ただし、清算期間が１カ月を超える

　場合には、これに加えて１カ月ごとの労働時間で週平均50時間を超えた分も時間外労働となる。なお、完全週休２日制（週の所定労働日数が５日）の労働者については、労使協定により、法定労働時間の総枠を「８時間×清算期間中の所定労働日数」とすることも可能である。

　各自で仕事の進捗を管理する職種に向く制度で、導入に当たっては労使協定の締結および就業規則等への規定が必要となる。

(3)１年単位の変形労働時間制（労働基準法32条の４）

　１年以内の一定の期間を平均し１週間の労働時間が40時間以下となる範囲内において、特定の日や週について１日および１週間の法定労働時間を超えて労働させることができる制度。月をまたいで労働時間を弾力的に定めることができる。季節によって業務の繁閑の差がある仕事に適している。労使協定の締結が必要になる。

(4)１週間単位の非定型的変形労働時間制（労働基準法32条の５）

　日ごとの業務に著しい繁閑の差が生じることが多く、各日の労働時間を特定することが困難であると認められる、常時使用する労働者数30人未満の小売業、旅館、料理・飲食店を対象として、１週間単位で

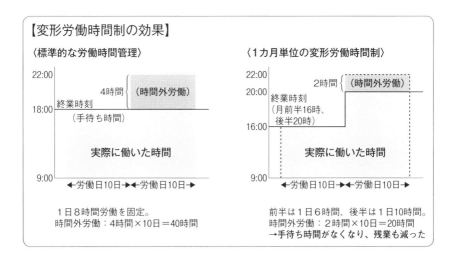

【変形労働時間制の効果】

〈標準的な労働時間管理〉

1日8時間労働を固定。
時間外労働：4時間×10日＝40時間

〈1カ月単位の変形労働時間制〉

前半は1日6時間、後半は1日10時間。
時間外労働：2時間×10日＝20時間
→手待ち時間がなくなり、残業も減った

毎日の労働時間を弾力的に（１日について 10 時間まで）定める制度。労使協定の締結が必要になる。

みなし労働時間制とは

　会社による労働時間数の算定や時間配分の指示が困難なため、実際に何時間働いたかにかかわらず、一定の労働時間だけ働いたものと決める仕組みを「みなし労働時間制」といい、次の３種類がある。

⑴事業場外みなし労働時間制（労働基準法 38 条の２）
　　外出先で仕事をして労働時間の算定が困難な場合に、所定労働時間（あるいは、その仕事をするのに通常必要とされる時間）を労働したものとみなす制度。外回りをする営業職に適用されることが多いが、それ以外の職種でも、出張のために社外で仕事をした場合、その日の労働時間は、この「みなし労働時間制」によって算定される。

⑵専門業務型裁量労働制（労働基準法 38 条の３）
　　研究開発職やデザイナーなど、仕事の進め方を従業員の裁量に委ねている業務について、実際の労働時間とは関わりなく、労使協定で定めた労働時間を働いたものとする制度。
　　この制度を導入できる業務は、次の 19 業務に限定されている。
①研究開発、②情報処理システムの分析、設計、③新聞、出版の記事、放送番組などの制作のための取材・編集、④衣服や室内装飾などのデザインの考案、⑤放送番組、映画等の制作のプロデューサー・ディレクター、⑥コピーライター、⑦システムコンサルタント、⑧インテリアコーディネーター、⑨ゲーム用ソフトウエアの創作、⑩証券アナリスト、⑪金融商品の開発、⑫大学教授（主として研究に従事するもの）、⑬公認会計士、⑭弁護士、⑮建築士、⑯不動産鑑定士、⑰弁理士、⑱税理士、⑲中小企業診断士

⑶企画業務型裁量労働制（労働基準法 38 条の４）
　　事業運営の企画、立案、調査および分析の業務について、仕事の進

め方を従業員の裁量に委ねた場合は、実際の労働時間とは関わりなく、労使委員会で定めた労働時間を働いたものとみなす制度。

　導入に当たり、使用者および労働者を代表する者を構成員とする「労使委員会」を設置し、その労使委員会において対象業務や労働者の範囲などを決議し、それを労働基準監督署に届け出なければならない。また、対象となる従業員の同意が必要となる。

フレックスタイム制と裁量労働制の違い

　裁量労働制が適用されると、従業員が日々の始業・終業時刻を自分で決定するようになるため、見掛け上は「フレックスタイム制」と同じようになる。ただし、フレックスタイム制では、日々の始業・終業時刻を管理することによって実際に労働した時間数を算定し、清算期間内における実労働時間数と会社が定めた総労働時間数との差を「時間外労働」とするのに対して、裁量労働制は、日々の始業・終業時刻にかかわらず、あらかじめ労働時間数を定めてしまうことに、根本的な違いがある。

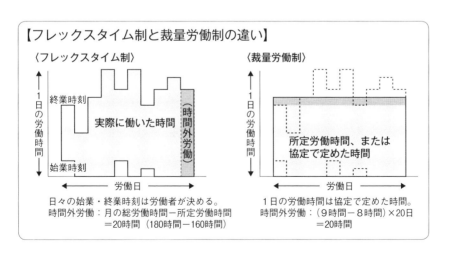

【フレックスタイム制と裁量労働制の違い】

〈フレックスタイム制〉

1日の労働時間

終業時刻
実際に働いた時間
(時間外労働)
始業時刻
労働日

日々の始業・終業時刻は労働者が決める。
時間外労働：月の総労働時間－所定労働時間
　　　　　　＝20時間（180時間－160時間）

〈裁量労働制〉

1日の労働時間

所定労働時間、または協定で定めた時間
労働日

1日の労働時間は協定で定めた時間。
時間外労働：（9時間－8時間）×20日
　　　　　　＝20時間

6 36協定の締結の仕方

「36協定」とは何か

　労働基準法では、会社は、法定労働時間を超えて、あるいは法定休日に労働させてはいけないものとしている。ところが、実際には、仕事が大量に発生したなどにより、法定労働時間を超えて、または法定休日に労働することを、従業員に命じなければならないこともある。

　そこで、会社と労働組合（あるいは従業員の代表）との間で、あらかじめ書面による協定を締結し、これを所轄の労働基準監督署に届け出た場合には、その協定に定めている範囲内で、法定労働時間を超えて、あるいは法定休日に労働させることができるものとしている。

　ここで締結する労使協定は、労働基準法36条に基づくものなので、一般的に「36（サブロク）協定」と呼ばれている。

　36協定を締結しないまま、法定労働時間を超えて、あるいは法定休日に労働させた場合、労働基準法119条により、使用者に「6カ月以下の懲役または30万円以下の罰金」が科せられることもある。36協定の締結は、このような処罰が科せられることを免れる効果（免罰効果）を持つものである。ただし、従業員に対して時間外労働や休日労働に応じることを義務付けるような強制力を持つものではない。

「36協定」の締結の仕方

　36協定には、次の事項を定めなければならない（労働基準法36条2項）。
①時間外または休日に労働させることができる労働者の範囲
②対象期間（協定の有効期間）
③1日、1カ月および1年のそれぞれの期間について労働時間を延長して労働させることができる時間または労働させることができる休日の日数　など

【36協定の書式】

様式第9号(第16条第1項関係)

時間外労働
休日労働 に関する協定届

労働保険番号

法人番号

事業の名称

事業の所在地(電話番号)
(〒 ー)
(電話番号 ー ー)

協定の有効期間

事業の種類

	業務の種類	労働者数 (満18歳 以上の者)	所定労働時間 (1日) (任意)	延長することができる時間数			
				1日	1箇月(①については45時間ま で、②については42時間まで) 起算日 (年月日)	1年(①については360時間ま で、②については320時間まで)	協定の有効期間
				法定労働時間を 超える時間数	所定労働時間を 超える時間数 (任意)	法定労働時間を超える時間数	所定労働時間を 超える時間数 (任意)
時間外労働 ① 下記②に該当しない労働者							
② 1年単位の変形労働時間制により労働する労働者							

時間外労働をさせる
必要のある具体的事由

休日労働をさせる必要のある具体的事由

業務の種類	労働者数 (満18歳 以上の者)	所定休日 (任意)	労働させることができる法定 休日の日数	労働させることができる法定 休日における始業及び終業の時刻

休日労働

上記で定める時間数にかかわらず、時間外労働及び休日労働を合算した時間数は、1箇月について100時間未満でなければならず、かつ2箇月から6箇月までを平均して80時間を超過しないこと。(チェックボックスに要チェック) □

協定の成立年月日　　　　年　　月　　日

協定の当事者である労働組合(事業場の労働者の過半数で組織する労働組合)の名称又は労働者の過半数を代表する者の　職名　氏名

協定の当事者(労働者の過半数を代表する者の場合)の選出方法(　　　　　　　　　　)
　　　　　年　　月　　日
　　　　　　　　　使用者　職名　氏名　　　　　　㊞

労働基準監督署長殿

36協定は、その事業場に使用されているすべての労働者（パート、アルバイト等も含む）の過半数で組織する労働組合がある場合はその組合と、過半数組合がない場合は労働者の過半数を代表する者（投票、挙手などの民主的な手続きにより選出された者）と締結しなければならない。

一般的な36協定締結の流れは、次のとおりとなる。

①会社と労働組合（または従業員の代表者）が協議して、今年度の時間外労働や休日労働の限度を決める。

②前ページの書式の各欄を記入し、労使双方が記名・押印をする。

③会社が、所轄の労働基準監督署に協定を届け出る。

時間外労働の限度時間

36協定で定める「延長して労働させることができる時間」は、1カ月について45時間、および1年について360時間（ただし、1年単位の変形労働時間制が適用される場合は、1カ月について42時間、および1年について320時間）を超えることができない。これを「限度時間」という（労働基準法36条3項、4項）。

【有期雇用労働者の延長時間の限度（目安時間)】

期　　間	目安時間
1週間	15時間
2週間	27時間
4週間	43時間

備考　期間が次のいずれかに該当する場合は、それぞれに定める時間とする。
①1日を超え1週間未満の日数を単位とする期間：15時間に当該日数を7で除して得た数を乗じて得た時間
②1週間を超え2週間未満の日数を単位とする期間：27時間に当該日数を14で除して得た数を乗じて得た時間
③2週間を超え4週間未満の日数を単位とする期間：43時間に当該日数を28で除して得た数を乗じて得た時間（27時間を下回るときは、27時間）

　なお、1カ月に満たない期間で労働する有期雇用労働者の協定における延長時間は、表の目安時間を超えないものとするように努めなければならない（「労働基準法第36条第1項の協定で定める労働時間の延長及び休日の労働について留意すべき事項等に関する指針」[平30.9.7　厚生労働省告示323号]6条）。

36協定の特別条項

　通常予見することのできない業務量の大幅な増加などに伴い臨時的に限度時間を超えて労働させる必要がある場合、36協定において、1カ月について延長できる労働時間数（休日労働の時間数を含み、100時間未満）ならびに1年について延長できる労働時間数（時間外労働のみの時間数で720時間以内）を定めることができる。これを「特別条項」という。

　なお、特別条項において限度時間を超える労働時間数を定める場合、上記以外にもいくつかの制限があるが、これについては、次ページでまとめて説明する。

36協定の運用における注意点

　36協定の範囲内で労働させる場合であっても、使用者は労働者の時間外労働や休日労働を必要最小限にとどめるようにすることが必要であり、また、労働者に対する安全配慮義務を負うことに注意しなければならない（前掲厚生労働省告示2条、3条）。

　人事部門は、ルールを遵守して36協定を適切に締結するだけではなく、協定の運用に当たり次の事項を行っていくことも必要である。

- 協定締結に当たり、労使で時間外労働・休日労働について話し合う機会を設けて、その内容を労働時間管理に反映させること
- 時間外労働、休日労働が36協定の範囲内で行われているかどうかをチェックして、必要に応じて現場の指導などを行うこと

7 時間外労働の上限規制

過重労働となる労働時間の目安

　過重労働による過労死や精神障害等の発症は、かねてから大きな社会問題となっている。長時間労働者の死亡事案について労災認定をめぐる訴えがしばしば提起される中、2001年12月、厚生労働省は「脳血管疾患及び虚血性心疾患等（負傷に起因するものを除く。）の認定基準」（2010年5月に改正）において、長時間労働による過重業務と脳・心臓疾患の発症との関係性について、次の評価の目安を示した。

①発症前1〜6カ月間にわたって、1カ月当たりおおむね45時間を超えて時間外労働時間が長くなるほど、業務と発症との関連性が徐々に強まる。

②発症前1カ月間におおむね100時間、または発症前2〜6カ月間にわたって、1カ月当たりおおむね80時間を超える時間外労働が認められる場合は、業務と発症との関連性が強い。

　この時間外労働の目安は、一般的に「過労死ライン」と呼ばれている。従業員の過重労働を防ぐためには、ここで示された時間外労働の目安を超えないようにすることが必要であると考えられている。

法令による時間外労働の上限規制

　2018年7月、「働き方改革を推進するための関係法律の整備に関する法律」（働き方改革関連法）が公布され、長時間労働を是正するため、次のような時間外労働の上限規制が設けられた（労働基準法36条3〜6項。なお、時間外労働の上限規制は、大企業は2019年4月、中小企業は2020年4月から適用されている）。

⑴時間外労働（休日労働を含まず）の上限は、原則として月45時間、年360時間とし、臨時的な特別の事情がなければ、これを超えることはできない。

(2)臨時的な特別の事情があって労使が合意する場合（36協定の特別条項を締結する場合）でも、次のとおりとする。

①時間外労働（休日労働を含まず）は、年720時間以内

②1カ月の時間外労働（休日労働を含む）は、100時間未満

③2〜6カ月を平均して、1カ月当たりの時間外労働（休日労働を含む）は80時間以内

④時間外労働が原則である「月45時間」を超えることができるのは、年6カ月まで

ただし、2024年3月31日まで、建設事業、自動車運転の業務、医師については上限規制の適用が猶予され、鹿児島県および沖縄県における砂糖製造業については、月100時間未満、複数月平均80時間未満の上限が適用されない。また、新技術・新商品等の研究開発業務については、時間外労働の上限規制の適用が除外される（なお、時間外労働が月100時間を超えた研究開発業務の労働者に対しては、医師の面接指導を実施しなければならない）。

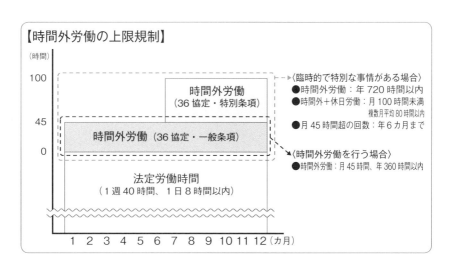

【時間外労働の上限規制】

(時間)

100

45

0

時間外労働
（36協定・特別条項）

時間外労働（36協定・一般条項）

法定労働時間
（1週40時間、1日8時間以内）

1 2 3 4 5 6 7 8 9 10 11 12（カ月）

〈臨時的で特別な事情がある場合〉
●時間外労働：年720時間以内
●時間外＋休日労働：月100時間未満
　　　　　　　　　複数月平均80時間以内
●月45時間超の回数：年6カ月まで

〈時間外労働を行う場合〉
●時間外労働：月45時間、年360時間以内

8 休憩時間と勤務間インターバル制度

労働基準法における休憩時間の定め

　従業員が長時間連続して労働すると、疲労が蓄積して健康を害してしまったり、注意力が散漫になって事故を起こしやすくなったりする。そこで使用者は、労働時間の途中で、次のとおり休憩時間を与えなければならないものとされている（労働基準法34条）。
①労働時間が6時間を超える場合、少なくとも45分の休憩時間
②労働時間が8時間を超える場合、少なくとも1時間の休憩時間
　なお、休憩時間は、従業員が自由に使えるようにしなければならない。例えば、昼食時間中に、席から離れず電話応対をするように命じた場合、その時間は休憩とはならないので注意が必要である。
　会社が定めた休憩時間以外に、従業員が私的な理由により一時的に業務から離れるということがある。このような不就業時間は、その日の労働時間から除外して、その時間分の賃金を支払う必要はない（あるいは、本人からの申請により、172ページで説明する「時間単位年休」を取得したものとして取り扱う）。近年、このような私的な理由による業務の中断（「中抜け時間」）を一定のルールの範囲内で取得できるようにして、従業員の心身のリフレッシュを図る会社も出てきている。

「勤務間インターバル制度」とは

　従業員の疲労回復には、ある日の終業から翌日の始業までの時間帯で十分な休息を取ることも重要である。このような認識の下、2018年7月に公布された働き方改革関連法では、「勤務間インターバル制度」の導入を会社の努力義務とすることが盛り込まれた。
　「勤務間インターバル制度」とは、1日の勤務終了後、翌日の出社までの間に一定時間以上の休息時間を確保する制度を指しており、例えば、残業によって退社時刻が遅くなった場合、翌日の出社時刻を繰り下

げる仕組みなどが挙げられる。

　勤務間インターバル制度は、労働者の生活時間や睡眠時間を確保し、労働者の健康の保持や仕事と生活の調和を図るために有効な仕組みであり、今後、導入企業が増えていくものと考えられる。

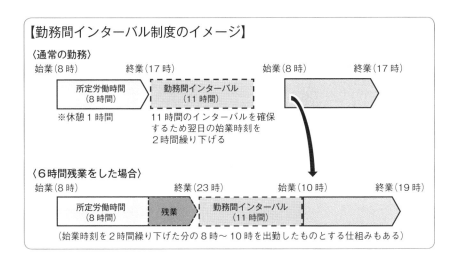

休憩・休息時間の効果的な活用

　会社は、休憩・休息時間を効果的に活用することによって、従業員の疲労回復や家庭生活の充実を図り、結果として生産性の向上や定着率の改善を実現することができる。日本企業は、これまで「従業員をいかに効率よく働かせるか」を中心に考えてきたが、これからは「どのようにすれば効果的に休ませることができるか」も考えていくことになるだろう。

9 労働時間規定の適用除外者・高度プロフェッショナル制度

管理監督者は労働時間規定の適用除外となる

　労働基準法に定める労働時間、休憩および休日に関する規定は、次の者については適用されないものとされている（労働基準法41条）。

①農業、畜産、養蚕または水産の事業に従事する者

②監督もしくは管理の地位にある者、機密の事務を取り扱う者

③監視または断続的労働に従事する者で、行政官庁の許可を受けた者

　一般的に、部長や課長などが残業手当や休日勤務手当の支給対象外とされているのは、この規定の「監督若しくは管理の地位にある者」に該当するからである（ただし、深夜の割増賃金の規定は適用される）。

「高度プロフェッショナル制度」とは

　2018年7月に公布された働き方改革関連法において、高度の専門的知識等を必要とする業務に従事する従業員が、一定の要件を満たす場合、労働基準法に定める労働時間、休憩、休日および深夜の割増賃金に関する規定が適用されない働き方が選べることになった。この対象者も「時間外労働」という枠組みが適用されないため、残業手当、休日勤務手当および深夜労働割増賃金の支給対象外となる。

　これを「高度プロフェッショナル制度」という。

　高度プロフェッショナル制度が適用される要件は、次のとおりである（労働基準法41条の2）。

(1)対象者の範囲（次のいずれにも該当する者）

　①高度の専門的知識等を必要とし、時間と成果との関連性が高くないと認められる業務に従事する者（例：金融商品の開発、ディーリング業務、アナリスト、コンサルタントの業務、研究開発業務など）

　②職務が「職務記述書」等により明確に定められている者

　③年収が「労働者の平均給与額の3倍」を相当程度上回る水準（具体

　　的には 1075 万円）以上の者
(2)使用者が講じる措置
　　①対象者に年 104 日以上、4 週間を通じ 4 日以上の休日を与えること
　　②対象者に対して、次のいずれかの措置を講じること
　　　• 11 時間以上の休息を確保する勤務間インターバルを適用し、かつ
　　　　深夜業（22 時～ 5 時までの労働）を月 4 回以内とすること
　　　• 1 週間当たりの「在社時間と事業場外で労働した時間との合計時
　　　　間（健康管理時間）」が週 40 時間を超えた時間について、1 カ月
　　　　当たり 100 時間または 3 カ月当たり 240 時間以内とすること
　　　• 1 年に 1 回以上の連続した 2 週間（従業員が請求した場合は、1
　　　　年に 2 回以上の連続した 1 週間）の休暇を与えること
　　　• 1 週間当たり 40 時間を超えた健康管理時間が月 80 時間を超えた
　　　　場合、または本人から申し出があった場合に臨時の健康診断を実
　　　　施すること
　　③労使委員会で決議した「健康管理時間の状況に応じた健康・福祉確
　　　保措置」を実施すること
　　④1 カ月当たりの健康管理時間が一定時間を超えた者に対して、医師
　　　による面接指導を実施すること
(3)制度導入に当たっての手続き
　　①労使委員会で、対象業務や健康確保措置などを委員の 5 分の 4 以上
　　　の多数で決議し、労働基準監督署に届け出ること
　　②書面による本人の同意を得ること（この同意の撤回も可能）
　　なお、会社は、残業手当などの支給対象から除外される管理監督者
　や高度プロフェッショナル制度適用者についても、これらの者の健康
　管理のために、パソコンの使用時間を記録するなどの客観的な方法に
　より労働時間を適正に把握しなければならない。

10 休暇・休業管理と年次有給休暇

休暇・休業の意義および種類

　「休日」は、労働契約上、労働義務がないとされた日であるが、「休暇」は労働義務がある日に従業員の意思に基づき労務提供を免除すること、「休業」は労働義務がある日に特別な事由（生産調整や労災の療養、育児・介護など）により会社が労務提供を免除することを指している。

　休暇、休業を付与することには、次の意義がある。

---

①従業員の心身のリフレッシュ（疲労回復、生活の充実、自己啓発など）を図り、生産性の向上を図る。

②結婚、家族の死亡、育児・介護など、労働を免除すべき事由が発生した場合の対処を、あらかじめ決めておき、業務の効率化を図る。

　休暇、休業の種類には、次のものがある。

- 年次有給休暇
- 特別休暇（慶弔休暇、功労休暇、裁判員休暇など）
- 産前・産後休業、生理休暇
- 育児休業、介護休業・休暇、子の看護休暇

　このうち、年次有給休暇、産前・産後休業、および生理休暇は労働基準法で、また育児休業、介護休業・休暇、子の看護休暇は育児・介護休業法で、付与する基準や日数が定められている。また、年次有給休暇は、「有給扱い（休んでも、その日を働いたものとして通常の賃金を支払うこと）」としなければならないが、他の休暇・休業は「無給扱い（休んだ日数・時間分の賃金を支払わないこと）」としても構わない。年次有給休暇以外の休暇・休業を「有給扱い」とするかどうかは、労使の話し合いの下で各社が決定することである。

年次有給休暇とは

　会社は、一定期間の継続勤務をした従業員に対して、次のとおり休暇を取得する権利を与えなければならない（労働基準法39条）。これを「年次有給休暇」という。

①入社日から6カ月間継続勤務し、全労働日の8割以上出勤した場合、入社後6カ月が経過した時点で10労働日の休暇を与える。

②入社6カ月経過後は、継続勤務1年ごとに1労働日（3年6カ月以降は2労働日）を加算した休暇を、総日数が20日に達するまで与える。

　なお、パートタイム労働者のように所定労働日数が通常の労働者よりも少ない従業員（具体的には、「週所定労働時間が30時間未満で、かつ、週所定労働日数が4日以下、または1年間の所定労働日数が48日から216日まで」の従業員）は、所定労働日数に応じて年次有給休暇の付与日数が決められている。これを、年次有給休暇の「比例付与」という。

【年次有給休暇の付与日数】

一般の従業員（週所定労働時間が30時間以上、所定労働日数が週5日以上、または1年間の所定労働日数が217日以上）

区　　分	雇い入れ日から起算した継続勤務期間						
	6カ月	1年6カ月	2年6カ月	3年6カ月	4年6カ月	5年6カ月	6年6カ月以上
休暇の付与日数	10日	11日	12日	14日	16日	18日	20日

パートタイム労働者など（週所定労働時間が30時間未満で、かつ、週所定労働日数が4日以下、または1年間の所定労働日数が48日から216日まで）

週所定労働日数	1年間の所定労働日数	雇い入れ日から起算した継続勤務期間						
		6カ月	1年6カ月	2年6カ月	3年6カ月	4年6カ月	5年6カ月	6年6カ月以上
4日	169日〜216日	7日	8日	9日	10日	12日	13日	15日
3日	121日〜168日	5日	6日	6日	8日	9日	10日	11日
2日	73日〜120日	3日	4日	4日	5日	6日	6日	7日
1日	48日〜 72日	1日	2日	2日	2日	3日	3日	3日

年次有給休暇を請求する権利は2年間有効とされており、前年の年次有給休暇の残日数分は翌年まで繰り越すことができる。

　なお、継続勤務期間は、雇い入れ日から通算した年数で、出勤日が全労働日の8割未満であった年（年次有給休暇が新たに付与されない年）も継続勤務年数にカウントされる。例えば、前年の出勤率が8割未満であったために年次有給休暇が付与されない年があったとしても、その年の出勤率が8割以上となれば、翌年には勤続年数に応じた年次有給休暇が再び付与される。

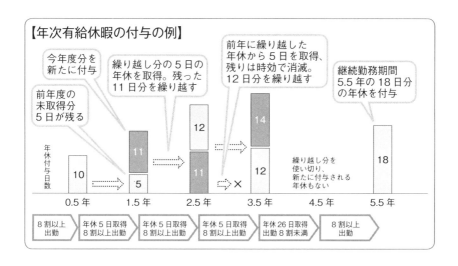

【年次有給休暇の付与の例】

年次有給休暇の取得に関するルール

　労働基準法39条5項において、「使用者は、前各項の規定による有給休暇を労働者の請求する時季に与えなければならない。ただし、請求された時季に有給休暇を与えることが事業の正常な運営を妨げる場合においては、他の時季にこれを与えることができる」と定められている。

　したがって、年次有給休暇は、従業員が指定した日に与えることが原

則であり、その日に休暇を与えることが事業の正常な運営を妨げる場合に限り、会社は、その休暇を他の日に変更することができる（会社が年休取得日を変更することを「時季変更権」という）。

2019年4月から、会社は、年次有給休暇（繰り越し分を含まない）が年10日以上付与された従業員について、そのうちの5日について時季を指定して取得させなければならないことになった（労働基準法39条7項）。10日分の年次有給休暇を付与された従業員が「今年度は年次有給休暇を取得せずに、来年度にすべて繰り越したい」と申し出ても、会社は、付与した年度内に5日の年次有給休暇を従業員に取得させることが必要である。なお、時季指定に当たって、会社は、従業員の意見を聴いて、できる限り従業員の希望に沿うように努めなければならない。

会社が時季変更権を行使せずに、従業員が好きなときに気兼ねなく休暇を取得できることが望ましい。したがって、会社は、従業員が休暇を取得したときに事業運営に支障が生じることがないよう、日頃から担当者間で職務兼任を進めておく、あるいは職場内において交代で休暇を取得するなどの工夫を施しておくべきである。

計画年休とは

従業員が年次有給休暇を一斉に取得すれば、普通の休日と同じような状態になるので、皆が気兼ねなく休むことができる。また、職場全体で計画表を作成し、各従業員の休暇を取得する日を決めてしまえば、事業運営に支障が生じることなく、皆が平等に休めるようになる。

そこで、労使協定により年次有給休暇を与える時季に関する定めをしたときは、当年度に新規付与された年次有給休暇のうち5日を超える部分について、計画的に（労使協定により指定した日に）与えることができることとなっている。これを、年次有給休暇の「計画的付与」、あるいは「計画年休」という（労働基準法39条6項）。

計画年休に関しては、従業員側の時季指定権、および会社側の時季変

更権を行使することは、原則として認められない。

時間単位年休とは

　「時間単位年休」とは、時間単位で取得する年次有給休暇で、労使協定を締結すれば、1年に5日分を限度として取得することができる。

　年次有給休暇は、従業員の心身の疲労回復を図るなどの趣旨に照らし合わせて、原則として1日単位で取得することとされている（ただし、従業員が希望し、会社が同意した場合は、半日単位で与えることは可能）。しかし、従業員側からすると、「私用のため、1日のうち数時間だけ休みたい」ということもあり、休暇が1日単位（または半日単位）になっていると、取得しにくい面もある。

　そこで、労働基準法では、従業員からの希望に応じて、時間単位での細分化された年次有給休暇の取得が認められている（労働基準法39条4項）。これが「時間単位年休」であり、取得できるようにするためには、次の事項についての労使協定を結ぶことが必要である。
①時間単位年休の対象労働者の範囲
②時間単位年休の日数（1年5日以内の範囲で定める）
③時間単位年休1日の時間数
④1時間以外の単位で与える場合の時間数

計画年休、時間単位年休の活用による年休取得の促進

　厚生労働省の「就労条件総合調査」によれば、日本における2018年の年次有給休暇の労働者1人当たり平均付与日数「18.0日」に対して、平均取得日数は「9.4日」であり、取得率は「52.4％」となっている。この数字を見る限り、従業員が年次有給休暇を十分に取得できている状況とは言い難い。計画年休や時間単位年休のねらいは、皆で休めるようにしたり、時間単位で細かく休めるようにしたりして、年次有給休暇の

取得促進を図ることにある。これらの仕組みを効果的に活用し、労使が協力して、年次有給休暇の取得率を高めていくことが望ましい。

年次有給休暇管理の進め方

　年次有給休暇の管理では、次の事項をすることが必要である。
①各従業員の年次有給休暇付与日数の決定と通知
②年次有給休暇の請求受理、および承認（各職場で実施）
③勤怠データに基づく休暇取得状況の確認
④休暇取得に関する職場指導（年次有給休暇の取得率が低い職場やトラブルが生じた職場に対して指導を行う）
⑤計画年休や時間単位年休などに関する労使協定の締結

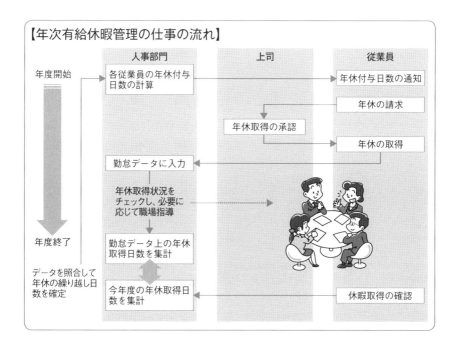

【年次有給休暇管理の仕事の流れ】

11 育児休業・介護休業

育児休業・介護休業とは

　核家族化や高齢化が進む中で、働きながら育児や家族の介護を行う従業員が増えてきた。このような従業員の職業生活と家庭生活との両立を図るため、育児や家族の介護を行う場合には、一定期間、会社を休むことができる仕組みがつくられた。これが「育児・介護休業」である。

　育児・介護休業は、「育児休業、介護休業等育児又は家族介護を行う労働者の福祉に関する法律」（育児・介護休業法）によって定められたものであり、会社は、この仕組みを必ず規定しなければならない。

育児休業の仕組み

　育児休業の仕組みは、次のとおりである。

①従業員は、会社に申し出ることにより、子の1歳の誕生日の前日まで、原則1回に限り、育児休業ができる。

　　ただし、両親がともに育児休業をするなど一定の要件を満たす場合は、1歳2カ月まで延長できる（これを「パパ・ママ育休プラス」という）。また、子が1歳以降、保育所に入れないなどの一定の要件を満たす場合は、子が1歳6カ月に達するまで（特に必要と認められる場合は、2歳に達するまで）の間、育児休業を延長できる。

②「1年以上雇用されている」などの要件を満たせば、有期雇用労働者も取得可能（労使協定で対象外とされた者を除く）。

③育児休業の取得を希望する従業員は、原則として休業開始予定日の1カ月前（1歳から1歳6カ月または2歳までの育児休業については、ともに2週間前）までに、必要事項を会社に申し出る。

介護休業の仕組み

　介護休業の仕組みは、次のとおりである。

①従業員は、会社に申し出ることにより、要介護状態にある対象家族1

人につき、延べ93日までの範囲内で3回を上限として介護休業をすることができる。なお、「要介護状態」とは、負傷、疾病または身体上もしくは精神上の障害により2週間以上の期間にわたり常時介護を必要とする状態をいい、「対象家族」とは配偶者、父母、子、配偶者の父母、祖父母、兄弟姉妹および孫をいう。

②「1年以上雇用されている」「取得予定日の93日後から6カ月を経過する日までの間に労働契約の期間が満了することが明らかでない」などの要件を満たせば、有期雇用労働者も取得可能。

③介護休業の取得を希望する従業員は、原則として休業開始日の2週間前までに、必要事項を会社に申し出る。

なお、従業員から育児・介護休業の申し出を受けた会社は、休業の開始予定日および終了予定日、また、申し出を拒む場合にはその理由などを、従業員に速やかに通知しなければならない。

その他の育児や介護に対する支援の仕組み

育児・介護休業法では、次の支援策も定められている。

(1)子の看護休暇（育児・介護休業法16条の2〜4）

小学校就学前の子を養育する従業員は、小学校就学前の子が1人であれば年に5日まで、2人以上であれば年10日まで、看護のための休暇を取得できる。半日単位、時間単位(2021年1月から)の取得も可能。

(2)介護休暇制度（同法16条の5〜7）

要介護状態にある対象家族の介護を行う従業員は、要介護状態にある対象家族が1人であれば年に5日まで、2人以上であれば年10日まで休暇を取得できる。半日単位、時間単位（2021年1月から）の取得も可能。

(3)育児のための短時間勤務制度（同法23条1項）

会社は、3歳未満の子を養育する従業員が希望した場合、1日の所定労働時間を原則として6時間とする措置を含む「短時間勤務制度」を講じなければならない。なお、業務の性質などにより短時間勤務制

度を講ずることが困難な者に対しては、育児休業に準ずる措置または次のような始業時刻変更等の措置を講じなければならない。

①フレックスタイム制度

②始業・終業の時刻の繰り上げ・繰り下げ（時差出勤）

③保育施設の設置運営やベビーシッターの手配・費用負担など

(4)小学校就学前の子を養育する従業員に対しての措置（同法24条1項）

　会社は、小学校就学前の子を養育する従業員についても短時間勤務制度の措置を講じるように努めなければならない。また、育児に関する休暇制度（配偶者出産休暇や子の行事参加のための休暇など）を設けるよう努力しなければならない。

(5)介護のための所定労働時間の短縮等の措置（同法23条3項）

　会社は、家族を介護する従業員について、3年以上の期間で2回以上の利用ができる所定労働時間の短縮等の措置（短時間勤務制度など）を講じなければならない。

(6)不利益取り扱いの禁止（同法10条、16条など）

　会社は、育児・介護休業、その他の措置の申し出や取得などを理由として、従業員に対して不利益な取り扱いをしてはならない。

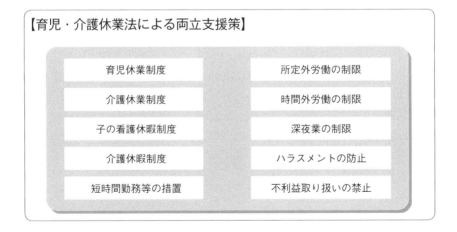

【育児・介護休業法による両立支援策】

育児休業制度	所定外労働の制限
介護休業制度	時間外労働の制限
子の看護休暇制度	深夜業の制限
介護休暇制度	ハラスメントの防止
短時間勤務等の措置	不利益取り扱いの禁止

【育児休業申出書の例】

育児休業申出書

　　　　　　　　　殿

[申出日] 令和　　年　　月　　日
[申出者] 所属
　　　　　氏名

私は、育児・介護休業等に関する規則（第○条）に基づき、下記のとおり育児休業の申出をします。

記

1　休業に係る子の状況	(1)　氏名	
	(2)　生年月日	
	(3)　本人との続柄	
	(4)　養子の場合、縁組成立の年月日	令和　　年　　月　　日
	(5)　(1)の子が、特別養子縁組の監護期間中の子・養子縁組里親に委託されている子・養育里親として委託された子の場合、その手続きが完了した年月日	令和　　年　　月　　日
2　1の子が生まれていない場合の出産予定者の状況	(1)　氏名	
	(2)　出産予定日	
	(3)　本人との続柄	
3　休業の期間	令和　　年　　月　　日から　　年　　月　　日まで （職場復帰予定日　令和　　年　　月　　日）	
4　申出に係る状況	(1)　1歳までの育児休業の場合は休業開始予定日の1か月前、1歳を超えての休業の場合は2週間前に申し出て	いる・いない→申出が遅れた理由 〔　　　　　　　　　　　　〕
	(2)　1の子について育児休業の申出を撤回したことが	ない・ある→再度申出の理由 〔　　　　　　　　　　　　〕
	(3)　1の子について育児休業をしたことが ※　1歳を超えての休業の場合は記入の必要はありません	ない・ある 再度休業の理由 〔　　　　　　　　　　　　〕
	(4)　配偶者も育児休業をしており、規則第　条第　項に基づき1歳を超えて休業しようとする場合	配偶者の休業開始（予定）日 令和　　年　　月　　日
	(5)　(4)以外で1歳を超えての休業の申出の場合	休業が必要な理由 〔　　　　　　　　　　　　〕
	(6)　1歳を超えての育児休業の申出の場合で申出者が育児休業中でない場合	配偶者が休業　している・していない

12 年少者・妊産婦の働き方に関するルール

年少者などの働き方に関するルール

　労働基準法では、年少者（満18歳未満の者）などを保護するため、次のようなルールを定めている（労働基準法56〜64条）。

①満15歳に達した日以後の最初の3月31日が終了していない児童を使用してはならない。ただし、非工業的事業では満13歳以上、さらに、映画製作、演劇の事業では満13歳未満の児童でも、健康・福祉に有害ではない軽易な作業であれば、労働基準監督署長の許可を条件として、その者の修学時間外に働かせることができる。

②満18歳に満たない者を働かせる場合は、その年齢を証明する戸籍証明書を事業場に備え付けなければならない。また、①の例外として使用する場合は、学校長の証明書および親権者等の同意書を事業場に備え付けなければならない。

③満18歳に満たない者には、原則として、時間外労働、休日労働、および深夜業（午後10時から午前5時までの間の労働）をさせてはならない（なお、これには例外もある）。また、原則として変形労働時間制を適用することはできない。

④満18歳に満たない者を危険有害業務に就かせてはならない。また、坑内で労働させてはならない。

妊産婦の働き方に関するルール

　労働基準法では、妊産婦（妊娠中の女性および産後1年を経過しない女性）を保護するため、次のようなルールを定めている（労働基準法64条の2〜68条）。

①妊産婦などを坑内労働、重量物を取り扱う業務などに就かせてはならない。

②6週間（多胎妊娠の場合は14週間）以内に出産する予定の女性が休

業を請求した場合、および、産後 8 週間を経過しない女性は就業させてはならない（ただし、産後 6 週間を経過した女性が請求した場合において、医師が支障なしと認めた業務に就かせることは可能）。これを「産前産後休業」という（産前産後休業は「無給扱い」とする会社が多い。なお、産前産後休業期間中は健康保険より欠勤 1 日につき賃金の 3 分の 2 に相当する出産手当金が支給される）。

③妊産婦が請求した場合は、時間外労働、休日労働、深夜業をさせてはならない。

④生後満 1 年に達しない生児を育てる女性から請求があったときには、1 日 2 回各々少なくとも 30 分、その生児を育てるための時間を与えなければならない。これを「育児時間」という。

⑤生理日の就業が著しく困難な女性が休暇を請求したときは、その者を生理日に就業させてはならない。

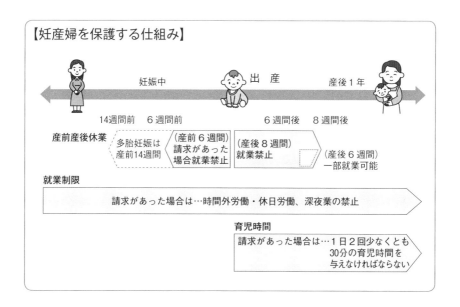

【妊産婦を保護する仕組み】

13 制裁に関するルール

減給処分を行う場合の制限

　会社は、従業員がトラブルなどを発生させた場合、その罰として給与を減額することができる。これを「減給の制裁」という。

　ただし、会社が、減給の制裁を無制限に行うことができるようにすると、従業員の生活が脅かされる危険性が出てくる。そこで、労働基準法91条では「就業規則で、労働者に対して減給の制裁を定める場合においては、その減給は、1回の額が平均賃金の1日分の半額を超え、総額が一賃金支払期における賃金の総額の10分の1を超えてはならない」と定めている。

　この条文の「1回の」とは「1件の事案について」ということを、「総額が」とは「一賃金支払期の間に複数の事案があった場合、その減額の合計が」ということを示している。例えば、ある規則違反について減給の制裁を定める場合、その最大額は1日分の賃金の0.5日分ということになる。この規則違反が2回、3回……と繰り返されていくと、その月の給与減額の合計は1.0日分、1.5日分……と増えていく。ここで、一賃金支払期に平均賃金の30日分が支払われるものとすると、その月の賃金総額の10分の1とは平均賃金の3.0日分となるから、その月に減給ができるのは、規則違反6回分まで(0.5日分 × 6回 =3.0日分)になる。

　なお、これは、規則違反などに対する「制裁」として科せられる給与減額に関する制限を定めたものである。従業員が備品を意図的に壊すなどして会社に損害を与えた場合、会社は、その従業員に対して「平均賃金の1日分の半額」を超える損害賠償を請求することは可能である。

制裁の種類

　会社は、従業員が、就業規則に違反した場合、あるいは会社の名誉を傷つけた場合などに「制裁」を科すことができる。これを「懲戒(処

180

分)」という。「減給」も制裁の一種であるが、これ以外には次のものがある。

(1)戒告・譴責(けんせき)…始末書を提出させるなどして、将来を戒める処分

(2)出勤停止……従業員の就労を禁止し、その間の賃金を支給しない処分

(3)降格・降職…従業員の等級や役職を下げる処分。通常、これに伴い、等級手当や役職手当などの給与も下がる

(4)諭旨(ゆし)解雇……従業員を諭(さと)し、退職させる処分。自己都合退職扱いとなり、退職金は支給される

(5)懲戒解雇……最も重い処分で、通常は、解雇予告手当を支払わずに即時解雇する。一般的には、退職金の全部または一部が不支給となる

なお、従業員の制裁処分を決定する場合には、社内に制裁委員会（懲戒委員会）を設置し、そこでの審議を経て決めることが多い。

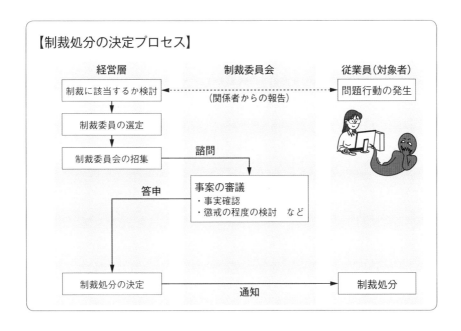

【制裁処分の決定プロセス】

経営層　　　　制裁委員会　　　　従業員(対象者)

制裁に該当するか検討　←--------→　問題行動の発生
（関係者からの報告）

制裁委員の選定

制裁委員会の招集　　諮問

事案の審議
・事実確認
・懲戒の程度の検討　など

答申

制裁処分の決定　　通知　　制裁処分

労働条件の不利益変更

　就業規則などに定められている労働条件を、従業員に不利益になるように変更することを「労働条件の不利益変更」という。

　労働条件の不利益変更が簡単にできるようであれば、従業員よりも強い立場にいる使用者側が労働条件をどんどん引き下げてしまうおそれがある。逆に不利益変更を一切できないことにすると、経営が悪化している会社は、労働条件の引き下げができないまま倒産してしまうかもしれない。そこで、労働契約法においては、歯止めをかけつつ、労使間での合意によって労働条件の不利益変更ができるような余地を残している。

> 労働契約法第9条
> 　使用者は、労働者と合意することなく、就業規則を変更することにより、労働者の不利益に労働契約の内容である労働条件を変更することはできない。ただし、次条の場合は、この限りでない。
>
> 同第10条
> 　使用者が就業規則の変更により労働条件を変更する場合において、変更後の就業規則を労働者に周知させ、かつ、就業規則の変更が、労働者の受ける不利益の程度、労働条件の変更の必要性、変更後の就業規則の内容の相当性、労働組合等との交渉の状況その他の就業規則の変更に係る事情に照らして合理的なものであるときは、労働契約の内容である労働条件は、当該変更後の就業規則に定めるところによるものとする。ただし、労働契約において、労働者及び使用者が就業規則の変更によっては変更されない労働条件として合意していた部分については、第12条に該当する場合を除き、この限りでない。

　なお、どのような場合に労働条件の不利益変更が認められるかについては、過去の判例を参考にするとよい。就業規則変更の合理性が認められた判例としては、「第四銀行事件」（最高裁二小　平9.2.28判決）、逆に、合理性が認められなかった判例としては「アーク証券事件」（東京地裁　平12.1.31判決）などがある。

第6章

報酬を支払う
～報酬管理と給与計算に関する基礎知識～

1 報酬管理のポイント

報酬管理の意義

　会社は、従業員に対して報酬（賃金、給与等）を支払う。会社にとっての報酬は、従業員の能力発揮や成果に報いるものであり、事業運営におけるコスト負担でもある。一方、従業員にとっての報酬は、働いた証しであり、生活するための収入でもある。会社、従業員の双方にとって、報酬は、人事労務管理の中でも最大の関心事といってもよいだろう。
　会社側の視点に立てば、報酬管理には次の意義がある。

> 報酬管理の意義は、会社が生み出した付加価値の一定部分を合理的な方法により従業員に還元することによって、労働力の確保と、その意欲の向上を図ることにある。

報酬の種類

　本章で取り上げる「報酬」は、次のものとする。
①月例給与（基本給、諸手当）
②賞与
③退職金
　社宅や寮、レクリエーション等の「福利厚生施策」も「報酬」と捉える見方もあるが、これについては第7章「安心して働くことができる環境を整える」で説明する。また、「やりがいのある仕事を与えること」も従業員に対する「報酬」（非金銭的報酬）とする考え方もあるが、ここでは、金銭を従業員に支給するものだけを「報酬」とする。

報酬管理のポイント

　報酬管理のポイントは、次のとおりである。

⑴経営の考え方に合った報酬制度を構築する（「格差」の視点）

　　成果により大きな格差がつく報酬体系を持つ企業では、競争が激しい組織風土が形成される傾向がある。このように格差のつき方によって組織風土は大きく変わってくるので、報酬制度は「どのような会社にしたいのか」という経営の考え方に基づいて構築されなければならない。

⑵適正な報酬水準を確保する（「水準」の視点）

　　報酬水準が他社よりも低くなると、従業員が確保できなくなる。逆に、高くなり過ぎると、人件費負担が重くなり、経営を圧迫する。世間水準や企業業績との関係性の中で、適正な報酬水準を維持することが必要である。

⑶正しく、期日を守って、確実に報酬を支払う

　　労働基準法や自社の給与規定などに定められていることを遵守し、支給日に確実に報酬を支払わなければならない。なお、当然のことながら、給与計算でミスは許されないので、細心の注意が必要である。

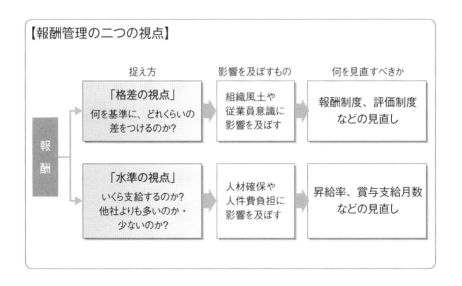

【報酬管理の二つの視点】

2 労働基準法上の 賃金に関する定め

労働基準法では、報酬（賃金）に関して、次のような定めがある。

賃金支払いの5原則（労働基準法24条）

賃金は、①通貨で ②直接、労働者に ③その全額を ④毎月1回以上 ⑤一定の期日を定めて、支払わなければならない。これを「賃金支払いの5原則」という。

したがって、年俸制の従業員も、1年間の年俸を一度に支払うことは認められず、それを12分割して月々支払うことにしなければならない。

なお、「労働者の同意を得て、労働者の指定する本人名義の口座に振り込み、かつ所定の期日に賃金全額を払い出しができる」という条件を満たせば、「通貨で、直接労働者に」という原則にかかわらず、金融機関の預貯金口座への振り込みによる賃金支払いが認められる。

休業手当（労働基準法26条）

使用者の責に帰すべき事由によって休業する場合は、使用者は、休業期間中、平均賃金の100分の60以上の手当（休業手当）を支払わなければならない。例えば、生産量を減らすために工場を一時休業する場合、会社は、その各日について、1日分の平均賃金の60%以上の「休業手当」を支給しなければならない。なお、地震や台風のために休業する場合は、使用者の責任ではないので、休業手当の支給対象にはならない。

シフト勤務で働く労働者を休業させる場合には、労働契約で定められた所定労働時間に基づき休業手当を支払う。また、派遣社員については、雇用主である「派遣元」が休業手当を支払うことが原則である。

出来高払制の保障給（労働基準法27条）

出来高払制その他の請負制で使用する労働者については、使用者は、

労働時間に応じ一定額の賃金の保障をしなければならない。つまり、実際に働いている時間がある従業員については、仮に成果が「ゼロ」であっても、会社は、一定額の賃金を支払わなければならない。ただし、ここでいう「一定額」は、法令などで明確な基準が定められているわけではない（「休業手当」にならって、出来高払制の保障給も「平均的に支払われる賃金総額の60％」と考えるケースが多い）。

賃金の最低基準（労働基準法28条）

「最低賃金法」において、地域別、産業別に賃金（時給）の最低限度額が定められており、会社は、原則として、この額を下回る賃金を支払うことはできない。最低賃金は、ほぼ毎年、金額改定が行われ、官報や厚生労働省、各都道府県労働局のサイト等で公示される。人事部員は、最低賃金が改定されたときには、必ず自社の賃金をチェックしなければならない（なお、2019年10月1日以降に発効した地域別最低賃金の全国平均額は「901円」であった）。

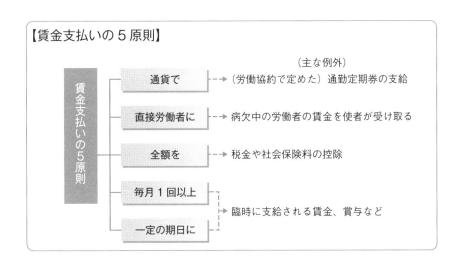

【賃金支払いの5原則】

賃金支払いの5原則

（主な例外）
通貨で ----→ （労働協約で定めた）通勤定期券の支給

直接労働者に ----→ 病欠中の労働者の賃金を使者が受け取る

全額を ----→ 税金や社会保険料の控除

毎月1回以上 ----→ 臨時に支給される賃金、賞与など

一定の期日に

3 時間外労働割増賃金に関する ルール

時間外労働割増賃金の割増率（労働基準法 37 条）

　会社は、従業員に残業や休日労働をさせた場合、通常の労働時間または労働日の賃金に次の割増率を乗じた割増賃金を支払わなければならない。

【時間外労働の割増率】

労 働 の 区 分	割 増 率
時間外労働（法定労働時間を超える労働）	25％以上
休日労働（法定休日の労働）	35％以上
1 カ月について 60 時間を超えた時間外労働［注］1、2、3	50％以上
深夜労働（22 時から 5 時までの労働）［注］4	25％以上
時間外労働＋深夜労働	50％（25％＋25％）以上
休日労働＋深夜労働	60％（35％＋25％）以上
60 時間を超えた時間外労働＋深夜労働	75％（50％＋25％）以上

［注］　1　中小企業については、2023 年 4 月 1 日まで適用が猶予されている。
　　　　2　1 カ月 45 時間を超える時間外労働については、25％を超える割増率とするよう努力義務が課されている。
　　　　3　労使協定を締結すれば、1 カ月 60 時間を超えた割増率の引き上げ分（25％）の支払いに代えて、有給の休暇（代替休暇）を付与することができる。
　　　　4　厚生労働大臣が必要と認めて定める一定の地域または期間については、「23 時から 6 時まで」とされる。

割増賃金の算定基礎額（労働基準法 37 条 5 項、施行規則 21 条）

　割増賃金の算定基礎となる「通常の賃金」からは、次の手当を除外することができる。
①家族手当、通勤手当、別居手当、子女教育手当、住宅手当
②臨時に支払われた賃金、1 カ月を超える期間ごとに支払われる賃金
　逆にいえば、これらに該当しない手当は、割増賃金の算定基礎額に算入しなければならない。

割増賃金の支給対象者

　「監督もしくは管理の地位にある者（管理監督者）」や「高度プロフェッショナル制度が適用される者」などは、労働基準法上の労働時間や休日などに関する規定が適用されないため、時間外労働や休日労働などに対する割増賃金の支給対象から除外される（管理監督者には、深夜の割増賃金の規定は適用される）。

　なお、いわゆる「固定残業代（一定時間分の時間外労働などの割増賃金を定額で支払うもの）」を受けている者は、割増賃金の支給対象者であり、一定時間を超える時間外労働などが行われた場合、会社は、その分の割増賃金を追加で支給しなければならない。

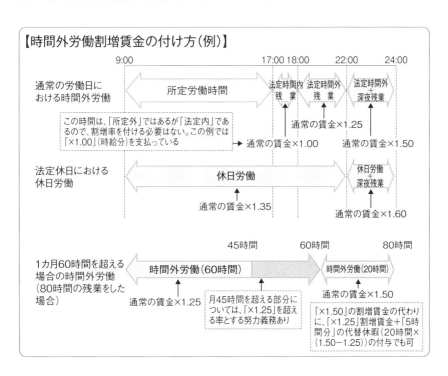

【時間外労働割増賃金の付け方（例）】

4 報酬体系 (給与体系・賃金体系)

報酬の全体像を示し、その構成要素を明確にしたものを「報酬体系 (給与体系・賃金体系)」という。

給与、賞与、退職金の区分とそれぞれの性格

会社が従業員に支給する報酬は、次の三つに分けることができる。

(1)(月例) 給与

毎月支給される報酬で、「賃金」とも呼ばれる。「労働の対償」としての性格を持ち、従業員の生活費の基礎となる報酬でもある。労働基準法上の「賃金支払いの 5 原則」に則り、毎月 1 回以上、一定の期日に支給しなければならない。

(2)賞与

企業業績に応じて、一般的に年 2 回 (または 3 回) 支給される報酬。「ボーナス」とも呼ばれる。「成果配分」としての性格が強く、企業業績や個人の評価に応じて、支給額が大幅に変動することがある。

(3)退職金

退職時に支給される報酬で、「功労報奨」としての性格が強い。定年退職金の場合、支給額が 1000 万円を超えることもある。退職金の全部または一部を「企業年金」としている会社もある。

月例給与の構造

(1)所定内給与と所定外給与

所定労働時間勤務した場合に通常支払われる給与を「所定内給与」、所定時間外勤務に対する割増賃金を「所定外給与」という。原則として、所定内給与は、毎月、一定額が支払われるものだが、所定外給与は残業や休日出勤の時間数により金額が変動する。

⑵基本給と手当

　　給与の基本的な部分で、年齢や能力、職務などに応じて、毎月、固定的に支給されるものを「基本給（本給、本俸）」という。一方、職務の特殊性（役職に就いていることなど）、または、扶養家族や勤務地などの状況に応じて支払われる給与を「手当」（諸手当）という。

　　厚生労働省「就労条件総合調査」（2015年）によれば、常用労働者の所定内賃金に占める基本給の割合は86.4％となっている。

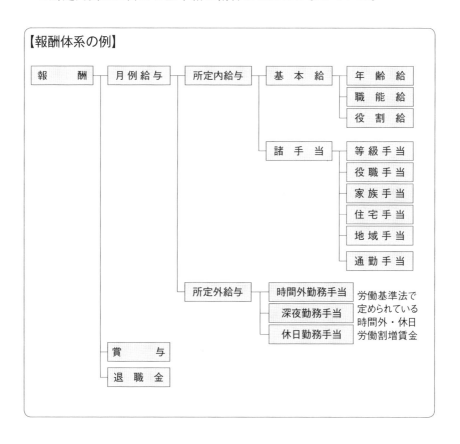

【報酬体系の例】

5 基本給の決定と昇給の仕組み

基本給の決定要素

基本給は、次の要素により決定される。
①年齢、勤続年数、学歴など
②仕事をする能力
③職務、職種などの仕事の内容
④業績や成果

年齢や勤続年数などの属人的な要素で決まる給与を「属人給」、能力、仕事の内容、業績・成果などの仕事の要素で決まる給与を「仕事給」（名称としては、職務給、職能給、役割給など）という。また、これらを総合的に考慮した上で決定される給与を「総合給（または、総合決定給）」という。以前には、「総合給」や「属人給」にウエートを置く企業が多かったが、今日は、年齢給などを廃止して役割給や職務給などの「仕事給」に移行する傾向が広まっている。

基本給の決定方法

基本給を決定するときには、主に三つの方法がある。
⑴給与表方式

年齢、あるいは、等級と経験年数（号俸）ごとに支給額を定めた「給与表」によって、基本給を決定する方法。
⑵昇給方式

前年度の基本給に、今年度の昇給額を加算して（あるいは昇給率を乗じて）決定する方法。
⑶洗い替え方式

毎年、職務や能力レベルに応じて、新たに基本給を決定する方法。この方法では、前年度の基本給に関係なく、今年度の基本給を決定する。

定期昇給とベースアップ（定昇とベア）

給与表を用いて基本給を決定する場合、各年の昇給は「定期昇給（定昇）」と「ベースアップ（ベア）」に区分けすることができる。

「定期昇給」は、各自が1歳年を取ることにより給与表に基づき自動的に行われる昇給のことで、「ベースアップ」とは、給与水準を引き上げるために、給与表全体を書き換えることによって生じる昇給をいう。

例えば、20歳から60歳まで従業員が1人ずついる状態で、その構成がずっと変わらない（60歳の人が定年退職したら20歳の人が入れ替わりで入社する）とすれば、定期昇給だけを行っている限りは、従業員一人ひとりがもらう給与は増えても、全従業員に支払っている給与の総額は増えないことになる（全従業員が1歳上の人の給与を譲り受けているだけであるため）。そこで、人件費が増えないようにするには、ベースアップを抑えておけばよいという考え方をすることもできる。

このような定期昇給とベースアップと人件費との関係に着目することは、今でも、昇給管理の基本的な考え方になっている。

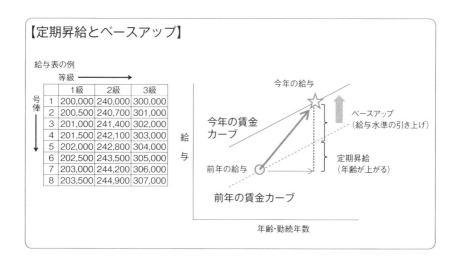

【定期昇給とベースアップ】

給与表の例

号俸 \ 等級	1級	2級	3級
1	200,000	240,000	300,000
2	200,500	240,700	301,000
3	201,000	241,400	302,000
4	201,500	242,100	303,000
5	202,000	242,800	304,000
6	202,500	243,500	305,000
7	203,000	244,200	306,000
8	203,500	244,900	307,000

今年の給与
今年の賃金カーブ
前年の給与
前年の賃金カーブ
ベースアップ（給与水準の引き上げ）
定期昇給（年齢が上がる）
給与
年齢・勤続年数

6 諸手当

手当とは何か

月例給与では、基本給と別に役職手当や家族手当などの「手当」が支給されることがある。手当は、支給基準を満たす従業員に対して、基本給に上乗せする形で支給するもので、従業員間の給与格差を直接的かつ合理的につけることができる。

近年、「職務や能力の違いは、手当ではなく基本給の金額差で反映されるべき」などの考え方が強くなってきたことから、手当は縮小・廃止される傾向にある。

主な手当

主な手当には、次のものがある。

(1)職務関連手当

等級手当 （資格手当）	在級する等級（資格）に応じて、一定額を支給するもの。従業員の「昇格しよう」という意欲を高める効果がある。
役職手当 （職位手当）	役職に応じて、一定額を支給するもの。管理職の役職手当には、時間外手当を支給しない分の補填を含むことが多い。
特殊勤務手当 営業手当	特定の職務に応じて、一定額を支給するもの。営業手当の場合、一定時間分の時間外手当に相当する額を含めることがある。

(2)生活関連手当

家族手当 （扶養手当）	扶養家族の数などに応じて、一定額を支給するもの。時間外労働割増賃金の対算定基礎から外すことができる（住宅、別居、通勤手当等も同じ）。
住宅手当 （家賃補助）	世帯主として住居を保有する者、あるいは、貸家に入居する従業員に対する家賃の補助として、一定額を支給するもの。
単身手当 （別居手当）	単身赴任者や転勤により家族との別居を余儀なくされる者に対して二重生活にかかる費用の補填として支給するもの。

地域手当 勤務地手当	勤務地による生活費の差を補填するために、一定額を支給するもの（通常は大都市圏勤務者に対して支給される）。
寒冷地手当	寒冷地勤務の従業員に対して、冬季にかかる光熱費の補填として支給するもの。

⑶その他手当

通勤手当	通勤にかかる交通定期代、ガソリン代などの実費を手当として支給する。一定の範囲内（電車通勤の場合は月額15万円）までは非課税となる。
精皆勤手当	勤怠計算期間中、欠勤がない者、あるいは欠勤・遅刻・早退が一定回数未満の者に対して、一定額を支給する。
調整手当	特別な理由により、個別に支給されるもの。何らかの理由により、給与総額の調整が必要な場合につけられる。

【諸手当の種類別　支給企業割合および支給した労働者1人平均支給額】

区　　　分	業績手当など（個人、部門・グループ・会社別）	勤務手当				精皆勤手当、出勤手当など	通勤手当など（1カ月分に換算）
		役付手当など	特殊作業手当など	特殊勤務手当など	技能手当、技術（資格）手当など		
支給企業割合（複数回答・%）	13.7	87.7	11.5	24.0	47.7	29.3	91.7
支給した労働者1人平均支給額（円）	57,125	38,769	13,970	25,464	20,299	10,506	11,462

区　　　分	生活手当					調整手当など	左記のいずれにも該当しないもの
	家族手当、扶養手当、育児支援手当など	地域手当、勤務地手当など	住宅手当など	単身赴任手当、別居手当など	左記以外の生活手当（寒冷地手当、食事手当など）		
支給企業割合（複数回答・%）	66.9	12.5	45.8	13.8	16.2	32.5	10.8
支給した労働者1人平均支給額（円）	17,282	22,776	17,000	46,065	9,280	26,100	30,542

資料出所：厚生労働省「就労条件総合調査」（2015年）

7 賞与の仕組み

賞与とは何か

　ほとんどの日本企業は、毎月支払う「月例給与」とは別に、年2～3回、会社の業績に応じて、賞与・一時金（ボーナス）を支給する。年2回の場合は、6月か7月に「夏季賞与」、12月に「冬季賞与（年末賞与）」を、また、年3回の場合は、これに加えて年度終了時に「決算賞与」を、それぞれ支給する。

　日本企業の賞与は、1回につきおおむね月例給与の1.0～3.0カ月分が支給されており、年間賃金の20～30％を占める報酬となっている。

　会社が、月例給与とは別に賞与を支給するねらいは、次の点にある。

①会社が上げた利益を、従業員に分かりやすく配分する。
②従業員の業績貢献意欲、およびモチベーションの向上を図る。
③企業業績に応じて賞与を増減させて、人件費の調整を図る。

賞与の算定方式

　賞与の算定方式は、会社により自由に定めることができる。主な算定方式として、次のものが挙げられる。

⑴所定内給与に支給月数を乗じる方法

　　月々支給される所定内給与の全部または一部を賞与の算定基礎額とし、それに会社業績によって定めた支給月数を乗じて賞与支給額とする。評価によって、各自の支給月数を変えることもある。

⑵等級・評価により支給額を定める方法

　　等級と評価に応じて、一律の賞与支給額を定める方法。支給額は、賞与支給をするときの会社業績に応じて決定する。この方式の場合、所定内給与の低い従業員でも、評価が良ければ賞与は多くなる。

　　なお、⑴と⑵の方法を組み合わせて賞与支給額を決定するパターンもある。

業績連動型賞与とは

　従来、「賞与を何カ月分支給するか（賞与の総額をいくらにするか）」
は、その都度、労使交渉によって決めていた。近年、大企業を中心に、
賞与総額の算定基準（算定基礎となる経営指標や算式）を労使間であら
かじめ定めておき、それに基づいて賞与の支給月数（または総額）を決
定する仕組みが導入されている。これを「業績連動型賞与」という。
　業績連動型賞与には、次のメリットがある。
①賞与の決め方に対する労使双方の納得性を高めることができる。
②従業員の業績貢献意欲の向上を図ることができる。

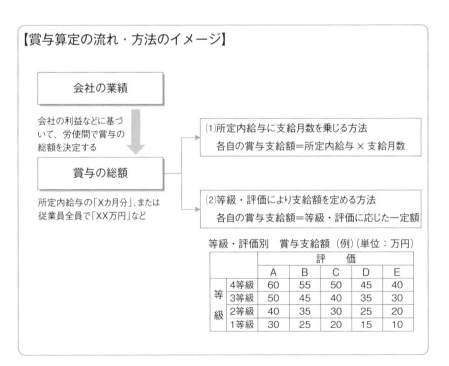

【賞与算定の流れ・方法のイメージ】

会社の業績

会社の利益などに基づ
いて、労使間で賞与の
総額を決定する

賞与の総額

所定内給与の「Xカ月分」、または
従業員全員で「XX万円」など

(1)所定内給与に支給月数を乗じる方法
　各自の賞与支給額＝所定内給与 × 支給月数

(2)等級・評価により支給額を定める方法
　各自の賞与支給額＝等級・評価に応じた一定額

等級・評価別　賞与支給額（例）（単位：万円）

		評価				
		A	B	C	D	E
等級	4等級	60	55	50	45	40
	3等級	50	45	40	35	30
	2等級	40	35	30	25	20
	1等級	30	25	20	15	10

8 退職金

退職金とは何か

　従業員の退職に当たり会社が支給する報酬を「退職金」(退職手当)
という。会社が退職金を支給する意義は、次の点にある。

①従業員の在職に対する慰労金として支給する。
②従業員の退職後の生活保障のために支給する。
③在籍年数に応じて退職金が高くなるようにして、従業員がなるべ
　く長く勤務するようなインセンティブを与える(なお、早期退職
　優遇制度の場合は、定年年齢に達する前に退職するインセンティ
　ブを与える)。
④退職時にトラブルが発生しないよう、会社側として一定の保証金
　を確保する。

退職金の算定方式

　退職金の算定方法には、次のものがある。
(1)定額方式
　　勤続年数に応じて一定額の退職金を定める方式。「勤続年数が同じ
　であれば部長も一般社員も同額の退職金になってしまう」などの問題
　があるため、この方式を採用している企業は少ない。
(2)給与比例方式
　　退職時の給与(例えば「基本給」)に勤続年数別に定めた係数を乗
　じて、退職金を算定する方式。多くの日本企業で、この方式が採用さ
　れている。分かりやすい仕組みだが、給与と退職金が連動してしまう
　ため、「昇給すると退職金水準も自動的に上昇する」「定年前に給与を
　下げると退職金も減ってしまう」などの不都合が生じることがある。

⑶ポイント制

　職務や勤続年数などに応じて設定したポイントを毎年積み重ねていき、退職時までのポイントの累積に1ポイント当たりの単価を乗じて退職金額を算定する仕組み。給与比例方式の不都合を解消することができる仕組みとして、近年、この方式を採用する企業が増えている。

　厚生労働省「就労条件総合調査」（2018年）によれば、ポイント制退職金を導入している企業数割合は19.4%（従業員1000人以上は49.4%）となっている。

【給与比例方式とポイント制の比較】

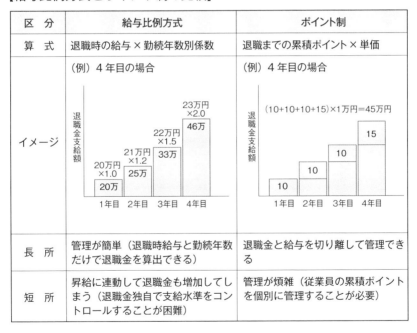

区　分	給与比例方式	ポイント制
算　式	退職時の給与×勤続年数別係数	退職までの累積ポイント×単価
イメージ	（例）4年目の場合	（例）4年目の場合
長　所	管理が簡単（退職時給与と勤続年数だけで退職金を算出できる）	退職金と給与を切り離して管理できる
短　所	昇給に連動して退職金も増加してしまう（退職金独自で支給水準をコントロールすることが困難）	管理が煩雑（従業員の累積ポイントを個別に管理することが必要）

9 企業年金

企業年金とは何か

　支給条件を満たした対象者に、一定期間にわたり、一定の給付額を支給する仕組みを「年金」制度という。国から支給される「公的年金」が、その代表的な仕組みであるが、会社が自社の従業員を対象にして独自に年金制度を導入していることがある。これを「企業年金」（退職年金）という。企業年金には、次のメリットがある。

会社側のメリット	従業員側のメリット
● 退職金に必要な資金を計画的に積み立てられる ● 年金の掛金を損金として処理できるため、節税効果がある	● 退職金・年金を金融機関から確実に受け取ることができる ● 退職金を「分割払い」で受け取ることもできる

　企業年金を導入している会社の多くは、退職金の全部または一部を年金として外部の金融機関に積み立てる形をとっている（これを、「退職金の年金化」という）。この場合、退職金から企業年金として受け取る額を差し引いた残額が、退職時に会社から支給される。

企業年金の種類

　主な企業年金には、次のものがある。
⑴確定給付企業年金
　年金の給付額を決めて、その給付に必要な資金を、会社が金融機関に積み立てる仕組み（このような仕組みを「給付建て」[Defined Benefit Plan：DB] という）。原則として、年金給付額を下げることができないため、利率の低下などにより年金支払いに必要な資金の積み立て不足が発生した場合、会社がその穴埋めをしなければならない。

⑵確定拠出年金（企業型）

　会社が、従業員に一定額の掛金を出し、各自がそれを運用して、退職時までに積み立てた拠出金と運用収益の合計を年金として受給する仕組み（このような仕組みを「拠出建て」［Defined Contribution Plan：DC］という）。運用次第で、将来、受け取る年金額が増減する。

⑶キャッシュ・バランス・プラン（ハイブリッド型企業年金）

　確定給付企業年金と確定拠出年金の両方の特長を併せた仕組み。金利により給付額が変動する可能性はあるが、運用リスクは会社が担う。

⑷厚生年金基金

　会社や業界団体などによって設立された「基金」が、厚生年金保険の一部の運用を国に代わって行い、上乗せ給付を行う仕組み。法令により、2014年4月以降、基金の新設は認められておらず、既存の基金については、確定給付企業年金への移行などが促されている。

　なお、厚生労働省「就労条件総合調査」（2018年）によれば、「退職給付（一時金・年金）制度がある」企業の中で「退職年金制度がある」企業数割合は26.7％であり、5年前調査（34.2％）と比べると大幅な低下となっている。

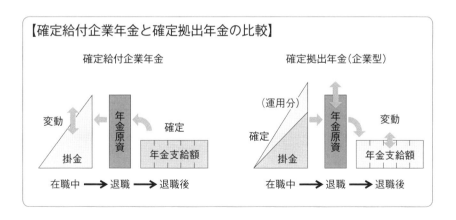

【確定給付企業年金と確定拠出年金の比較】

10 給与計算

給与計算には、労働時間の集計や社会保険料の計算など、人事に関するさまざまな業務が含まれている。人事部員は、給与計算の流れを理解し、自社の給与明細を説明できるようにしておくことが必要である。

給与計算の業務

まず、給与計算の業務内容とその流れを見てみよう。

① 給与計算の業務内容

給与計算では、次の業務を行う。

従業員データの 入力・更新	随時	入社時に従業員のデータを給与計算システムに入力し、変更があれば、随時、更新する。
基本給のデータの 入力	年次	昇給（賃上げ）が行われた場合、新基本給のデータを入力する。
諸手当のデータ入力 （除く時間外手当）	月次	従業員からの申請などに基づき、諸手当の支給データの更新を行う。
勤怠の集計	月次	出勤簿などから、各従業員の出勤日、所定外労働時間などの集計を行う。
時間外手当の計算	月次	労働時間のデータに基づき、時間外手当の計算を行う。
雇用保険・社会保険 料の控除	月次	雇用保険料、健康保険料、介護保険料、厚生年金保険料を控除する。なお、保険料率や標準報酬の変更があれば、その都度、必要な処理を行う。
源泉所得税、 住民税の徴収	月次	源泉所得税、住民税を徴収する。税率や徴収額の変更があれば、その都度、必要な処理を行う。
給与控除の処理	月次	社宅の利用料や財形貯蓄など、給与から引き落とすものの処理を行う。
給与明細の配布 賃金台帳の作成	月次	給与明細を従業員に配布し、賃金台帳を作成する。
退職者の処理	随時	退職者の給与計算（清算が必要な場合）、退職金の計算などを行う。

退職者の雇用保険・社会保険の手続き	随時	退職者から必要書類を提出させて、雇用保険、社会保険の被保険者資格の喪失手続きをする。
賞与計算	年次	一般的に、年2回（夏季、年末）支給される賞与について、支給データの入力や控除処理を行う。
年末調整（所得税）	年次	毎年12月末に、各自の所得税額と徴収済みの源泉所得税との差額調整を行う。

2 給与計算の業務の流れ（月次）

給与計算では、毎月、次の業務を行う。給与を確実に支給するためには、それぞれの業務の締め切りをしっかりと守らなければならない。

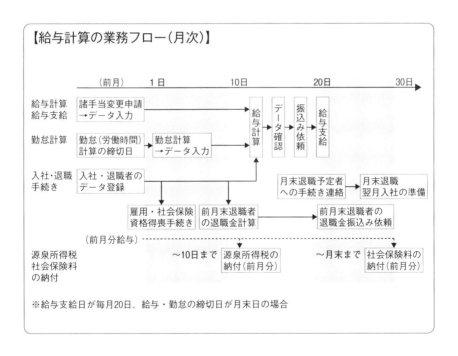

203

❸給与計算の業務の流れ（年次）

　給与計算では、毎年、次の業務を行う。３月から４月にかけての給与改定と新入社員の受け入れ業務が重なる時期、および12月の賞与支給と年末調整が重なる時期が、１年のうちで最も忙しい時期となる。

【給与計算の業務フロー（年次）】

	1月	2月	3月	4月	5月	6月	7月	8月	9月	10月	11月	12月
月例給与の支給			昇給決定 → 新給与支給 ／ 新入社員登録									
賞与の支給					賞与計算→夏季賞与					賞与計算→年末賞与		
労働保険 （労災・雇用保険）				新入社員 雇用保険 資格取得	労働保険料 納付手続き (6/1～7/10)							
社会保険 （健康保険、 　介護保険、 　厚生年金保険）				新入社員 社会保険 資格取得		算定基礎届 の届け出 (7/1～7/10)		保険料の 改定				
所得税	法定調書の 提出 源泉徴収票 の配布 扶養控除等（異動） 申告書の回収									扶養控除等（異動） 申告書等の配布・回収 年末調整		
住民税					住民税特別徴収税額 の通知、改定							

※４月に昇給決定、６月と12月に賞与を支給する場合

給与明細の構成

　給与計算を覚えるには、給与明細の構成を理解しなければならない（理解を深めるために、ここで示した給与明細の例を参考にして、自分の給与明細を使って、実際に給与計算をしてみることをお勧めする）。

1 給与明細の構成

　一般的に給与明細は、次の三つの部分から構成される。

【給与明細の例】

XXXX 年 X 月分　　　　　　　給料明細書

部門名	人事	社員 NO	1	氏名	労政 太郎 　殿

勤怠

所定労働日数	出勤日数	有給休暇日数	その他休暇日数	休業日数	欠勤日数
20	19	1			
時間外労働	時間外深夜	休日労働	休日深夜	遅刻早退	その他不就業
10.00	4.00	4.00	2.00		

①勤怠部分

支給

基本給	役職手当	等級手当	家族手当	住宅手当	通勤手当
270,000	20,000	30,000	15,000	7,000	10,000
時間外労働	時間外深夜	休日労働	休日深夜	不就労控除	総支給額	課税対象額
25,000	12,000	10,800	6,400		406,200	333,563

②支給部分

控除

健康・介護保険	厚生年金保険	雇用保険	社会保険合計
23,903	37,515	1,219	62,637
源泉所得税	個人住民税	その他控除	控除計
6,470	25,000		94,107

差引支給額　312,093

③控除部分

①勤怠部分

　　給与計算期間中の労働日数、休暇取得日数、欠勤・遅刻・早退などの不就業日数・時間数（この日数・時間分の給与は支給されない）、

時間外労働時間数などが表示される。

②支給部分

　基本給、手当などの項目ごとに支給額が表示される。全項目の合計額が「総支給額」となる。

③控除部分

　社会保険料（健康保険、介護保険、厚生年金保険の保険料）、雇用保険料、源泉所得税、個人住民税の金額が表示される。これらは、会社が従業員の負担分を給与から天引きして、日本年金機構や税務署などに納付する。これ以外にも、社宅利用料や生命保険料など、給与から控除するものの金額が示される。

　「総支給額」から控除部分の合計額を引いたものが「差引支給額」であり、これが、その月分の給与として従業員に支給される金額（いわゆる「手取り額」）となる。

2 勤怠部分の計算

　勤怠部分とは、給与計算期間中の労働時間などが示される部分で、時間外手当や欠勤に対する控除額は、ここに示されている時間数・欠勤日数などを基に計算される。

　勤怠部分を見るときには、就業規則などに記載されている給与計算の対象期間（例えば、各月の給与が「前月1日から末日までの分」なのか、「前月16日から今月15日までの分」なのか）を確認することが必要である。

　また、所定外労働時間の計算をする場合、「法定時間内残業」（会社の所定労働時間を超えているが、労働基準法に定める法定労働時間の範囲内の労働時間。詳しくは本章の「3」参照）の取り扱いを確認しておくことも必要である。例えば、1日の所定労働時間が9：00～17：00（休憩1時間、7時間労働）の会社で17：00～18：00まで1時間の労働（法定時間内残業）をした場合、1時間分の給与のみを支払っているのか、あるいは時間外労働割増賃金の割増率を付けた手当を支払っている

のか、などを確認する。この取り扱い方によって、勤怠部分に表示される時間外労働時間数は違いが出てくることになる。

　週休2日制を導入している会社においては、法定休日を上回って付与されている休日に労働した場合の取り扱いについても、これと同じように確認することが必要である。

3 支給部分の計算

　支給部分では、基本給や手当などの支給額が項目ごとに表示される。

　ここでは、時間外（残業）手当が、勤怠部分で示されている時間外労働時間に相当する支給額となっているかどうかを確認することが必要である。

　時間外手当の支給額は、次のとおり計算する。

> 時間外手当支給額＝時間外算定基礎額×割増率×時間外労働時間数

　ここで、時間外算定基礎額とは、所定労働時間1時間当たりの給与（時間単価）を指し、一般的には、次の式で算出される。

　　時間外算定基礎額＝月額給与÷月の所定労働時間
　　　　　　　　　　　または
　　　　　　　　　　＝月額給与÷（年間所定労働時間/12カ月）

　例えば、「月額給与が20万円、年間の総労働時間が1800時間」の場合、時間外労働の算定基礎額（時間単価）は、「1333円（＝20万円÷（1800時間/12カ月））」となる。

　なお、時間外手当の算定基礎とする「月額給与」には、家族手当、住宅手当、通勤手当などの手当を含めなくてもよいものとされている（本章の「3」参照）。

　時間外手当の割増率は、労働基準法で示された最低基準が「時間外労働25％、休日労働35％、1カ月について60時間を超えた時間外労働50％、深夜労働25％」であるが、会社によっては、これを上回る割増

率が設定されていることもある。

　時間外算定基礎額の算出方法、および時間外手当の割増率は、給与規定などに必ず記載されているはずなので、それを見て、自社の取り扱いを確認すればよい。

　基本給と諸手当（時間外手当を含む）の合計額が、その月の給与の「総支給額」となる。ただし、実際に従業員に支払われる金額は、この総支給額から社会保険料や所得税などが控除されたものとなる。この控除額の内訳を示したものが「控除部分」である。

４ 控除部分の計算

　給与の総支給額から差し引かれる社会保険料、雇用保険料、源泉所得税および個人住民税などの金額を表示している部分である。

　これらの控除額は、法令などによって定められているものである。それぞれの項目の計算方法を説明する。

⑴社会保険料（従業員負担分）の控除額

　健康保険、介護保険、厚生年金保険の保険料（本人負担分）が、月例給与から控除される。

　各自が負担する社会保険料は、原則として１年に１回、「標準報酬月額」に保険料率を乗じることによって算出される。標準報酬月額とは、毎年４月、５月、６月に支給した月例給与の平均額を標準報酬月額等級区分に当てはめたもので、報酬の額に著しい変動がない限り、これが、その年の９月から翌年の８月までの社会保険料の算定基礎として使われる（このような標準報酬月額の決定を「定時決定」という）。

> **社会保険料の控除額＝標準報酬月額×社会保険料率（本人負担分）**

　賞与の場合は、標準賞与（賞与支給額の1000円未満を切り捨てたもの）に保険料率を乗じたものが保険料として控除される。なお、賞与に

掛かる社会保険料を決定するため、従業員に賞与を支給した会社は、賞
与支給日から5日以内に「健康保険・厚生年金保険被保険者賞与支払
届」を日本年金機構の事務センターなどに提出しなければならない。

　会社は、従業員の給与から控除した社会保険料を、会社負担分の社会
保険料と合算して、給与や賞与を支払った翌月末までに金融機関で納付
する。

(2)雇用保険料（従業員負担分）の控除額
　雇用保険については、毎月の給与（賞与）の総支給額に0.3%（2020
年度）を乗じたものが保険料として控除される。

> **雇用保険料の控除額＝その月の給与の総支給額×0.3%**

　会社は、雇用保険料と労災保険料とを合算した1年分の労働保険料
を、毎年6月1日から7月10日までの間に金融機関などで納付する。

【社会保険料率・労働保険料率の一覧】

保険種類	被保険者の区分	保険料率		
		合　計	従業員負担分	会社負担分
健康保険	協会けんぽ（東京）	9.870%	4.935%	4.935%
介護保険	第2号被保険者（40〜64歳の被保険者）	1.790%	0.895%	0.895%
厚生年金保険	全産業共通	18.300%	9.150%	9.150%
雇用保険（2020年度）	一般の事業	0.900%	0.300%	0.600%
	農林水産・清酒製造業	1.100%	0.400%	0.700%
	建設業	1.200%	0.400%	0.800%
保険料合計	一般の事業	30.860%	15.280%	15.580%

［注］　1　「従業員負担分」が、従業員の給与から控除される社会保険料率となる。
　　　2　上表は、2020年4月分以降の保険料率である。保険料率は、改定されることがあるので、
　　　　直近の保険料率は、健康保険組合、協会けんぽ、日本年金機構、厚生労働省などのホームペー
　　　　ジで確認すること。
　　　3　事業主は、上記以外に労働者災害補償保険の保険料（事業の種類により0.25〜8.80%）お
　　　　よび子ども・子育て拠出金（0.36%）を負担する。

【2020 年 4 月からの健康保険・厚生年金保険の保険料額表（東京都）】

—円—

標準報酬		報酬月額			全国健康保険協会管掌健康保険料				厚生年金保険料（厚生年金基金加入員を除く）	
					介護保険第2号被保険者に該当しない場合 9.87%		介護保険第2号被保険者に該当する場合 11.66%		一般・坑内員・船員 18.300% ※	
等級	月額	円以上	~	円未満	全額	折半額	全額	折半額	全額	折半額
1	58,000		~	63,000	5,724.6	2,862.3	6,762.8	3,381.4		
2	68,000	63,000	~	73,000	6,711.6	3,355.8	7,928.8	3,964.4		
3	78,000	73,000	~	83,000	7,698.6	3,849.3	9,094.8	4,547.4		
4(1)	88,000	83,000	~	93,000	8,685.6	4,342.8	10,260.8	5,130.4	16,104.00	8,052.00
5(2)	98,000	93,000	~	101,000	9,672.6	4,836.3	11,426.8	5,713.4	17,934.00	8,967.00
6(3)	104,000	101,000	~	107,000	10,264.8	5,132.4	12,126.4	6,063.2	19,032.00	9,516.00
7(4)	110,000	107,000	~	114,000	10,857.0	5,428.5	12,826.0	6,413.0	20,130.00	10,065.00
8(5)	118,000	114,000	~	122,000	11,646.6	5,823.3	13,758.8	6,879.4	21,594.00	10,797.00
9(6)	126,000	122,000	~	130,000	12,436.2	6,218.1	14,691.6	7,345.8	23,058.00	11,529.00
10(7)	134,000	130,000	~	138,000	13,225.8	6,612.9	15,624.4	7,812.2	24,522.00	12,261.00
11(8)	142,000	138,000	~	146,000	14,015.4	7,007.7	16,557.2	8,278.6	25,986.00	12,993.00
12(9)	150,000	146,000	~	155,000	14,805.0	7,402.5	17,490.0	8,745.0	27,450.00	13,725.00
13(10)	160,000	155,000	~	165,000	15,792.0	7,896.0	18,656.0	9,328.0	29,280.00	14,640.00
14(11)	170,000	165,000	~	175,000	16,779.0	8,389.5	19,822.0	9,911.0	31,110.00	15,555.00
15(12)	180,000	175,000	~	185,000	17,766.0	8,883.0	20,988.0	10,494.0	32,940.00	16,470.00
16(13)	190,000	185,000	~	195,000	18,753.0	9,376.5	22,154.0	11,077.0	34,770.00	17,385.00
17(14)	200,000	195,000	~	210,000	19,740.0	9,870.0	23,320.0	11,660.0	36,600.00	18,300.00
18(15)	220,000	210,000	~	230,000	21,714.0	10,857.0	25,652.0	12,826.0	40,260.00	20,130.00
19(16)	240,000	230,000	~	250,000	23,688.0	11,844.0	27,984.0	13,992.0	43,920.00	21,960.00
20(17)	260,000	250,000	~	270,000	25,662.0	12,831.0	30,316.0	15,158.0	47,580.00	23,790.00
21(18)	280,000	270,000	~	290,000	27,636.0	13,818.0	32,648.0	16,324.0	51,240.00	25,620.00
22(19)	300,000	290,000	~	310,000	29,610.0	14,805.0	34,980.0	17,490.0	54,900.00	27,450.00
23(20)	320,000	310,000	~	330,000	31,584.0	15,792.0	37,312.0	18,656.0	58,560.00	29,280.00
24(21)	340,000	330,000	~	350,000	33,558.0	16,779.0	39,644.0	19,822.0	62,220.00	31,110.00
25(22)	360,000	350,000	~	370,000	35,532.0	17,766.0	41,976.0	20,988.0	65,880.00	32,940.00
26(23)	380,000	370,000	~	395,000	37,506.0	18,753.0	44,308.0	22,154.0	69,540.00	34,770.00
27(24)	410,000	395,000	~	425,000	40,467.0	20,233.5	47,806.0	23,903.0	75,030.00	37,515.00
28(25)	440,000	425,000	~	455,000	43,428.0	21,714.0	51,304.0	25,652.0	80,520.00	40,260.00
29(26)	470,000	455,000	~	485,000	46,389.0	23,194.5	54,802.0	27,401.0	86,010.00	43,005.00
30(27)	500,000	485,000	~	515,000	49,350.0	24,675.0	58,300.0	29,150.0	91,500.00	45,750.00
31(28)	530,000	515,000	~	545,000	52,311.0	26,155.5	61,798.0	30,899.0	96,990.00	48,495.00
32(29)	560,000	545,000	~	575,000	55,272.0	27,636.0	65,296.0	32,648.0	102,480.00	51,240.00
33(30)	590,000	575,000	~	605,000	58,233.0	29,116.5	68,794.0	34,397.0	107,970.00	53,985.00
34(31)	620,000	605,000	~	635,000	61,194.0	30,597.0	72,292.0	36,146.0	113,460.00	56,730.00
35	650,000	635,000	~	665,000	64,155.0	32,077.5	75,790.0	37,895.0		
36	680,000	665,000	~	695,000	67,116.0	33,558.0	79,288.0	39,644.0		
37	710,000	695,000	~	730,000	70,077.0	35,038.5	82,786.0	41,393.0		
38	750,000	730,000	~	770,000	74,025.0	37,012.5	87,450.0	43,725.0		
39	790,000	770,000	~	810,000	77,973.0	38,986.5	92,114.0	46,057.0		
40	830,000	810,000	~	855,000	81,921.0	40,960.5	96,778.0	48,389.0		
41	880,000	855,000	~	905,000	86,856.0	43,428.0	102,608.0	51,304.0		
42	930,000	905,000	~	955,000	91,791.0	45,895.5	108,438.0	54,219.0		
43	980,000	955,000	~	1,005,000	96,726.0	48,363.0	114,268.0	57,134.0		
44	1,030,000	1,005,000	~	1,055,000	101,661.0	50,830.5	120,098.0	60,049.0		
45	1,090,000	1,055,000	~	1,115,000	107,583.0	53,791.5	127,094.0	63,547.0		
46	1,150,000	1,115,000	~	1,175,000	113,505.0	56,752.5	134,090.0	67,045.0		
47	1,210,000	1,175,000	~	1,235,000	119,427.0	59,713.5	141,086.0	70,543.0		
48	1,270,000	1,235,000	~	1,295,000	125,349.0	62,674.5	148,082.0	74,041.0		
49	1,330,000	1,295,000	~	1,355,000	131,271.0	65,635.5	155,078.0	77,539.0		
50	1,390,000	1,355,000	~		137,193.0	68,596.5	162,074.0	81,037.0		

※厚生年金基金に加入している人の厚生年金保険料率は、基金ごとに定められている免除保険料率（2.4%～5.0%）を控除した率となる。加入する基金ごとに異なるので、免除保険料率および厚生年金基金の掛金については、加入する厚生年金基金に問い合わせること。

［注］ 1 介護保険第2号被保険者は、40歳から64歳までの者であり、健康保険料率（9.87%）に介護保険料率（1.79%）が加わる。
　　　 2 等級欄の（ ）内の数字は、厚生年金保険の標準報酬月額等級。
　　　 4 (1) 等級の「報酬月額」欄は、厚生年金保険の場合「93,000 円未満」と読み替える。
　　　 34 (31) 等級の「報酬月額」欄は、厚生年金保険の場合「605,000 円以上」と読み替える。
　　　 3 令和2年度における全国健康保険協会の任意継続被保険者について、標準報酬月額の上限は、300,000 円。

⑶源泉所得税、個人住民税の控除額

　給与からは、次の税金が控除されている。

①所得税

　　個人の所得（収入から経費を引いたもの）に掛かる税金で、国に納
　付する。税率は、所得金額に応じて5〜45%と幅があるが、一般的な
　従業員であれば、税率はおおむね10〜23%と考えればよい。

　　なお、2013年1月1日から2037年12月31日までの間、源泉徴収
　すべき所得税の額の2.1%に相当する「復興特別所得税」を併せて納
　付する。

②個人住民税

　　個人の所得に掛かる税金で、市区町村などに納付する。都道府県民
　税と市区町村民税とがあり、標準的な税率は、都道府県民税が「1500
　円＋4%」、市区町村民税が「3500円＋6%」（つまり、標準的な住民
　税率は、両者を合算した「5000円＋10%」）である。

　ここで、所得税と個人住民税の徴収方法について説明しておきたい。

　所得税は、1月から12月にかけて支払われる給与や賞与から、とり
あえず税金（源泉所得税）を納付しておいて、1年間の最後（12月31
日）に、その年の所得税を計算し、すでに納付した源泉所得税の合計額
との差額を、12月（または翌年の1月）に支払う給与で調整する。月々
の給与から源泉所得税を徴収することを「源泉徴収」といい、年末に行
う所得税の差額調整の処理を「年末調整」という。

　一方、個人住民税は、1月1日時点での居住地において、前年の所得
に基づいて支払う税金の金額が決められ、それが6月から翌年5月にか
けて毎月の給与から控除されて、市区町村などに納付される。このよう
な税金の徴収方法を「特別徴収」という。なお、年度の途中で退職した
場合には、従業員本人が個人住民税の納付手続きをしなければならない
ことがある。これを「普通徴収」という。

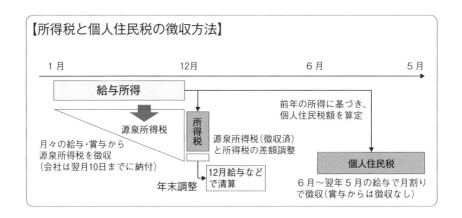

【所得税と個人住民税の徴収方法】

月例給与から控除される源泉所得税は、給与の金額（課税対象額）と扶養親族等の人数を「給与所得の源泉徴収税額表（月額表）」に当てはめて決定される。

源泉所得税の算定基礎となる給与所得は、総支給額から次の金額を控除したものとなる。これを「課税対象額」という。

①非課税の手当
- 通勤手当のうち一定金額以下のもの（電車やバスだけを利用して通勤している場合、最も経済的かつ合理的な経路および方法で通勤した場合の通勤定期券などの金額。ただし、月額15万円まで）
- 転勤や出張などのための旅費のうち、通常必要と認められるもの
- 宿直や日直の手当のうち、一定金額以下のもの

②社会保険料、雇用保険料（従業員負担分）

源泉所得税：月例給与の課税対象額を税額表に当てはめて決定する
課税対象額＝総支給額－（通勤手当など＋社会保険・雇用保険料）

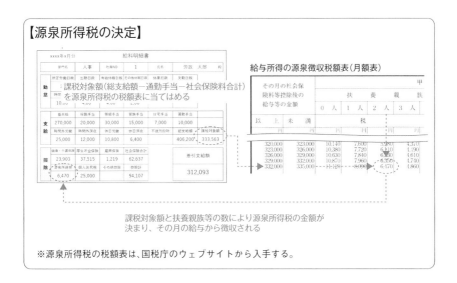

【源泉所得税の決定】

※源泉所得税の税額表は、国税庁のウェブサイトから入手する。

　賞与の場合は、「賞与に対する源泉徴収税額の算出率の表」から賞与額に乗ずべき率を求め、源泉徴収税額を算出する。

　個人住民税額は、従業員が住んでいる市区町村から「市民税・県民税特別徴収税額通知書」が通知されるので、会社は、そこに記載された税額を給与から徴収し、市区町村に納付する。

【給与所得の源泉徴収税額表（2020年分）】

月　額　表（平成24年3月31日財務省告示第115号別表第一（平成31年3月29日財務省告示第97号改正））

その月の社会保険料等控除後の給与等の金額		甲								乙
		扶　養　親　族　等　の　数								
以　上	未　満	0　人	1　人	2　人	3　人	4　人	5　人	6　人	7　人	
		税				額				税　額
円 88,000	円 円未満	円 0	円 0	円 0	円 0	円 0	円 0	円 0	円 0	円 その月の社会保険料等控除後の給与等の金額の3.063％に相当する金額
88,000	89,000	130	0	0	0	0	0	0	0	3,200
89,000	90,000	180	0	0	0	0	0	0	0	3,200
90,000	91,000	230	0	0	0	0	0	0	0	3,200
91,000	92,000	290	0	0	0	0	0	0	0	3,200
92,000	93,000	340	0	0	0	0	0	0	0	3,300
93,000	94,000	390	0	0	0	0	0	0	0	3,300
94,000	95,000	440	0	0	0	0	0	0	0	3,300
95,000	96,000	490	0	0	0	0	0	0	0	3,400
96,000	97,000	540	0	0	0	0	0	0	0	3,400
97,000	98,000	590	0	0	0	0	0	0	0	3,500
98,000	99,000	640	0	0	0	0	0	0	0	3,500
99,000	101,000	720	0	0	0	0	0	0	0	3,600
101,000	103,000	830	0	0	0	0	0	0	0	3,600
103,000	105,000	930	0	0	0	0	0	0	0	3,700
105,000	107,000	1,030	0	0	0	0	0	0	0	3,800
107,000	109,000	1,130	0	0	0	0	0	0	0	3,800
109,000	111,000	1,240	0	0	0	0	0	0	0	3,900
111,000	113,000	1,340	0	0	0	0	0	0	0	4,000
113,000	115,000	1,440	0	0	0	0	0	0	0	4,100
115,000	117,000	1,540	0	0	0	0	0	0	0	4,100
117,000	119,000	1,640	0	0	0	0	0	0	0	4,200
119,000	121,000	1,750	120	0	0	0	0	0	0	4,300
121,000	123,000	1,850	220	0	0	0	0	0	0	4,500
123,000	125,000	1,950	330	0	0	0	0	0	0	4,800
125,000	127,000	2,050	430	0	0	0	0	0	0	5,100
127,000	129,000	2,150	530	0	0	0	0	0	0	5,400
129,000	131,000	2,260	630	0	0	0	0	0	0	5,700
131,000	133,000	2,360	740	0	0	0	0	0	0	6,000
133,000	135,000	2,460	840	0	0	0	0	0	0	6,300
135,000	137,000	2,550	930	0	0	0	0	0	0	6,600
137,000	139,000	2,610	990	0	0	0	0	0	0	6,800
139,000	141,000	2,680	1,050	0	0	0	0	0	0	7,100
141,000	143,000	2,740	1,110	0	0	0	0	0	0	7,500
143,000	145,000	2,800	1,170	0	0	0	0	0	0	7,800
145,000	147,000	2,860	1,240	0	0	0	0	0	0	8,100
147,000	149,000	2,920	1,300	0	0	0	0	0	0	8,400
149,000	151,000	2,980	1,360	0	0	0	0	0	0	8,700
151,000	153,000	3,050	1,430	0	0	0	0	0	0	9,000
153,000	155,000	3,120	1,500	0	0	0	0	0	0	9,300
155,000	157,000	3,200	1,570	0	0	0	0	0	0	9,600
157,000	159,000	3,270	1,640	0	0	0	0	0	0	9,900
159,000	161,000	3,340	1,720	100	0	0	0	0	0	10,200
161,000	163,000	3,410	1,790	170	0	0	0	0	0	10,500
163,000	165,000	3,480	1,860	250	0	0	0	0	0	10,800
165,000	167,000	3,550	1,930	320	0	0	0	0	0	11,100

［注］　以下、課税対象額が「3,500,000円を超える金額」まで記載されている。

5 給与計算の例

給与明細の各項目の算出方法を示す。

XXXX年X月分 　　　　　**給料明細書**

| 部門名 | 人事 | 社員NO | 1 | 氏名 | 労政 太郎 殿 |

	所定労働日数	出勤日数	有給休暇日数	その他休暇日数	休業日数	欠勤日数
勤怠	20	19	1			
	時間外労働	時間外深夜	休日労働	休日深夜	遅刻早退	その他不就業
	10.00	4.00	4.00	2.00	①	

	基本給	役職手当	等級手当	家族手当	住宅手当	通勤手当	
支給	270,000	20,000	30,000	15,000	7,000	10,000	② ⑥
	時間外労働	時間外深夜	休日労働	休日深夜	不就労控除	総支給額	課税対象額
	25,000	12,000	10,800	6,400		406,200	333,563

	健康・介護保険	厚生年金保険	雇用保険	社会保険合計		差引支給額
控除	23,903	37,515	1,219	62,637	③④⑤	⑩
	源泉所得税	個人住民税	その他控除	控除計		
	6,470	25,000	⑦⑧	94,107	⑨	312,093

■各項目の算出方法

①時間外手当の算出（月の所定労働時間を160時間とする）

- 時間外手当の算定基礎額＝(所定内給与−家族手当−住宅手当−通勤手当)÷月間所定労働時間
  = 320,000(円) ÷ 160(時間)
  = 2,000(円/時間)
- 時間外手当＝算定基礎額×割増率×時間外労働時間数

  残業手当　　　＝ 2,000 × 1.25 × 10 ＝ **25,000(円)**

  深夜残業手当 ＝ 2,000 × 1.50 × 4 ＝ **12,000(円)**

  休日出勤手当 ＝ 2,000 × 1.35 × 4 ＝ **10,800(円)**

  休日深夜手当 ＝ 2,000 × 1.60 × 2 ＝ **6,400(円)**

  →時間外手当合計　25,000+12,000+10,800+6,400 ＝ 54,200(円)

②総支給額＝基本給＋手当

　270,000+20,000+30,000+15,000+7,000+10,000+54,200 ＝ **406,200(円)**

③介護保険、健康保険、厚生年金保険の保険料

　前年9月に改定した標準報酬月額（ここでは41万円とする）に保険料率を乗じて算出（保険料率は、2020年4月東京分）

　　健 康 保 険 料：410,000 × 4.935% = **20,233.5**(円)

　　介 護 保 険 料：410,000 × 0.895% = **3,669.5**(円) ※健保と一体で徴収

　　厚生年金保険料：410,000 × 9.150% = **37,515**　(円)

④雇用保険料：406,200 × 0.3 = **1,219**(円) ※1円未満を四捨五入

⑤社会保険料合計＝健康保険＋介護保険＋厚生年金＋雇用保険

　　　　　　　 = 20,233.5 + 3,669.5 + 37,515 + 1,219 = **62,637**(円)

⑥課税対象額＝総支給額－通勤手当－社会保険料合計

　　　　　 = 406,200 – 10,000 – 62,637 = **333,563**(円)

⑦所得税（課税対象額を税額表に当てはめて算出。**6,470円**となる）

　　　　　　　　　　　　　　　　　　　　　　 ※扶養2人を想定

⑧個人住民税（前年年収に基づき算出。ここでは**25,000円**とした）

⑨控除計＝社会保険料合計＋所得税＋個人住民税＋生命保険料等

　　　　 = 62,637 + 6,470 + 25,000 = **94,107**(円)

⑩差引支給額＝総支給額－控除計額

　　　　　 = 406,200 – 94,107 = **312,093**(円)

年末調整

　毎年末、1年間の所得が確定した時点で所得税を算出し、納付した源泉所得税との差額を12月分（または翌年1月分）の給与で調整（追加徴収、還付）する処理を行う。これを「年末調整」という。

１所得税の計算

　給与・賞与に掛かる所得税は、次のとおり算出する（なお、個人住民税は、年末調整を行わないが、所得税と同じ仕組みで計算されるので、併せて説明する）。

①給与収入（社会保険料等も含む総支給額）から一定割合を控除した「給与所得」を算出する（この控除を「給与所得控除」という）。
②給与所得から、基礎控除、扶養控除等の額を引く（これを「所得控除」という）。所得控除後の残額が「課税される所得金額」になる。
③「課税される所得金額」に税率を乗じて所得税額を算出する。

　なお、所得税、個人住民税ともに、控除額や税率は改定されることがあるので、給与計算を行うときには、常に、最新のデータを確認することが必要である。

【給与所得控除】

収入金額	給与所得控除額
180万円以下	収入金額×40％－10万円 55万円に満たない場合は55万円
180万円超360万円以下	収入金額×30％＋8万円
360万円超660万円以下	収入金額×20％＋44万円
660万円超850万円以下	収入金額×10％＋110万円
850万円超	195万円（上限）

【基礎控除】

種類	所得控除の対象　など		所得税	個人住民税
基礎控除 [注]	本人の合計所得金額 （所得税は2020年1月以降、個人住民税は2021年1月以降に適用される）	2400万円以下	48万円	43万円
		2400万円超2450万円以下	32万円	29万円
		2450万円超2500万円以下	16万円	15万円
		2500万円超	0円	0円

[注]　個人住民税の基礎控除は、2020年12月まで一律33万円。

【配偶者控除等、主な所得控除】

種類	所得控除の対象　など		所得税 [注2]	個人住民税 [注3]
配偶者控除 [注1]	年間所得が 48 万円（給与収入のみの場合は 103 万円）以下の配偶者（納税者本人の合計所得金額が 1,000 万円を超える場合は、所得税の配偶者控除は受けられない）	納税者の合計所得 900 万円以下	38 万円	33 万円
		900 万円超 950 万円未満	26 万円	22 万円
		950 万円超 1000 万円未満	13 万円	11 万円
	老人控除対象配偶者 （配偶者が 70 歳以上）	900 万円以下	48 万円	38 万円
		900 万円超 950 万円未満	32 万円	26 万円
		950 万円超 1000 万円未満	16 万円	13 万円
扶養控除	一般の控除対象扶養親族（16 歳以上の人）		38 万円	33 万円
	特定扶養親族（19 歳以上 23 歳未満の人）		63 万円	45 万円
	老人扶養親族（同居老親等）		58 万円	45 万円
	老人扶養親族（同居老親等以外）		48 万円	38 万円
社会保険料控除	従業員本人および親族の社会保険料を支払った場合		全額控除	
生命保険料控除	契約内容・保険料による		最高 12 万円	最高 7 万円

［注］　1　納税者の年間所得金額が 1000 万円以下であり、配偶者の年間所得が「48 万円超 133 万円以下」の場合は、配偶者特別控除の適用が受けられる。
　　　　2　その年の給与等の収入金額が 850 万円を超える居住者で、「特別障害者」「年齢 23 歳未満の扶養親族を有するもの」「特別障害者である同一生計配偶者または扶養親族を有するもの」のいずれかに該当する場合、所得金額調整控除の適用を受けられる。
　　　　3　基礎控除、配偶者控除、扶養控除等、「人」に関する所得控除の個人住民税と所得税の間の差額について、一定の調整が行われることがある（人的控除差の調整控除）。

【所得税・個人住民税の税率】

課税される所得金額		所得税	個人住民税
195 万円以下		5%	
195 万円超	330 万円以下	10％－　　97,500 円	
330 万円超	695 万円以下	20％－　427,500 円	
695 万円超	900 万円以下	23％－　636,000 円	10％＋5,000 円
900 万円超	1800 万円以下	33％－1,536,000 円	
1800 万円超	4000 万円以下	40％－2,796,000 円	
4000 万円超		45％－4,796,000 円	

［注］　所得税は上記で算出した税額の 2.1％に相当する「復興特別所得税」を加算する。個人住民税は、標準的な税率を示した（税率は、都道府県・市区町村により異なる）。

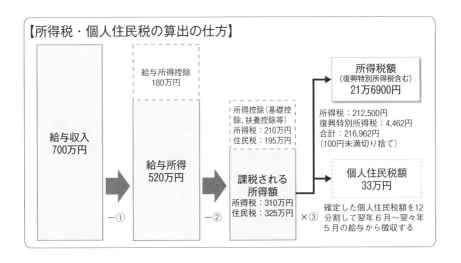

2 年末調整の業務

　年末調整とは、従業員の所得税を計算し、納付済みの源泉所得税との差額調整を行う業務である。年末調整は、次の流れで行う。

①全従業員の扶養親族数および保険料控除の確認

　　全従業員に、次の書類を配布し、必要事項を記入の上、会社に提出してもらう。

⑴給与所得者の扶養控除等（異動）申告書

　　　所得控除の対象となる扶養親族の数を確認するための書類。

　　　その年の1月（または入社時）に従業員から記入済みの申告書を提出してもらい、会社が保管しているはずなので、それを従業員に戻し、確認してもらった上で、回収する。

⑵保険料控除申告書および基礎控除・配偶者控除等申告書

　　　保険料控除および基礎控除・配偶者控除等の申告をしてもらうための書類。その年の最後の給与を支給する日の前日までに従業員から提出してもらう。なお、生命保険料控除を受けるためには、原則として、保険会社から発行される保険料の支払証書の添付が必要と

なる。

②所得税の計算

　12月に支払う給与および賞与の支給額が決まり、今年1年間の給与所得が確定した時点で、①で回収した申告書を基に所得控除額を算出し、所得税の計算を行う。

　ここで算出した所得税と、1月から12月までの給与・賞与から徴収した源泉所得税の合計額との差額を、12月（または翌年1月）に支給される給与で清算（多く徴収し過ぎている場合は還付し、不足している場合は追加徴収）する。

③再年末調整（再年調）の実施

　所得税は、その年の12月31日時点の扶養親族数などを基に算出する。したがって、年末調整を実施した後、12月末日までの間に扶養親族の異動等があった場合は、あらためて年末調整をやり直す。

④税務署と市区町村への報告（法定調書の作成と提出）

　年末調整を実施したら、翌年1月末日までに、税務署および市区町村に次の書類を提出する。

(i)税務署へ提出する書類

・「給与所得の源泉徴収票等の法定調書合計表」

・「給与所得の源泉徴収票」

　なお、税務署への源泉徴収票の提出は、給与等の支払金額が500万円を超える従業員、150万円を超える役員などに限られている。

(ii)市区町村へ提出する書類

・「給与支払報告書（総括表）」

・「給与支払報告書（個人別明細書）」2通

⑤源泉徴収票の交付と扶養控除等（異動）申告書の配布・回収

　年末調整後、従業員に源泉徴収票を交付する。

　また、その年の最初に給与の支払いを受ける日の前日までに、「給与所得者の扶養控除等（異動）申告書」の白紙を従業員に配布し、必要事項を記入の上、会社に提出してもらう。これは、会社が保管して、その

【年末調整の業務の流れ】

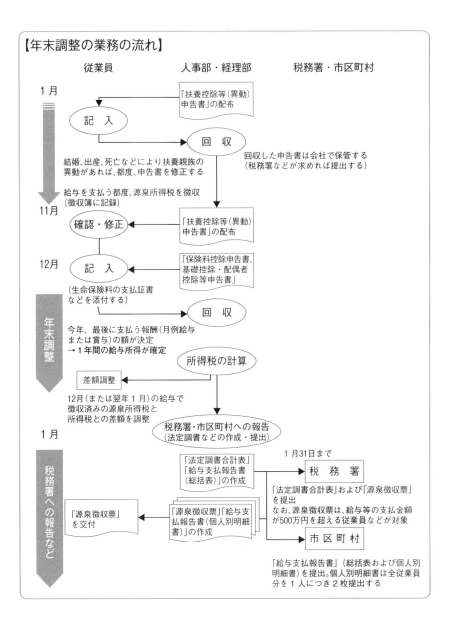

年の12月の年末調整で使うことになる（税務署への提出は不要）。
　以上で年末調整の業務は終了する。

❸年末調整を行わない場合
　次のいずれかに当てはまる人は、年末調整の対象外となる。
①1年間に支払われる給与の総額が2000万円を超える人
②災害減免法の規定により、その年の給与に対する所得税の源泉徴収について徴収猶予や還付を受けた人
　年末調整の対象外の従業員、また、年末調整の対象者であっても給与以外の収入がある従業員（給与所得および退職所得以外の所得の金額の合計額が20万円を超える人）などは、翌年2月中旬から3月中旬までの間に、自分で、所得税の清算手続きをしなければならない。この手続きを「確定申告」という。
　年の中途で退職した人は、原則として、年末調整の対象とはならない。これらの人は、それまで勤めていた会社から、源泉徴収票を受け取り、再就職先で年末調整を行うか、年末時点で就職していないときには自分で確定申告をしなければならない。

【給与所得者の扶養控除等（異動）申告書】

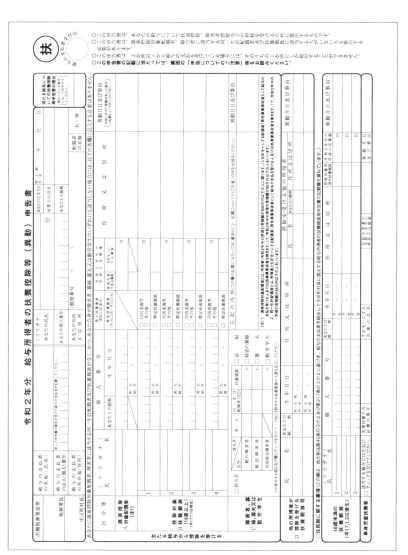

【給与所得者の保険料控除申告書】

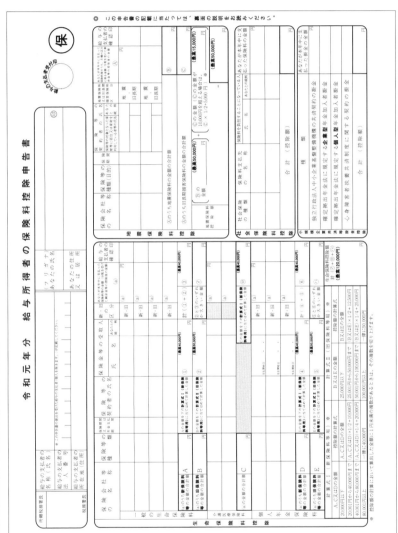

【給与所得者の基礎控除申告書 兼 給与所得者の配偶者控除等申告書 兼 所得金額調整控除申告書】

令和2年分 給与所得者の基礎控除申告書 兼 給与所得者の配偶者控除等申告書 兼 所得金額調整控除申告書

基・配・所

◆ 給与所得者の基礎控除申告書 ◆

○ あなたの本年中の合計所得金額の見積額の計算

所得の種類	収入金額	所得金額
(1) 給与所得	(あ) 円	(a) 円
(2) 給与所得以外の所得の合計額		(b) 円

あなたの本年中の合計所得金額の見積額 ((1)と(2)の合計額) 円

○ 控除額の計算

	900万円以下	(A) 48万円
判	900万円超 950万円以下	(B) 32万円
定	950万円超 1,000万円以下	(C) 16万円
	1,000万円超 2,400万円以下	
	2,400万円超 2,450万円以下	
	2,450万円超 2,500万円以下	

区分Ⅰ

基礎控除の額 円

◆ 給与所得者の配偶者控除等申告書 ◆

○ 配偶者の本年中の合計所得金額の見積額の計算

所得の種類	収入金額	所得金額
(1) 給与所得	(あ) 円	(a) 円
(2) 給与所得以外の所得の合計額		(b) 円

配偶者の本年中の合計所得金額の見積額 ((1)と(2)の合計額) 円

○ 控除額の計算

区分	A 48万円以下	B 32万円超	C 16万円

区分Ⅱ

配偶者控除の額 円

配偶者特別控除の額

◆ 所得金額調整控除申告書 ◆

225

【給与所得の源泉徴収票等の法定調書合計表】

※年末調整終了後、源泉徴収票と一緒に税務署に提出。

226

【給与所得の源泉徴収票】

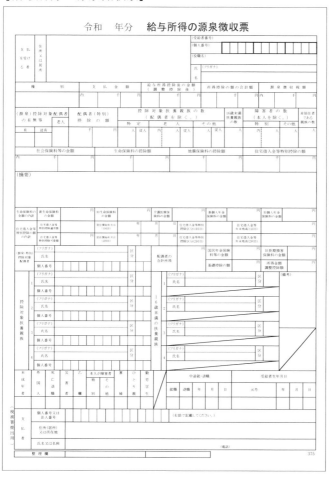

退職金に掛かる税金

　退職金に掛かる所得税、個人住民税は、次のように計算する。

①退職金から「退職所得控除額」を控除する。
- 勤続年数20年以下：40万円×勤続年数
- 勤続年数20年超：800万円＋70万円×（勤続年数－20年）

（退職所得控除額が80万円未満の場合は80万円とし、障害者になったことが直接の原因で退職した場合は控除額に100万円が加算される）

②退職所得控除後の額の50％が課税対象となり、それに税率を乗じる。所得税の税率は給与所得と同じで、金額に応じて5～45％となる。なお、退職所得にも復興特別所得税（2.1％）が加算される。

　個人住民税の税率は「10％」である。

　なお、退職金の受け取りの際に「退職所得の受給に関する申告書」を提出している場合は、会社が所得税額を計算し、退職金から所得税の源泉徴収を行う（この場合、退職金に掛かる確定申告は不要となる）。

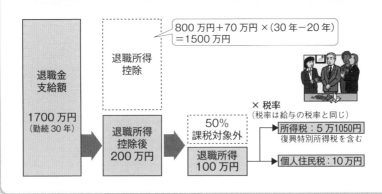

第 7 章

安心して働くことができる環境を整える

～社会保険と福利厚生、安全衛生に関する基礎知識～

1 労働保険・社会保険とは何か

　一定の要件を満たす労働者は、入社と同時に、労働保険・社会保険に加入することになる。労働保険・社会保険は、失業したときや病気になったときに給付金を支給することなどにより、労働者が安心して働けるようにサポートしてくれる仕組みである。

労働保険・社会保険とは何か

　私たちの生活には、失業する、病気になる、年を取って働けなくなる等のさまざまなリスク（これを「保険事故」という）がある。これらのリスクが発生したとき、生活ができなくなることがないように、国が運営する保険制度に従業員を加入させて、そこから当面の生活のための給付金を支払ったり、医療費の一部を負担したりすることになっている。
　このような保険の仕組みを「労働保険・社会保険」という。

労働保険・社会保険の種類

　労働保険・社会保険には、次の五つの制度がある。

労働保険	雇用保険	失業した場合などに、労働者の生活の安定を図るため、また再就職や雇用の継続を支援するための給付を行う。
	労働者災害補償保険（労災保険）	業務上の事故、通勤途上の事故で、負傷したり病気になったりした労働者に対して必要な給付を行う。
社会保険	健康保険	業務とは関係がないけがや病気等に対して、療養の給付や休業期間中の現金給付などを行う。
	介護保険	一定の年齢以上になって介護が必要となったとき、医療や福祉サービスを提供する。
	厚生年金保険	高齢、障害、死亡などにより、働けなくなったとき、本人または遺族に必要な給付を行う。

労働保険・社会保険の違い

　労働保険・社会保険共に、働く人々の生活を守るための仕組みであるが、その対象や言葉の使い方に違いがある。

　労働保険（雇用保険と労働者災害補償保険）は、もともと労働者を保護するための制度であるから、原則として使用者（会社の役員）は加入できない。また、保険給付の算定基礎には、労働基準法上の「賃金」が使われる。

　一方、社会保険（健康保険、介護保険、厚生年金保険）は、広く国民の生活を守るための制度であるから、会社の役員も法人に使用される者として加入対象となる。また、保険給付の算定基礎には「報酬」が使われる。

【労働保険・社会保険の給付】

	業務上の理由	業務外の理由
失業した	雇　用　保　険	
60歳定年後の再雇用、または、育児・介護休業取得により賃金が減った		
病気・けがをした	労働者災害補償保険	健　康　保　険（被保険者・被扶養者の出産や死亡に対する給付もある）
要介護状態になった		介　護　保　険
障害の状態になった		厚生年金保険
死亡した（遺族が残された）		
老齢により働けなくなった		

2 労働保険・社会保険の業務

労働保険・社会保険に関わる業務

労働保険・社会保険について、人事部門は次の業務を行う。

■1 被保険者資格の取得に関する手続き

従業員が入社したときに、雇用保険および社会保険の被保険者資格の取得手続きを行う。具体的には55ページの「労働保険・社会保険の加入手続き」を参照すること。

■2 保険料の徴収と納付

労働保険・社会保険の保険料（従業員負担分）を給与から徴収し、所定の機関に納付する。

労働保険料（雇用保険料と労働者災害補償保険料の合計）は、前年度の確定保険料と当年度の概算保険料を算定した上で、毎年6月1日から7月10日までの間に、会社が都道府県労働局や金融機関などで納付する（これを「年度更新」という）。

社会保険料は、会社が、毎年7月に各従業員の保険料の算定基礎を「算定基礎届」によって年金事務所などに届け出て、「標準報酬月額」を決め（定時決定）、そこで決定された社会保険料を従業員の給与・賞与から徴収する。徴収した社会保険料は、会社負担分と合わせて翌月末日までに金融機関などで納付する。

■3 被保険者、被扶養者の異動に関する届け出

結婚、出産などにより、被保険者や被扶養者の異動があった場合は、その都度、年金事務所や健康保険組合などに必要な届け出をする。

■4 保険給付に関する手続き

従業員に保険事故が発生した場合は、保険給付を受けるための手続き

を行う。なお、保険給付の請求手続きは、基本的に、従業員自身が行うものであるが、人事部門は、書類の受け渡しをする、相談に応じるなどのサービスを提供する。

5 被保険者資格の喪失に関する手続き

　従業員が退職するときに、雇用保険および社会保険の被保険者資格の喪失手続きを行う。

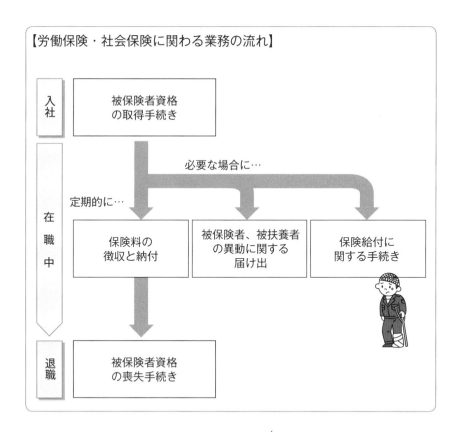

【労働保険・社会保険に関わる業務の流れ】

入社　被保険者資格の取得手続き

必要な場合に…

定期的に…

在職中

保険料の徴収と納付　　被保険者、被扶養者の異動に関する届け出　　保険給付に関する手続き

退職　被保険者資格の喪失手続き

3 雇用保険の概要

雇用保険とは何か

　雇用保険とは、労働者が失業した場合、60歳定年後の継続雇用の期間中や育児休業・介護休業期間中に給与が大幅に下がった場合、あるいは、労働者が自ら職業に関する教育訓練を受けた場合などに、国が給付金を支給する仕組みである。

　雇用保険は、原則として、雇用される者すべてに加入が義務付けられているものであるが、次のいずれかに該当する者は適用対象外となる。

①1週間の所定労働時間が20時間未満である者（例外あり）

②同一の事業主に継続して31日以上雇用される見込みがない者（前2月の各月において18日以上同一事業主に雇用された者等を除く）

③季節的に雇用され、4カ月以内の期間を定めて雇用される者など

④学生のアルバイト、および船員、公務員など

※2017年1月1日から、65歳以上の雇用者も適用対象となり、2020年4月1日から保険料の徴収も行われている。

雇用保険の給付金

　雇用保険のうち、「失業保険」や「失業手当」などと呼ばれ、最も広く知られているものが、求職者給付の基本手当である。これは、受給資格を満たした者が失業した場合、基本手当日額（在職中の賃金1日分の45〜80％に相当する額。年齢区分ごとに上限あり）の90〜150日分を支給するものである（整理解雇等の理由による失業の場合は最大330日分まで、障害者等の就職困難者の場合は最大360日分まで支給される）。

　なお、求職者給付のほかにも、失業者の再就職を促進するための「就職促進給付」、所定の教育訓練を受講、修了した場合に支給される「教育訓練給付」等も支給される。

　さらに、失業しなくても、定年後の再雇用者や育児・介護休業を取得する従業員に支給される「雇用継続給付」という仕組みもある。

【雇用保険の給付一覧】

失業等給付	求職者給付	〈一般被保険者〉 失業期間中、基本手当日額（在職中の賃金1日分の45〜80％に相当する額）の90〜150日分を支給する。ただし、倒産、整理解雇、雇止め等の理由により失業した場合は最大330日分、障害者等の就職困難者の場合は最大360日分まで支給する。 基本手当が支給される期間は、原則として退職日の翌日から1年間で、この期間を過ぎると、給付日数が残っていても手当を受け取れなくなる。 最初にハローワークで求職の申し込みをした日から7日間は基本手当が受けられず（待期期間）、自己都合退職の場合は、待期後さらに3カ月間（2020年10月以降は、5年間のうち2回の離職まで2カ月間）は基本手当を受けられない。 基本手当以外にも、技能習得手当（受講手当、通所手当）、寄宿手当、傷病手当が支給される。 〈高年齢被保険者〉 高年齢求職者給付金が支給される。 〈短期雇用特例被保険者〉 特例一時金が支給される。 〈日雇労働被保険者〉 日雇労働求職者給付金が支給される。
	就職促進給付	早期に再就職した場合、就職等のため転居した場合等に支給される。就業促進手当（就業手当、再就職手当、就業促進定着手当、常用就職支度手当）、移転費、広域求職活動費、短期訓練受講費、求職活動関係役務利用費がある。
	教育訓練給付	指定の教育訓練を受け、修了した場合、受講費の一部が支給される（在職中でも受給できる）。
	雇用継続給付	60歳定年後の再雇用、あるいは、育児休業、介護休業により賃金が下がった場合に給付金を支給する（高年齢雇用継続給付、育児休業給付、介護休業給付）。
雇用保険二事業	雇用安定事業	事業主に対する助成金の支給、中高年齢者、若者、子育て女性等に対する就職・就労支援など、雇用の安定を図る事業
	能力開発事業	在職者や離職者への訓練や、事業主が行う教育訓練への支援など、労働者の能力の開発、向上を促進するための事業

4 労働者災害補償保険の概要

労働者災害補償保険とは何か

　労働者の、業務上の事由による負傷、疾病、障害、死亡を「業務災害」、また、通勤による負傷、疾病、障害、死亡を「通勤災害」という。労働者災害補償保険とは、業務災害または通勤災害が発生した場合に、労働者が病院で療養を受けられるようにしたり、本人や遺族に対して給付金を支給したりする仕組みである。

　労働基準法では、従業員の業務上の負傷や死亡に対して、会社が療養費用や補償金を支払うことを定めている。ところが、会社に十分な支払い能力がないと、これらの災害補償が十分に行われないおそれがある。そこで、国が運営する保険に会社を強制加入させて、業務上の災害が生じたときには、その保険から労働基準法に定められた補償と同じ給付が行われることにした。これが「労働者災害補償保険」である。

　このように、労働者災害補償保険は労働基準法の災害補償を肩代わりする制度であるから、そこから給付が行われる場合、会社は、労働基準法に定められた補償の責を免れることになる。

労働者災害補償保険の保険料の負担

　保険料は会社の全額負担となる（従業員の保険料負担はない）。保険料率は、事業の種類によって異なる。

労働者災害補償保険による保険給付

　労働者災害補償保険の保険給付は、次ページの表のとおりである。

　通勤災害も、業務災害とほぼ同じ内容の給付が行われる。なお、通勤災害は、会社の責任で発生したものではないので、保険給付は「補償」という言葉をつけない名称が用いられる。

【労働者災害補償保険の給付一覧】

療養（補償）給付	業務災害、通勤災害による負傷、疾病の治療費や薬剤費が支給される。業務災害の場合は、労働者の自己負担はなし。通勤災害の場合は200円の一部負担金が初回の休業給付から控除される。
休業（補償）給付	業務災害、通勤災害による負傷、疾病の療養のために休業して賃金が支払われないときは、休業4日目（※1）から給付基礎日額の60％相当額（これに「休業特別支給金」が加えられるため、実際には80％相当額）が支給される。期間の制限なし。
傷病（補償）年金（※2）	療養開始後1年6カ月が経過しても治らず、一定の傷病の状態にあるときは、休業（補償）給付にかわり、給付基礎日額の245〜313日分の年金が支払われる。（※3）
障害（補償）給付（※2）	負傷や病気が治って一定以上の障害が残った場合、給付基礎日額の131〜313日分の年金、あるいは56〜503日分の一時金が支給される。
介護（補償）給付	傷病（補償）年金、または障害（補償）年金の受給権者で、居宅において常時・随時介護を受けている者には、その費用が支給される。
遺族（補償）給付（※2）	業務災害、通勤災害により死亡した場合には、その遺族に対して給付基礎日額の153〜245日分の年金、あるいは1000日分の一時金が支給される。
葬祭料（葬祭給付）	業務災害、通勤災害により死亡した場合には「315,000円＋給付基礎日額の30日分」、または「給付基礎日額の60日分」のいずれか高いほうが遺族などに支給される。
二次健康診断等給付	定期健康診断等で脳・心臓疾患に関連する一定の項目に異常の所見がある場合に健康診断や特定保健指導が受けられる。

※1　業務災害による休業の場合、休業1日目から3日目（待期期間）までは、労働基準法の定めるところにより、会社が休業補償（1日につき平均賃金の60％以上）を支払わなければならない。

※2　傷病（補償）年金、障害（補償）給付、遺族（補償）給付には、特別年金や特別一時金も支給される。これは、基本的に「賞与」が支払われなくなることに対する補塡で「ボーナス特別支給金」と呼ばれる。

※3　労働基準法19条1項では「業務上負傷し、又は疾病にかかり療養のために休業する期間及びその後30日間」は労働者を解雇できないという解雇制限を定めているが、傷病補償年金を受けている場合は療養開始後3年を経過した日に、または同日後において傷病補償年金を受けることとなった日に、この解雇制限は解除される。

5 健康保険の概要

健康保険とは何か

　健康保険とは、従業員の業務外の事由による疾病、負傷、死亡または出産、およびその被扶養者の疾病、負傷、死亡または出産に関して保険給付を行う仕組みである。

　従業員やその家族は、風邪をひいたり、けがをしたりしたときには、病院などで「保険証（健康保険被保険者証）」を提示すれば、一部負担金を支払うだけで診察を受けたり、薬剤をもらったりすることができる。これが、最も身近な健康保険の給付（療養の給付）であるが、これ以外にも、傷病手当金や出産手当金などの保険給付もある。

　健康保険は、全国健康保険協会が運営する「協会けんぽ」と健康保険組合が運営する「組合健保」とに分かれる。

健康保険の保険給付

　健康保険の保険給付には、次のものがある。

【健康保険の給付一覧】

療養の給付 （療養費） 家族療養費	従業員（被保険者）およびその家族（被扶養者）が、病院等に「健康保険被保険者証」を提示して、診療や薬剤の支給を受けるもの（現物給付）。給付を受けるときに、病院窓口等で一部負担金（通常は実際にかかった医療費の3割。ただし、小学校就学前は2割、70歳以上で一定の所得未満は原則として2割）を支払う。なお、現物給付ができない場合は、後日、現金で受け取ることもできる。これを「療養費」という。
入院時食事療養費 入院時生活療養費 保険外併用療養費	入院したときの食事や生活療養、評価療養（先進医療や治験に係る診療等）、選定療養（特別の病室の提供や時間外診療等）を受けるもの（現物給付）。なお、被扶養家族には「家族療養費」として給付される。

訪問看護療養費 家族訪問看護療養費	被保険者やその家族が訪問看護を受ける場合に支給されるもの（現物給付）。一部負担金は平均的な看護費用の3割で、訪問にかかる交通費やおむつ代は保険対象外となる。
高額療養費 高額介護合算療養費	同一の月に同一の医療機関に支払った自己負担額が一定額を超えた場合、超えた分が「高額療養費」として支給される。また、1年間の医療保険と介護保険の自己負担の合算額が限度額を超えると「高額介護合算療養費」が支給される。
移送費 家族移送費	医師の指示で移送が行われる場合に、それにかかる費用が支給される。
傷病手当金（※1）	私傷病により会社を休業し、報酬を受けられないときには、健康保険から「傷病手当金」として1日につき標準報酬月額の平均額（※2）を30で除した額の3分の2に相当する額が支給される。傷病手当金が支給されるのは、連続した3日間の休み（待期）の後の4日目からで、支給期間は、支給開始日の1年6カ月後までとなる。
出産手当金（※1） （家族）出産育児一時金	被保険者が、出産のために会社を休業し報酬が受けられない場合は、1日につき標準報酬月額の平均額（※2）を30で除した額の3分の2に相当する額が支給される。支給の対象となる期間は、出産日（出産日が予定日後のときは出産予定日）以前42日（多胎妊娠の場合は98日）から出産の日の翌日以降56日までの間となる。 また、被保険者および被扶養者が出産したとき、出産・育児の費用として1児につき404,000円（産科医療補償制度加入医療機関での出産は420,000円）が、出産育児一時金（家族出産育児一時金）として支給される。
埋葬料（埋葬費） 家族埋葬料	被保険者または被扶養者が死亡した場合には、埋葬料または家族埋葬料として1人につき50,000円が支給される。遺族がいない場合は、埋葬を行った人に50,000円の範囲内で埋葬にかかった費用が支給される（埋葬費）。

※1　傷病手当金、出産手当金は、その休業期間中、会社から報酬の全部または一部を受けることができるときには、支給されなくなる。ただし、その受けることができる報酬の額が、傷病手当金または出産手当金の額より少ないときは、その差額が支給される。
※2　支給開始日以前の継続した12カ月間の各月の標準報酬月額を平均した額。

6 介護保険の概要

介護保険とは何か

　高齢化が進む日本においては、入浴、排せつ、食事等に介護を必要とする高齢者等が増加している。高齢者等が介護を必要とする状態となっても、自立した生活を営めるように、必要な保健医療サービスおよび福祉サービスに関わる給付を行う仕組みが「介護保険」である。

　介護保険制度の運営主体（保険者）は、市町村および東京23区（以下、市町村）で、加入する者（被保険者）は、市町村内に住所を有する「65歳以上の者（第1号被保険者）」または「40歳以上65歳未満の医療保険加入者（第2号被保険者）」となる。

　被保険者のうち保険給付が受けられるのは、次の者である。

(1) 65歳以上の者（第1号被保険者）

　寝たきりや認知症などで常時介護を必要とする状態（**要介護状態**）、または、常時介護は必要ないが身支度など日常生活に支援が必要な状態（**要支援状態**）になった者。

(2) 40歳以上65歳未満の者（第2号被保険者）

　加齢が原因とされる病気（特定疾病）により要介護状態や要支援状態になった者。

保険給付の受け方

　介護保険の給付を受けようとする被保険者は、まず要介護者（または要支援者）に該当すること、および状態区分について、市町村の認定（要介護認定［要支援認定］）を受けなければならない。そこで介護（支援）が必要と判定されれば、各自がサービス提供事業者と契約を結び、介護給付（予防給付）等が受けられるようになる。

　なお、介護は不要でも要介護・要支援状態になるおそれがあると判定されれば、地域包括支援センターが行う介護予防・生活支援サービス等

を受けることができる。

保険給付の種類

　介護保険の給付は、要介護と判定された者が受ける「介護給付」と、要支援と判定された者が受ける「予防給付」とに大別される。給付されるサービスの内容を大まかに紹介すると、次のようになる。

【介護保険の給付一覧】

給付の種類	自己負担 （原則）	サービスの内容
訪問サービス	1割	ホームヘルパー等に利用者の住んでいる場所を訪問してもらい、入浴、排せつ、食事等の介護、リハビリテーションなどを受けること
通所サービス	1割＋食費	自宅にいる要介護者・要支援者が、デイサービスセンター等に通い、入浴および食事の提供その他の世話、リハビリテーションなどを受けること
短期入所サービス	1割＋食費、滞在費・居住費	自宅にいる要介護者・要支援者が、福祉施設などに短期間入所し、入浴、排せつ、食事等の介護や機能訓練などを受けること
その他	1割	車いすの貸与や福祉用具の購入などに関する補助を受けること
居宅介護支援・介護予防支援	―	ケアマネジャーからケアプラン（介護予防プラン）の作成支援などのサービスを受けること
施設サービス	1割＋食費、居住費	特別養護老人ホーム等の施設に入所し、入浴、排せつ、食事等の介護その他の日常生活上の世話、医療などのサービスを受けること
地域密着型サービス	1割	要介護状態となっても、できる限り住み慣れた地域で生活が継続できるよう、通所介護サービスの提供やグループホームにおける生活支援等を受けること

厚生年金保険の概要

厚生年金保険とは何か

　労働者は、老齢、障害、死亡によって働けなくなると、会社から報酬を受けられなくなってしまう。そこで、報酬の中から一定の保険料を国に納付しておいて、働けなくなったときには、国から給付金を受け取れるようにする。このような仕組みが「厚生年金保険」である。

公的年金の仕組み

　国が運営する年金制度を「公的年金」という（これに対して、企業や個人が独自で運営する年金を「私的年金」という）。

　日本の公的年金は、「2階建て」の構成になっている。

　1階部分が、20歳以上60歳未満の国民が加入し、全国民に共通する基礎年金を支給する「国民年金」である。その上に2階部分として、労働者が加入する「厚生年金保険」が乗る形となっている。会社に雇用される従業員は、国民年金と厚生年金保険の両方に加入しており、年金を受けるときには、国民年金と厚生年金保険の合算額が支給される。

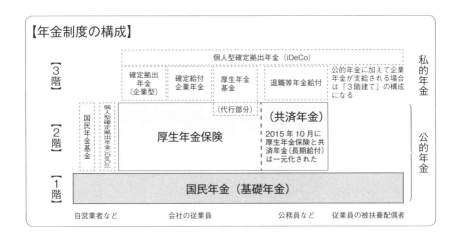

従業員に支給される公的年金

　老齢、障害および死亡の場合、一定の要件を満たす者に、定額の「国民年金（基礎年金）」と報酬に比例した「厚生年金」が支給される。

【国民年金と厚生年金保険の給付概要】（2020年4月1日時点）

		国民年金（基礎年金）	厚生年金保険
老齢	支給条件	国民年金の加入期間が10年以上ある人	老齢基礎年金の受給資格期間を満たしており、厚生年金の加入期間がある人
	支給時期	65歳に達したときから死亡するまで	同左
	給付額	【満額支給の場合】781,700円	【年金額】報酬比例部分＋経過的加算＋加給年金額
障害	支給条件	①初診日において被保険者であること②障害認定日に1級、2級の障害にある③保険料納付済期間（免除期間を含む）が加入期間の2/3以上ある	①初診日において被保険者であること②障害認定日に1～3級の障害にある③保険料納付済期間（免除期間を含む）が加入期間の2/3以上ある
	支給時期	障害の状態にある期間	
	給付額	【障害等級1級】781,700円×1.25＋子の加算※【障害等級2級】781,700円＋子の加算※※子の加算　第1子・第2子　各224,900円　第3子以降　各75,000円	【障害等級1級】報酬比例部分×1.25＋配偶者加給年金額【障害等級2級】報酬比例部分＋配偶者加給年金額【障害等級3級】報酬比例部分（最低保障586,300円）
遺族（死亡）	支給条件	被保険者または老齢基礎年金の受給資格期間が25年以上ある者が死亡したときただし、死亡者の保険料納付済期間（免除期間を含む）が加入期間の2/3以上あること	①被保険者が死亡したとき②被保険者期間中の傷病がもとで初診日から5年以内に死亡したとき③老齢厚生年金の受給資格期間が25年以上ある者が死亡したとき④1級・2級の障害厚生（共済）年金を受けられる者が死亡したとき
	支給対象	生計を維持されていた子のある配偶者、子	生計を維持されていた妻、子、孫、55歳以上の夫、父母、祖父母
	給付額	781,700円＋子の加算※※子の加算　第1子・第2子　各224,900円　第3子以降　各75,000円	報酬比例部分×3/4
	その他	付加年金寡婦年金死亡一時金脱退一時金	脱退一時金

［注］　一覧での制度対比のため、厚生年金保険の支給開始年齢前（65歳未満）の支給内容については捨象して示している。

定年後に支給される公的年金の見込額

年金の計算は複雑であるため、自分がいくらぐらいの年金をもらえるのか、分からない人が多い。ここでは、次の夫婦が 65 歳以降にもらえる年金の「見込額」を試算する(計算は 2020 年 4 月 1 日時点の法令に基づく)。

(1)前提条件　　※以下では、基本的な計算方法を示した。

①夫(1971 年 5 月 1 日生まれ)22 歳(1993 年)で就職し、60 歳で定年退職。

　平均年収は、1993 年 4 月〜 2003 年 3 月(120 カ月)が 480 万円(平均月給は 30 万円、年間賞与 120 万円)。2003 年 4 月〜定年(338 カ月)が 600 万円(平均月給は 40 万円、年間賞与 120 万円)。

②妻(1973 年 5 月 1 日生まれ)22 歳(1995 年)で就職し、25 歳で結婚、その後専業主婦。

　平均年収は、1995 年 4 月〜 1998 年 3 月まで(36 カ月)360 万円(平均月給は 20 万円、年間賞与 120 万円)。

　なお、2 人とも国民年金には、20 〜 60 歳までの 40 年間加入(保険料の未納なし)。

(2)夫がもらえる公的年金

• 老齢基礎年金の見込額

781,700 円×(40 年× 12 カ月)/480 カ月 = __781,700(円・年額)__

• 老齢厚生年金の見込額

[2003 年 3 月までの分]

　平均月給× 7.125/1000 ×被保険者期間月数

　= 300,000 × 7.125/1000 × 120 カ月 = __256,500(円・年額)__

[2003 年 4 月以降の分]

　平均年収 /12 × 5.481/1000 ×被保険者期間月数

　= 500,000 × 5.481/1000 × 338 カ月 ≒ __926,300(円・年額)__

[厚生年金合計]

　256,500 円+ 926,300 円= __1,182,800(円・年額)__

支給される公的年金（基礎年金＋厚生年金）：<u>**1,964,500**</u>（円・年額）
なお、配偶者が65歳に達するまで加給年金224,900円（年額）が
加算される。

(3)妻がもらえる公的年金
- 老齢基礎年金の見込額：<u>**781,700**</u>（円・年額）
- 老齢厚生年金の見込額：平均月給× 7.125/1000 ×被保険者期間月数
  $$= 200,000 \times 7.125/1000 \times 36 \text{カ月}$$
  $$= \underline{\bf 51,300}\,（円・年額）$$

支給される公的年金（基礎年金＋厚生年金）：<u>**833,000**</u>（円・年額）

(4)世帯合算の公的年金額
夫＋妻の年金額：<u>**年額2,797,500円（月額換算：233,100円）**</u>

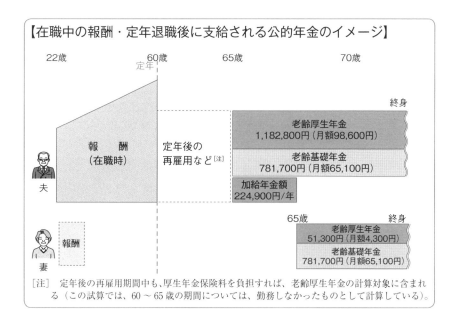

【在職中の報酬・定年退職後に支給される公的年金のイメージ】

［注］　定年後の再雇用期間中も、厚生年金保険料を負担すれば、老齢厚生年金の計算対象に含まれる（この試算では、60〜65歳の期間については、勤務しなかったものとして計算している）。

8 福利厚生施策

福利厚生とは何か

福利厚生とは、「会社が従業員に与える報酬以外の便益」を指し、具体的には、次のものが挙げられる。

①住宅関連（社宅・独身寮、持家援助施策など）

②健康・医療関連（法定以外の健康診断、メンタルヘルスの施策など）

③育児・介護支援関連（託児施設、育児補助など）

④慶弔・災害関連（慶弔・災害見舞金、遺族年金など）

⑤文化・体育・レクリエーション関連（保養所、旅行の支援など）

⑥自己啓発・能力開発関連（通信教育受講の支援など）

⑦財産形成関連（財形貯蓄制度、社内預金、持株会など）

⑧その他（社員食堂など）

福利厚生施策は、結婚、住宅取得などさまざまなライフ・ステージを迎える従業員の生活を会社として支援することが、そもそもの目的であった。

ところが、1990年代以降、社宅や施設などの維持費用が会社の大きな負担として認識され始め、また、従業員側も、福利厚生の充実よりも報酬水準の引き上げを希望するようになってきた。このような背景から、近年、福利厚生施策は、縮小・廃止される傾向が広がっている。

厚生労働省「就労条件総合調査」（2016年）によると、常用労働者1人1カ月につき平均41万6,824円の費用（労働費用）がかかっており、そのうち「法定外福利費（福利厚生にかかる費用）」は、6,528円（全体に占める割合1.6％）となっている（なお、同調査による「法定外福利費」は、2011年が8,316円[2.0％]、2006年が9,555円[2.1％]であった）。

福利厚生施策の新しい仕組み

従来から福利厚生施策には、「利用者と利用できない者との間に不公

平が生じる」「利用されないままコストだけかかっている施策がある」などの問題点が指摘されていた。

　これらの問題点を解消するため、毎年、従業員に一定のポイントを与え、各自がその範囲内で与えられた福利厚生のメニューの中から好きなものを選ぶ「カフェテリア・プラン」を導入する会社が増えている。この仕組みは、自分に合ったメニューを選べることから従業員の満足度を高め、さらに（人気がない施策を廃止することにより）福利厚生の無駄を削減するという効果も期待できる。

【福利厚生施策の実施企業数割合】（複数回答）

—%—

| 区　分 | 住宅関連 | | 健康・医療関連 | | 育児・介護支援関連 | | 慶弔・災害関連 | | 文化・体育・レクリエーション関連 | | 自己啓発・能力開発関連 | | 財産形成関連 | | | その他 |
	社宅・独身寮	持家援助	健康診断（がん検診等法定への上積み）	メンタルヘルスケア	託児施設	育児補助（ベビーシッター補助含む）	慶弔・災害見舞金	遺族年金、遺児年金、遺児育英年金	余暇施設（運動施設、保養所）	文化・体育・レクリエーション活動支援	公的資格取得・自己啓発（通信教育等）支援	リフレッシュ休暇	財形貯蓄制度	社内預金、持ち株会	個人年金など（従業員拠出）への補助	社員食堂・食事手当
調査産業計	35.0	8.9	71.8	18.5	0.6	2.0	94.5	14.6	28.6	34.6	47.3	12.4	57.3	25.5	8.2	38.0
1,000人以上	82.0	32.1	80.7	57.6	2.2	15.4	99.2	46.0	70.9	63.2	77.6	49.2	88.5	76.7	21.8	60.0
100～999人	50.0	10.3	75.0	26.1	1.0	3.5	97.6	20.1	40.5	46.6	58.8	21.6	73.1	39.8	10.4	43.5
30～ 99人	27.4	7.6	70.2	14.1	0.4	1.0	93.1	11.3	22.4	28.8	41.7	7.4	49.9	18.0	6.8	34.9

資料出所：厚生労働省「就労条件総合調査」（2007年）より抜粋
※「住宅関連」「文化・体育・レクリエーション関連」「財産形成関連」などの福利厚生施策は、従業員規模により実施率が大きく異なることに着目していただきたい。

9 職場の安全衛生管理

安全衛生管理の意義

　会社は、社会の一員である以上、そこで働く従業員の安全や健康を維持する義務を負う。また、安全に働くことができる環境を整備することは、従業員の定着率やモチベーションの向上をもたらし、最終的には会社の業績アップに結び付くものと考えられる。このような意義から、会社は、職場の安全衛生管理を行う。

　法的にも、「労働安全衛生法（安衛法）」において、労働者の安全・健康の確保は事業者の責務とされている。会社は、安衛法で定められている事項を遵守し、安全で健康に働くことができる職場環境を整備することが必要である。

安全衛生管理体制

　労働者規模300人以上の製造業等（建設業等は100人以上、その他の業種は1000人以上）では、次のような安全衛生管理体制を構築しなければならない。

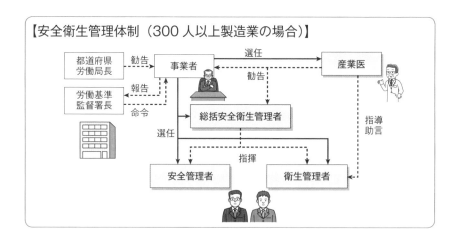

【安全衛生管理体制（300人以上製造業の場合）】

　「総括安全衛生管理者」は、安全管理者、衛生管理者などを指揮して、「労働者の危険又は健康障害を防止するための措置」などの業務を管理しなければならない（安衛法10条）。

　なお、労働者数が少ない事業所は、「総括安全衛生管理者」を選任する必要はないが、10人以上の規模の事業場であれば、安全衛生推進者（または衛生推進者）を選任し、危険・健康障害を防止するための措置などの業務を担当させなければならない。

安全委員会、衛生委員会

　労働者規模50人以上の林業、鉱業、建設業、製造業の一部などの事業場、および100人以上の製造業、卸売業、小売業などは安全委員会を設置し、労働者の危険を防止するための対策などについて調査審議しなければならない。また、労働者規模50人以上の事業場は（業種を問わず）、衛生委員会を設置し、労働者の健康障害を防止するための対策などについて調査審議しなければならない。なお、安全委員会と衛生委員会の設置に代えて、安全衛生委員会を設置することもできる（安衛法17〜19条）。

安全衛生教育

　事業者は、労働者を雇い入れたとき、および危険・有害業務に労働者を就かせるときなどは、安全、衛生のための教育を行わなければならない（安衛法59〜60条）。

健康管理

　有害な業務を行う屋内作業場その他の作業場などでは、作業環境測定を行い、その結果を記録しておかなければならない（安衛法65条）。

　また、事業者は、労働者を雇い入れるときに、および常時使用する労働者に対しては1年に1回定期的に、医師による健康診断を行わなければならない。また、特定業務従事者や海外派遣労働者に対しても健康診断を行わなければならない（同法66条）。

10 メンタルヘルスケア

メンタルヘルスケアのポイント

　メンタルヘルスケアとは、「心の健康管理」を指す言葉である。仕事の負荷や職場の人間関係から生じるストレスのために、モチベーションを低下させたり、うつ病を発症させたりする従業員が増える中で、メンタルヘルスケアの重要性が認識されるようになっている。

　厚生労働省は、職場におけるメンタルヘルスケアを推進させるため、「労働者の心の健康の保持増進のための指針」（メンタルヘルス指針、2006年3月策定、2015年11月30日改正）を定めている。この指針は、メンタルヘルスケア推進のために、「（本人による）セルフケア、（職場の管理監督者等の）ラインによるケア、事業場内産業保健スタッフ等によるケア、事業場外資源によるケア」の四つのケアが継続的かつ計画的に行われることが重要であるとしており、関係者に対して、以下の取り組みを積極的に推進するように促している。

①メンタルヘルスケアを推進するための教育研修・情報提供
②職場環境等の把握と改善
③メンタルヘルス不調への気付きと対応
④職場復帰における支援

ストレスチェック制度とは何か

　「ストレスチェック制度」とは、労働安全衛生法66条の10に基づいて、会社が従業員のストレスの状況について定期的に検査を行う仕組みであり、従業員数50人以上の会社は実施が義務付けられている（50人未満は努力義務）。ストレスチェックの結果を本人に通知することによりセルフケアを促すと同時に、その結果を集団ごとに集計・分析することによって職場環境の改善につなげ、労働者がメンタルヘルス不調となることを未然に防ぐことを目的としている。

　ストレスチェックの結果は、検査を実施した医師等から直接本人に通知され、本人の同意なく事業者に提供することは禁止されている。また、ストレスチェックにより高ストレス者として選定され、面接指導を受ける必要があるとされた従業員から申し出があった場合、会社は、医師による面接指導を実施し、その結果によっては、時間外労働を制限するなどの就業上の措置を講じることが必要となる。

「情報保護への配慮」と「不利益取り扱いの禁止」

　ストレスチェックの実施者は、各従業員のメンタルヘルスに関する情報を、個人情報として適切に保護していかなければならない（ただし、メンタルヘルス不調者への対応に当たり、上司や同僚の理解と協力を得るため、それらの情報を適切に活用することが必要となる場合もある）。
　また、会社は、メンタルヘルスケアにより把握した情報を理由として、従業員に解雇などの不利益な取り扱いを行ってはならない。

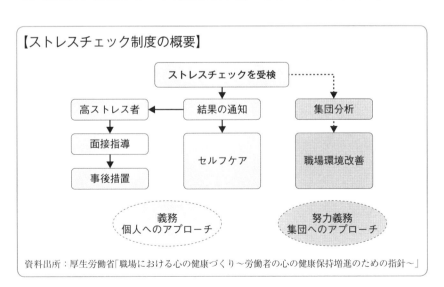

【ストレスチェック制度の概要】

ストレスチェックを受検

高ストレス者 ← 結果の通知　　集団分析

面接指導　　セルフケア　　職場環境改善

事後措置

義務
個人へのアプローチ

努力義務
集団へのアプローチ

資料出所：厚生労働省「職場における心の健康づくり～労働者の心の健康保持増進のための指針～」

11 ハラスメントの防止

　近年、職場におけるハラスメント行為（上司や同僚による嫌がらせなど）が大きな社会問題となっている。

　ハラスメントは、従業員にとっては、人格や尊厳を傷つける、許しがたい行為であり、また、会社にとっては、従業員のモチベーション低下、人材の流出、および社会的信用の失墜などのダメージをもたらす、絶対に防止しなければならない行為である。

　法律において、事業者に防止措置を講じることが義務付けられているハラスメント行為は、次の三つである。

①セクシュアルハラスメント（男女雇用機会均等法11条など）

②マタニティハラスメント（男女雇用機会均等法11条の3など）

③パワーハラスメント（労働施策総合推進法30条の2）

　人事部員は、これらのハラスメントの定義などをしっかりと理解して、自らがハラスメントを行わないようにすることはもちろん、職場に対して防止措置を説明できるようにしておかなければならない。

●「セクシュアルハラスメント」の定義と種類

　セクシュアルハラスメント（以下、セクハラ）とは、職場における「性的な嫌がらせ」であり、次の2種類に分けられる。

⑴対価型セクハラ

　　職場において行われる従業員の意に反する性的な言動に対する従業員の対応により、その従業員が解雇、降格、減給等の不利益を受けること（例：上司が部下の身体に触ったが、抵抗されたため、その部下について不利益な配置転換をすること）。

⑵環境型セクハラ

　　職場において行われる従業員の意に反する性的な言動により従業員の就業環境が不快なものとなったため、能力の発揮に重大な悪影響が生じるなど、従業員が就業する上で看過できない程度の支障が生じる

こと（例：同僚が従業員の性的な内容に関する情報を継続的に流布し、その従業員が仕事に手がつかなくなること）。

「マタニティハラスメント」の定義と種類

マタニティハラスメント（以下、マタハラ）とは、職場において行われる、上司・同僚からの言動（妊娠・出産したこと、育児休業などの利用に関する言動）により、妊娠・出産した女性従業員や育児休業等を申し出・取得した男女従業員の就業環境が害されることをいう。ただし、業務分担や安全配慮などの観点から、客観的に見て、業務上の必要性に基づく言動によるものはマタハラには該当しない。

なお、マタニティ（maternity）とは「母性」を意味し、男性従業員に対する嫌がらせは、「父性」を意味するパタニティ（paternity）を使い、「パタニティハラスメント」と呼ばれる。

マタハラは、次の2種類に分けられる。

(1)制度などの利用への嫌がらせ型

産前休業や育児休業などの利用の請求や相談をした従業員に対して、解雇などの不利益な取り扱いをしたり、休業しないように言ったりすること。あるいは、これらの制度を利用した従業員に対して、繰り返し、または継続的に嫌がらせ等をすること。

(2)状態への嫌がらせ型

女性従業員が妊娠、出産したこと等に関する言動により、就業環境が害されること。例えば、妊娠した従業員に対して解雇を示唆したり、「いつ休むか分からないから迷惑だ」等と繰り返し、または継続的に言って、仕事をさせなかったりすること。

「パワーハラスメント」の定義と類型

パワーハラスメント（以下、パワハラ）とは、職場において行われる

言動で、次の三つの要素をすべて満たすものをいう。

①優越的な関係を背景としたもの

②業務上必要かつ相当な範囲を超えたもの

③労働者の就業環境が害されるもの

　なお、客観的に見て、業務上必要かつ相当な範囲で行われる適正な業務指示や指導については、パワハラには該当しない。

　パワハラの代表的な言動としては、次の6類型が挙げられる。

①身体的な攻撃（暴行・傷害）

②精神的な攻撃（脅迫・名誉毀損・侮辱・ひどい暴言）

③人間関係からの切り離し（隔離・仲間外し・無視）

④過大な要求（業務上明らかに不要なことや遂行不可能なことの強制・仕事の妨害）

⑤過小な要求（業務上の合理性なく能力や経験とかけ離れた程度の低い仕事を命じることや仕事を与えないこと）

⑥個の侵害（私的なことに過度に立ち入ること）

ハラスメント防止のために雇用管理上講ずべき措置

　会社は、ハラスメント防止のために、次の雇用管理上の措置を講じなければならない。

(1)事業主の方針等の明確化、およびその周知・啓発

　　ハラスメントの内容およびハラスメントを行ってはならない旨の方針を明確化し、管理監督者を含む労働者に周知・啓発する。また、ハラスメントに該当し得る言動を行った者については、厳正に対処する旨の方針および対処の内容を就業規則などに規定し、管理監督者を含む労働者に周知・啓発する。

(2)相談・苦情に応じ、適切に対応するために必要な体制の整備

　　ハラスメントに関する相談窓口をあらかじめ定め、労働者に周知する。また、相談窓口の担当者が、相談に対し、その内容や状況に応じ

適切に対応できるようにする。

(3)ハラスメントへの事後の迅速かつ適切な対応

　ハラスメントに係る相談の申し出があった場合、事実関係を迅速かつ正確に確認する。なお、事実が確認できた場合においては、速やかに被害者に対する配慮のための措置、行為者に対する措置を適正に行い、再発防止に向けた措置を講ずること。

　なお、マタハラについては、前記(1)～(3)に加えて、マタハラの原因や背景となる要因を解消するための措置（実情に応じた業務体制の整備など）を講じなければならない。

　また、会社は、ハラスメントに関する相談への対応や事後の対応に当たり、相談者・行為者等のプライバシーの保護には十分に配慮し、また、相談者および事実確認に協力した者などに不利益な取り扱いがなされないようにしなければならない。

【ハラスメントが与えるダメージ】

〈被害者〉
- やる気の低下
- 心身の不調、うつ病発症
- 長期休職、退職

〈行為者〉
- 会社の懲戒処分、信用失墜
- 民事上の損害賠償
- 刑事罰（傷害罪など）

〈職場・会社〉
- 雰囲気の悪化　→　職場の活力低下　→　業績悪化
- 管理監督責任を問われ、行為者と連帯して損害賠償をする
- 企業イメージの低下　→　人材流出・採用への悪影響、業績悪化

12 ワーク・ライフ・バランス

「ワーク・ライフ・バランス」とは、仕事と生活の調和を意味する言葉である。ワーク・ライフ・バランスは、一人ひとりが意欲を持って働きながら豊かさを実感して暮らせるようにする観点から、また、社会経済の長期的安定を実現する観点から、政府そして日本企業の重要課題と捉えられている。

各企業において、ワーク・ライフ・バランス実現に向けた施策が推進されているが、それらの取り組みのうち、働き方や育児・介護休業等については第5章を参照していただくこととして、ここでは「子育て支援」と「治療と仕事の両立支援」について説明する。

子育て支援に向けた取り組み

ワーク・ライフ・バランスを実現する上で、子育てをする従業員が働き続けることができる環境を整備することが重要である。

2005年、子どもが健やかに生まれ、育成される環境を整備するため、「次世代育成支援対策推進法」（現時点では2025年までの時限立法）が定められた。この法律は、従業員101人以上の企業に対して、仕事と子育ての両立を図る環境整備などに関する目標や取り組みを定めた「一般事業主行動計画」を策定し、都道府県労働局雇用環境・均等部（室）へ届け出ることを義務付けている（100人以下の企業は努力義務）。

行動計画に盛り込む子育て支援策としては、例えば次のものがある。
①育児休業取得率の目標値の設定、育休取得の促進
②事業所内保育施設の設置、ベビーシッター代の補助
③短時間勤務、在宅勤務など多様な労働条件の整備

治療と仕事の両立支援に向けた取り組み

ワーク・ライフ・バランス向上のために、がんや脳卒中等の疾病を抱

える従業員が、治療を受けながら働き続けることができる環境整備に取り組む企業も増えてきている。

　厚生労働省「事業場における治療と仕事の両立支援のためのガイドライン」では、企業と医療機関が連携し、治療を受ける者の症状等に応じて、適切な支援策を講じていくことの必要性が示されている。

　両立支援の具体的な施策としては、例えば次のものが挙げられる。
①病気休暇の拡充、通院のための短時間勤務制度の導入
②相談窓口、療養体験者のコミュニティの設置
③療養期間中の賃金保障、医療費負担の補助
④上司や同僚の理解と協力を得るための研修の実施

　近年、ワーク・ライフ・バランスの向上は、従業員のモチベーションを高める上で、また優秀な人材を確保する上で、重要な人事施策と捉えられている。人事部は、従業員の「子育て支援」や「治療と仕事の両立支援」にも積極的に取り組んでいくことが必要である。

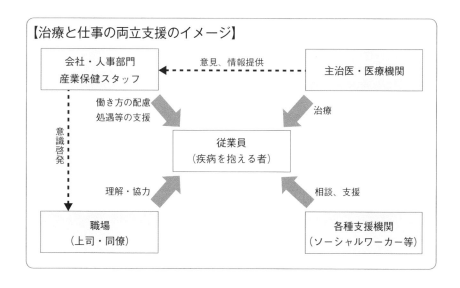

【治療と仕事の両立支援のイメージ】

会社・人事部門
産業保健スタッフ

意見、情報提供

主治医・医療機関

働き方の配慮
処遇等の支援

治療

意識啓発

従業員
（疾病を抱える者）

理解・協力

相談、支援

職場
（上司・同僚）

各種支援機関
（ソーシャルワーカー等）

13 ダイバーシティへの対応

ダイバーシティとは何か

「ダイバーシティ（diversity）」とは、多様性を意味する言葉である。ダイバーシティに対応して、多様な人材を雇用・活用することによって、会社は、その社会的責任を果たし、さらにさまざまな価値観を取り入れた、環境変化に強い経営を実現することができる。

ダイバーシティに対応した経営は、1990年代にアメリカから始まったものであるが、近年、少子高齢化やグローバル化が進む中で、日本の会社においても関心が高まっている（なお、包括・包含を意味する「インクルージョン（inclusion）」をつけて、「ダイバーシティ＆インクルージョン（D＆I）」という言葉が使われることもある）。

ダイバーシティへの対応としては、主に次の施策が実施される。
①国籍や性別にとらわれない、幅広い採用と登用
②多様な人材を公平に処遇できる、世界共通の人事制度の構築
③さまざまな価値観に対応できる働き方の導入、職場環境の整備

日本におけるダイバーシティへの対応は、具体的には、女性の活躍推進、障害者や外国人の積極的な雇用などの形で行われている。ここでは、それらについて説明する。

性別による差別の禁止と女性活躍の推進

性別による差別の禁止について、法令は次のように定めている。
①賃金について、女性であることを理由として男性と差別的取り扱いをしてはならない（労働基準法4条）
②募集、採用について、性別に関わりなく均等な機会を与えなければならない（男女雇用機会均等法5条）
③配置、昇進、降格、教育訓練、定年および解雇などについて、性別を理由として差別的取り扱いをしてはならない（同法6条）

このような定めがあるにもかかわらず、女性従業員が男性よりも不利に取り扱われている会社は、いまだに数多く存在する。

そこで、女性に対する採用、昇進等の機会の積極的な提供およびその活用などを通じて、女性従業員の個性と能力が十分に発揮できるようにすることを目指す「女性の職業生活における活躍の推進に関する法律（女性活躍推進法）」が 2015 年から施行された（なお、2026 年 3 月 31 日までの時限立法である）。

この法律では、従業員 301 人以上の会社に、次のことを義務付けている（なお、2022 年 4 月 1 日からは 101 人以上の会社が対象となる）。

①自社の女性の活躍に関する状況把握・課題分析を行うこと

②その課題を解決するのにふさわしい数値目標と取り組み等を盛り込んだ行動計画を策定し、都道府県労働局へ届け出ること

③自社の女性の活躍に関する情報（採用した者に占める女性の割合、管理職に占める女性の割合、男女別の育児休業取得率など）の公表を行うこと

なお、女性活躍に関する取り組み状況が優良な会社については、厚生労働大臣の「えるぼし」認定を受けることができる（2020 年 6 月 1 日からは、より水準の高い「プラチナえるぼし」認定を創設）。

女性活躍の推進状況に関する情報が広く公開されることにより、今後、会社は、女性活用に積極的に取り組むものと考えられる。なお、女性活用の取り組みとしては、具体的には、例えば次の施策が考えられる。

①性別による固定的役割分担等にとらわれない業務配分

②柔軟な働き方の導入など、家庭と仕事の調和を図る環境の整備

③能力や実績に基づき公平に処遇する人事制度の導入

障害者雇用の促進に関するルール

会社は、社会の一員として、障害者に対しても、その能力と適性に応

じた雇用の場を提供することが求められている。

　障害者雇用を促進するため、国は次の施策を実施している。

(1)障害者雇用率制度

　すべての事業主（民間企業の場合は、常用労働者数45.5人以上）
に、従業員の一定割合以上の障害者を雇用することを義務付ける制
度。法定雇用率は、民間企業が2.2％、国・地方公共団体等は2.5％、
都道府県などの教育委員会は2.4％となっている（雇用率は2021年4
月までに0.1％引き上げられる予定）。

(2)障害者雇用納付金制度

　法定雇用率を満たしていない事業主から納付金を徴収し、その一方
で、障害者を多く雇用している事業主に調整金などを支給する制度。
納付金は、不足1人当たり月5万円が徴収され、一方、雇用率を達成
した事業主に支払われる調整金は、超過1人当たり月2万7000円が
支給される。納付金の徴収、および調整金の支給は、従業員100人超
の事業主が対象となる（100人以下の会社は、一定の要件を満たす場
合、報奨金が支給される）。

　なお、障害者雇用促進法により、募集・採用、賃金、配置などの雇用
に関するあらゆる局面で、障害者であることを理由とする差別は禁止さ
れており、また、障害者に対する合理的配慮の提供（例：視覚障害があ
る者に点字などで採用試験を行うこと）が義務付けられている。

　障害者雇用を推進する施策としては、例えば次のものが挙げられる。

①障害の特性に配慮した業務配分や施設整備などを行うこと

②障害者からの相談・苦情に対応する体制を整備すること

③障害の特性に配慮した業務を行う子会社（特例子会社）を設立し、そ
こで環境整備をしつつ、障害者の活用を進めること

外国人雇用のポイント

　グローバル化が進む中、また日本において労働力不足が見込まれる

中、多くの日本企業で外国人雇用が積極的に行われるようになっている。外国人雇用に当たり、会社は、次のルールを守らなければならない。

①外国人の雇い入れおよび離職の際に、氏名、在留資格などをハローワークに届け出ること

②外国人労働者が日本で安心して働き、その能力を十分に発揮できるように、職場環境の改善や再就職の支援に取り組むこと
- 国籍で差別しない公平な採用選考を行う
- 労働関係法令および社会保険関係法令は、外国人にも適用されること、また、労働条件については国籍による差別が禁止されていることに留意する
- 外国人は、在留資格によって報酬を受ける活動や在留期間などが制限されている（例えば、留学生は、原則として就労が認められておらず、「資格外活動」の許可を得ている場合に限り、週28時間以内のアルバイトが可能になる）。会社は、外国人を雇い入れる際に、在留資格・期間を確認し、不法就労とならないように注意する

外国人雇用のポイントとしては、主に次のことが挙げられる。

①外国人が「使い捨ての労働力」とならないように、雇用の目的、従事する職務内容などを明確にすること

②外国人が安心して働くことができるように、社内規程を翻訳したり、人事制度の公平な運用を心掛けたりすること

③言語や価値観が異なる外国人が円滑に職場に適応できるよう、コミュニケーションを十分にとること

④生活に関する情報提供などの支援を行ったり、外国人従業員用の相談窓口などを設置したりすること

退職者の医療保険・公的年金

　従業員は、退職と同時に、それまでの健康保険・厚生年金保険の被保険者資格を失う。退職後の医療保険、年金の取り扱いは次のようになる。

(1)退職後の医療保険

　退職後の医療保険への加入は、次のいずれかを退職者が選ぶ。
①国民健康保険に加入する
②勤務していた会社の健康保険を継続する（任意継続被保険者）
③家族が勤務している会社の健康保険の被扶養者になる
④定年退職の場合は、健康保険の特例退職被保険者となることも可能

　①の「国民健康保険」とは、自営業者や年金生活者等が加入する医療保険で、市区町村または国民健康保険組合が保険者となる。給付内容は、健康保険とほとんど変わらず、保険料は、市区町村が決める。

　②の「任意継続被保険者」は、それまで加入していた健康保険に退職後2年間に限り、継続加入できる仕組みである。保険給付の内容は、退職前とほとんど変わらないが、保険料は、それまで会社が負担していた分も含めて、全額が自己負担となる。

(2)退職後の公的年金

　20歳以上60歳未満であれば、原則として国民年金に加入する。退職者は、退職日の翌日から14日以内に市区町村の国民年金担当窓口に行き、国民年金への加入手続きを行う。なお、被扶養配偶者がいる場合、配偶者についても、国民年金第3号から第1号への被保険者の種別変更手続きをする。国民年金の保険料は、1人につき月額16,540円（2020年度）であり、自分と配偶者が加入する場合は、2人分の保険料を支払わなければならない。

第 8 章

社内コミュニケーションを
良くする

～労使関係と社内コミュニケーションに関する基礎知識～

1 会社の中の コミュニケーション

コミュニケーションとは

　会社は多くの人々が集まった「組織」であり、そこでは、人々の間で会話や書面のやりとりなどを通じて情報伝達や意見交換が行われる。これが「コミュニケーション」である。ここでは、会社の中の「コミュニケーション」を次の二つに分類して、それぞれについて見ていく。

(1)使用者と労働者との間のコミュニケーション（労使関係）

　　使用者と労働者（実際には労働組合、あるいは従業員代表）との間で行われる、主に労働条件の決定に関するコミュニケーション。団体交渉などを通じて実施される。

(2)上司と部下、同僚間などで日常的に行われるコミュニケーション

　　経営者からの方針・戦略の伝達、上司と部下との間で行われる報告・連絡・相談、同僚同士での日常会話など、さまざまな目的、形式で行われる「社内コミュニケーション」。

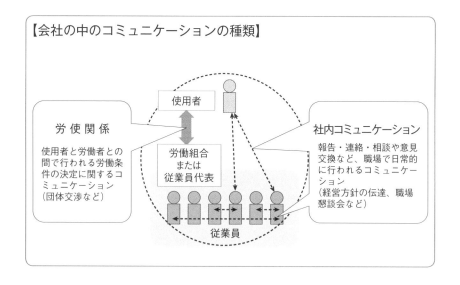

【会社の中のコミュニケーションの種類】

コミュニケーションを良くすることの効果

　コミュニケーションを良くすることによって、次の効果を期待することができる。

---

①労使関係が良好になり、事業運営の円滑化と安定化を実現する。
②経営方針・戦略を社内全体に徹底させて、組織として効率的な動きをすることにより、業績の向上に結び付く。
③情報や意見が迅速に伝わり、的確な判断ができるようになる。
④社内の一体感を醸成して、従業員のモチベーション向上が図られる。

コミュニケーションに関する業務

　コミュニケーションを良くするために、人事部門は次の業務を行う。
(1)労使関係の管理
- 団体交渉の運営（申し入れ、団体交渉の実施、意見調整など）
- 労働協約、労使協定の締結（労使交渉の妥結事項の明文化など）
- 労働争議発生時の対応（争議への対応、外部への調整申請など）
- 労使間での日常的な情報交換（労使協議会の実施など）
- 個別労働紛争への対応
(2)社内コミュニケーションの活性化
- 社内報や情報システムを使ったコミュニケーションの活性化
- 職場懇談会の実施
- コミュニケーションに関する職場指導（研修の実施など）
- 従業員からの意見・要望の吸い上げ

2 労働者の権利と労働組合

労働基本権とは

日本国憲法では、労働者の権利について次の定めがある。

> 27条1項　すべて国民は、勤労の権利を有し、義務を負ふ。
> 28条　　　勤労者の団結する権利及び団体交渉その他の団体行動を
> 　　　　　する権利は、これを保障する。

ここで認められている、次の四つの権利を「労働基本権」という。
①勤労権（労働権）……国民すべてが働くことができる権利
②団結権………………労働者が労働条件の維持・改善のために団結す
　　　　　　　　　　　る権利（労働組合を結成し、それに加入する権
　　　　　　　　　　　利）
③団体交渉権…………労働者が団結して使用者と交渉する権利
④団体行動権（争議権）…労働者の団体が、労働条件の維持改善のため
　　　　　　　　　　　にストライキ等の争議行為を行う権利

　なお、団結権、団体交渉権、団体行動権（これらを「労働三権」とい
う）については、労働組合法や労働関係調整法で、その具体的な取り扱
いが定められている。

労働組合とは

　労働組合とは、「労働者が主体となつて自主的に労働条件の維持改善
その他経済的地位の向上を図ることを主たる目的として組織する団体又
はその連合団体」のことである。ただし、共済事業や福利事業のみを目
的とするものや、主として政治運動または社会運動を目的とするものな
どは、労働組合として認められない（労働組合法2条）。
　労働組合の結成によって、1人では弱い立場にあった労働者も、使用
者と対等の立場で労働条件を決定することができるようになる。

266

　なお、労働組合は、役員や人事権を持つ監督的地位にある労働者など、使用者の立場にある者の加入は認められない。したがって、一般的には、管理職は労働組合に加入しない（管理職に昇進した場合は、その時点で組合を脱退する）こととされている。

労働組合は会社とは別組織である

　労働組合は、会社と別の組織（法人）であり、組合員から徴収した組合費を基盤とした自主的な財源のもとで運営されている。労働者が組合活動をしている間は、会社はその時間分の賃金を支払う義務はなく、その時間帯の賃金不支給分については、労働組合が自分たちの財源から補填を行うことが原則である。

　労働組合の規模が大きくなると、労働組合の運営を専門に行う者が必要になる。この場合、その組合員は、会社を休職して、労働組合から報酬をもらうことになる。このような組合員を「専従（在籍専従）」といい、その者の取り扱いについては、労働協約で定めることになっている。

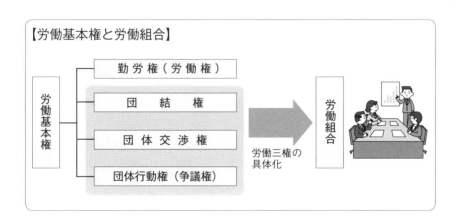

【労働基本権と労働組合】

労働基本権 ─ 勤労権（労働権）

団結権
団体交渉権
団体行動権（争議権）

労働三権の具体化 → 労働組合

3 団体交渉の進め方

団体交渉とは

　「団体交渉（労使交渉）」とは、労働者が団結して使用者との間で労働条件に関する交渉を行うことをいう。

　一般的に、労働者は、生活レベルを向上させるために労働条件をできるだけ良くしたいと思い、逆に、使用者は、人件費が増加しないように労働条件の改善を必要最小限に抑えたいと考える。このように、労使間では利害の対立が見られるため、当事者同士の話し合いのもとに労働条件を決定する「団体交渉」が必要になる。

団体交渉の種類と進め方

　団体交渉は、大きく分けると、次の2種類になる。

①賃上げ、賞与、その他の労働条件を決定するために、毎年定期的に行われる交渉（毎年2月から4月にかけて行われる「春闘」など）

②会社が実施するリストラ策などについて事前協議するために、必要に応じて、その都度行われる交渉

　どちらであっても、進め方は次のとおりとなる。

(1)要求事項、協議事項の申し入れ

　　労働組合または使用者が、労働条件等に関する要求事項、あるいは団体交渉で協議したい事項を、相手方に申し入れる。

(2)団体交渉の実施

　　労働組合と使用者との間で団体交渉を行う。団体交渉は、労使双方が「要求」と「回答」とを繰り返すことにより、数回、実施される。

(3)「妥結」した場合：労働協約、労使協定の締結

　　団体交渉の結果、労使双方の意見が一致すれば（妥結に至れば）、団体交渉は終了となる。団体交渉で妥結に至った内容は、労働協約または労使協定としてまとめられ、実施に移される。

⑷「妥結」に至らない場合：争議行為、労働関係の調整など

　団体交渉を繰り返しても妥結に至らない場合、労働組合は団体交渉を打ち切り、ストライキ等の「争議行為」を行って、自らの要求を通そうとする。争議行為が長期化した場合などは、労働委員会などの第三者が労使の間に入って意見調整を行うこともある。

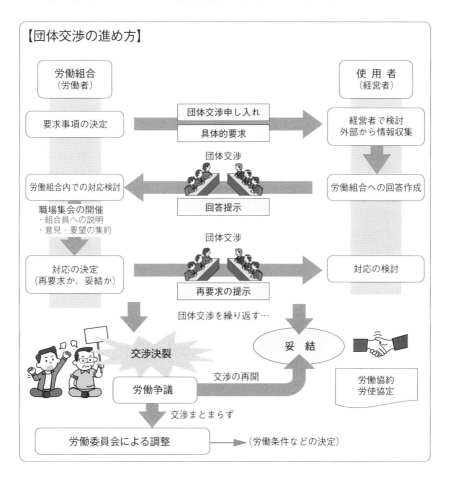

【団体交渉の進め方】

労働組合（労働者）		使用者（経営者）

要求事項の決定 → 団体交渉申し入れ／具体的要求 → 経営者で検討 外部から情報収集

団体交渉

労働組合内での対応検討 ← 回答提示 ← 労働組合への回答作成

職場集会の開催
・組合員への説明
・意見・要望の集約

団体交渉

対応の決定（再要求か、妥結か） → 再要求の提示 → 対応の検討

団体交渉を繰り返す…

交渉決裂　　　妥　結

労働争議　　交渉の再開　　労働協約 労使協定

交渉まとまらず

労働委員会による調整 →（労働条件などの決定）

4 労働協約と労使協定

　団体交渉が妥結に至れば、労使間の合意事項は、「労働協約」や「労使協定」にまとめられる。

労働協約とは

　「労働協約」とは、使用者と労働組合との間で、労使関係の基本的な約束事を書面にまとめたものである。

　労働協約は、一般的に、労働者の働き方や労働条件などについて定めた「規範的部分」と、組合活動や団体交渉などについて定めた「債務的部分」とに分かれている。労働協約の規範的部分とほぼ同じ内容が就業規則にも記載されているが、これは、労働協約で取り決めた労使間の約束事をベースとして、その事業場の統一的なルールである就業規則が作られるからである。

　就業規則は労働協約に反してはならない（労働基準法 92 条 1 項）とされており、また、労働協約に定める労働条件等に違反する労働契約の部分は無効（労働組合法 16 条）とされる。

　なお、労働協約は、原則として労働組合に加入する労働者のみに適用されるものであるが、常時使用される労働者の 4 分の 3 以上が適用される労働協約は、その事業場に使用される他の労働者にも適用されることとされている。これを「一般的拘束力」という（労働組合法 17 条）。

労使協定とは

　「労使協定」とは、事業場の過半数の労働者で組織する労働組合（組合がない場合は労働者の過半数を代表する者）と使用者の間で、労働条件に関する具体的な取り扱いを定めたものである。法令では基本的・原則的なルールしか定められていないため、その運用に当たり、労使間で話し合い、会社の実態に合わせた具体的な取り扱いを決めておくことが、労使協定を締結する意義である。

　なお、前述した「労働協約」は、「労働組合」と使用者との間で締結

するものであるが、「労使協定」は、労働組合がない場合でも、従業員の過半数を代表する「代表者」と使用者との間で締結することができる。

　労働基準法で労使協定締結が必要と定められている主な事項としては、次のものがある。

①賃金の一部を控除して支払う場合（労働基準法24条）

②変形労働時間制を採用する場合（同法32条の2〜32条の5）

③労働時間を延長し、または休日に労働させる場合（同法36条）

④事業場外のみなし労働時間を定める場合（同法38条の2第2項）

⑤専門業務型裁量労働制を導入する場合（同法38条の3）

⑥時間単位の年次有給休暇を与える場合（同法39条4項）

　このほかにも、労働時間、休暇、育児・介護休業に関する事項については、労使協定の締結が必要なものもある。

　なお、労使協定の中には、労働基準監督署への届け出が義務付けられているものもあるので、締結に当たり関連法令を確認することが必要である。

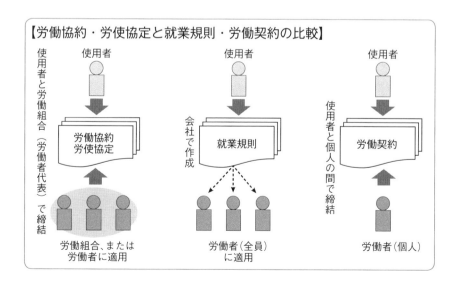

【労働協約・労使協定と就業規則・労働契約の比較】

5 不当労働行為

不当労働行為とは

　「不当労働行為」とは、使用者が労働組合の結成や活動を不当に妨害する行為のことである。労働組合法7条は、不当労働行為として次の六つの行為を挙げ、これらを禁止している。

(1)不利益取り扱い

　　労働者が労働組合の組合員であること、労働組合に加入、もしくは労働組合を結成しようとしたこと、労働組合の正当な行為をしたこと等を理由に、その労働者を解雇し、その他これに対して不利益な取り扱いをすること。

(2)黄犬契約
_{おうけんけいやく}

　　労働者が労働組合に加入しないこと、または労働組合から脱退することを雇用の条件とすること。

(3)団体交渉拒否

　　使用者が労働者の代表者との団体交渉を正当な理由なく拒むこと。

(4)支配介入

　　労働者が労働組合を結成し、または運営することを支配し、あるいはこれに介入すること。

(5)経費援助

　　労働組合の運営のための経費の支払いにつき援助を与えること。

　　ただし、労働者が労働時間中に時間または賃金を失うことなく使用者と協議、交渉することを使用者が許すこと、福利その他の基金に対する使用者の寄付、最小限の広さの事務所の供与は、不当労働行為には該当しない。

(6)報復的不利益取り扱い

　　労働者が、労働委員会に対して不当労働行為の申し立てをしたこと、または労働争議の調整において発言をしたこと等を理由として、その労働者を解雇し、その他これに対して不利益な取り扱いをすること。

不当労働行為に対する労働者側の対応

　労働組合または労働者は、使用者が不当労働行為を行った場合、都道府県の労働委員会に救済の申し立てを行うことができる。

　申し立てを受けた労働委員会は、審査を行い、不当労働行為に該当する事実が認められる場合には、救済命令を発し、当該労働組合や組合員を救済する。

不当労働行為に関する注意点

　例えば、労働組合から団体交渉の申し入れがあったときに、使用者が、安易な気持ちでそれを無視すると、不当労働行為（団体交渉拒否）になってしまう。

　使用者および人事部員は、不当労働行為に該当する6項目を把握して、知らないうちに労働組合法違反をすることがないように十分に注意しなければならない。

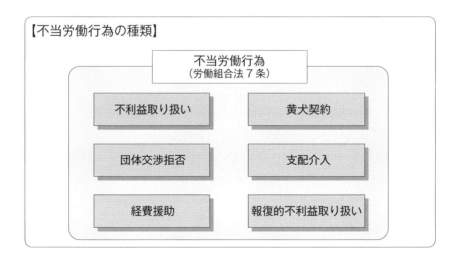

【不当労働行為の種類】

不当労働行為
（労働組合法7条）

不利益取り扱い	黄犬契約
団体交渉拒否	支配介入
経費援助	報復的不利益取り扱い

6 争議行為と労働関係の調整

争議行為とは

　団体交渉が妥結に至らないと、労働組合は、集団で労務の提供を拒否する行動（ストライキ）などを行い、自分たちの要求を通そうとする。このように、労使の当事者が、自らの主張を貫徹することを目的として、意図的に業務の正常な運営を阻害することを「争議行為」という。

争議行為の種類

　主な争議行為には、次のものがある。
(1)同盟罷業（ストライキ）
　　労働者が、自己の主張を貫徹するために、団結して労働力の提供を拒否すること。
(2)怠業（サボタージュ、またはスローダウン）
　　労働者の団体が、自己の主張を貫徹するために、作業を継続しながらも、作業を量的質的に低下させること。「組織的怠業」ともいう。
(3)作業所閉鎖（ロックアウト）
　　使用者側に認められた唯一の争議行為で、生産活動の停止を宣言して、作業所を閉鎖し、争議行為を行っている労働者を閉め出すこと。

労働関係の調整とは

　労使間での交渉がまとまらないまま争議行為が長期化すると、労使双方がダメージを受けるだけではなく、社会や顧客に対しても悪影響を及ぼしかねない。このような場合、労使の一方または双方からの申請などに基づき、労働委員会が労使の間に入って、問題の解決を図る。これを「労働関係の調整」という。

労働関係の調整の種類

労働関係の調整には、次の3種類がある。

(1)斡旋（あっせん）

　　労働委員会が指名した斡旋員が、労使双方の主張を聞いた上で、交渉を取り持つ等して、労働争議の解決を図る。通常は、斡旋員からは解決案を示さず、労使間での自主的な解決を促すにとどまる。

(2)調停

　　公益、労働者、使用者の三者委員からなる調停委員会が、労使双方の意見を聴取した上で、調停案を作成し、労使にその受諾を勧告する。なお、調停案を受諾するかどうかは、労使の自由である。

(3)仲裁

　　公益を代表する仲裁委員会が、労使双方から事情を聴取した上で、仲裁裁定を下すもので、ここで示される解決案は労働協約と同じ効力を持ち、労使双方を拘束する。

【争議行為と労働関係の調整】

労働組合が行う争議行為

同盟罷業
（ストライキ）

怠業
（サボタージュ）

経営者の争議行為

作業所閉鎖
（ロックアウト）

問題の解決が図れない場合、
労働委員会が労使の間に入る

斡旋（あっせん）　　調停　　仲裁

7 個別労働紛争

個別労働紛争と ADR

　労使間の紛争といえば、従来は、労働条件をめぐる労働組合と使用者の間の紛争を指していた。ところが、近年は、解雇や待遇に関する労働者個人と会社の間の紛争（個別労働紛争）が多くなっている。

　個別労働紛争解決の手段としては、まず「裁判」が挙げられるが、裁判は時間と費用がかかるため、利用しにくい面がある。そこで、近年は、裁判よりも迅速かつ簡便な紛争解決手段として、「ADR（Alternative Dispute Resolution：裁判外紛争解決手続）」が整備され、それらが効果的に利用されるようになっている。

個別労働関係紛争解決制度（行政型 ADR）

　ADR とは、裁判によらず、客観的な立場にいる第三者が当事者の間に入り、和解や仲裁などを進めていく紛争解決手段をいう。

　個別労働紛争の ADR としては、都道府県労働局が行っている「個別労働関係紛争解決制度」が挙げられる。この仕組みは、個別労働紛争の未然防止、迅速な解決を促進することを目的として、次の三つの紛争解決援助サービスを無料で提供している。

①総合労働相談コーナーにおける情報提供・相談
②都道府県労働局長による助言・指導
③紛争調整委員会によるあっせん

　このように行政機関が行う ADR を「行政型 ADR」という。

　一方、社会保険労務士などの労務問題の専門家が労働者と使用者の間に入り、紛争解決を図るケースも増えてきている。このように民間の ADR 事業者が行う ADR を「民間型 ADR」という。

労働審判（司法型 ADR）

　裁判所も、個別労働紛争を迅速かつ適正に解決することを目的とした「労働審判」という手続きを設けている。これは、労働審判官（裁判官）1人と労働審判員2人で組織された労働審判委員会が、個別労働紛争を、原則として3回以内の期日で審理して調停を試み、調停による解決に至らない場合には、委員会が解決案を提示するという流れで進められる（解決案に対して当事者が異議を申し立てれば、訴訟に移行する）。

　なお、労働審判のように裁判所が行う裁判以外の紛争解決手続きは「司法型 ADR」と呼ばれる。

個別労働紛争の防止と対応

　個別労働紛争は、「解雇」「職場におけるいじめ・嫌がらせ」および「労働条件の引き下げ」に関する内容が多い。個別労働紛争を防止するために、会社は、次のことに注意する必要がある。

①労働法令を熟知し、それに則った労務管理を行うこと

②労働者に対して労働条件などを十分説明すること。特に、労働条件の変更が行われる場合は、その影響を受ける労働者に対して丁寧な説明を行うこと

③職場のコミュニケーションを良くして、いじめや嫌がらせが発生しない風土をつくること

　なお、個別労働紛争が発生してしまったら、できる限り早期に解決することが望ましい。ただし、紛争解決を急ぐあまり、従業員の言い分を受け入れすぎてしまうと、そのうわさが社内に広まって、自分勝手な要求をする従業員が次々に出てくるかもしれない。個別労働紛争の解決に当たって、会社は、必要に応じて社外の専門家の支援を受けながら、毅然とした態度で、適切な紛争解決を図らなければならない。

8 社内コミュニケーションを良くする施策

　会社の中は、多くの従業員がさまざまな形でコミュニケーションをとっている。社内のコミュニケーションを良くすることによって、経営に関する情報がスムーズに伝達され、また、社内の一体感の醸成と従業員のモチベーションの向上を図ることができる。

社内コミュニケーションにおける情報の内容

　社内コミュニケーションでは、次の情報がやりとりされる。
①経営方針、経営戦略、経営の現状など
②仕事の進め方、ポイントなど（上司からの指示・命令）
③市場動向、業務における問題など（現場からの報告・連絡・相談）
④世間話、プライベートな話題など
　コミュニケーションを良くするためには、情報の内容に応じて伝達方法を使い分け、また、伝達機会をできるだけ多くすることが必要である。

社内コミュニケーションを良くする施策

　社内コミュニケーションを良くするための施策としては、次のものが挙げられる。
(1)経営層の挨拶を通じた経営方針などの伝達
　　経営方針・戦略、あるいは経営の現状は、経営層から従業員に直接伝えることが最も効果がある。そこで、入社式、年初の仕事始めにおける挨拶や定例会議における方針発表など、あらゆる機会を通じて、経営層から従業員にメッセージを発信するようにする。
(2)社内報を通じた情報の伝達
　　社内報を従業員に配布して、会社の動きなどを伝えたり、従業員間の情報交換を促したりすることも、社内コミュニケーションを良くす

る上で効果的である。多くの従業員に社内報を読んでもらうために
は、レクリエーションや趣味に関する記事も掲載する、従業員からの
投稿コーナーを設けるなど、楽しい誌面づくりをするとよい。

⑶社内情報システムを通じたコミュニケーションの活性化

　最近では、社内情報システムを通じて、社内コミュニケーションを
促すことも行われている。例えば、社内SNS（Social Networking
Service）を導入することも一つの方法である。公式な情報の伝達よ
りも、従業員同士の気軽な意見交換や情報共有に適している。

　このようなシステムの利用者を増やすためには、「顧客から喜ばれ
たエピソード」「仕事における失敗談」など、楽しく読めて、仕事に
役立つ情報を従業員からたくさん投稿してもらうことがポイントであ
る。

⑷表彰の実施

　大きな成果を上げた従業員や地道に努力している従業員を、会社と
して表彰する。表彰を受ける従業員のモチベーションを高めるだけで
はなく、表彰理由を明確にすることによって、会社が大切にしている
価値観を社内に浸透させることにも役立つ。

⑸職場懇談会による意見交換の促進

　職場内で懇談会を実施し、従業員同士で職場における問題点などに
ついて自由に話し合う。人事部門は、気軽に話し合えるように上司を
指導する、懇談会にかかる費用（お茶代など）の一部を負担するなど
により、懇談会が積極的に行われるように職場を支援する。

⑹社内イベントの実施、サークル活動などの支援

　慰安旅行や体育行事を実施したり、従業員のサークル活動を支援し
たりする。仕事には直接関係しないとしても、従業員の心身のリフ
レッシュやコミュニケーションの活性化に役立つ。

9 コミュニケーションに関する研修

　社内コミュニケーションを良くするために、従業員に対して研修を実施する会社も増えてきている。

コミュニケーション・スキルを習得するための研修

(1)コーチング研修

　上司が部下に対して行う指示・指導は、職場における最も重要なコミュニケーションである。

　従来、上司による指示・指導は、仕事の進め方などを明確に示すことがよいとされていたが、近年は、上司からは、あえてそれらを示さず、問い掛けなどを通じて部下自身に考えさせたほうが、コミュニケーションの活性化や部下の能力開発の上で効果的であるといわれている。

　このように、相手の話をよく聴くこと、相手に問い掛けていくことによってコミュニケーションを図っていく手法を「コーチング」という。

　最近では、管理職を対象として、コーチング研修を実施している会社が多くなってきている。

(2)メンタリング研修

　若手社員にとっては、上司との仕事を通じた関係よりも、年齢が近い先輩社員との人間関係のほうが、コミュニケーションにおいて重要な意味を持つことが多い。経験がある先輩（メンター）が新人や後輩（メンティ）の相談に乗ったり、支援を行ったりすることを「メンタリング」という。これを効果的に行うために、若手社員の相談相手となる中堅社員を対象として、メンタリングの考え方や手法を学ぶ研修が行われるようになってきている。

　メンタリングに関する研修や仕組みは、若手社員の日常的な悩みの解消に役立つだけではなく、先輩社員の意識付けにも効果がある。

(3)ファシリテーション研修

　職場では頻繁に会議が行われており、重要なコミュニケーションの

機会となっている。

　会議において参加者が積極的に発言できるかどうか、限られた時間の中で内容の濃い議論ができるかどうかは、進行役の力量によるところが大きい。会議を効果的に進める技術のことを「ファシリテーション」というが、管理職や中堅社員を対象に、ファシリテーションに関する研修を行う会社も増えてきている。

⑷アサーティブ・コミュニケーションに関する研修

　相手の立場を尊重しつつ、自分の主張を相手にはっきりと伝えることを「アサーティブ・コミュニケーション」という。

　意思疎通が図られ、人間関係のストレスが少ない職場とするためには、従業員同士が自分の意見を主張し合える雰囲気をつくりだすことが必要である。そこで、「アサーティブ・コミュニケーション」の考え方や自分の意見を主張する方法などを学ぶ研修が行われるようになってきている。

社内コミュニケーションのベースを構築するための研修

　社内コミュニケーションのベースには、「同じ会社で働いているという従業員同士の一体感」や「経営理念・方針を一丸となって実現していこうとする協働意識」がある。したがって、社内コミュニケーションを良くするためには、同階層の従業員を集めて共同作業を行う機会を設けたり、従業員同士で経営理念・方針について話し合う研修を行ったりすることが効果的である。

　例えば、中堅クラスの従業員を集めて職場の問題について議論させる研修、あるいは、管理職を集めて経営の在り方や会社の将来などを議論させる研修などは、参加者の問題解決能力や経営参画意識を高めるだけではなく、従業員同士の人間関係を広げることにより、社内コミュニケーションを活性化する効果を持っている。

10 人事部員の コミュニケーション

　労働条件に関する従業員への説明、人事施策を検討する会議、入社希望者との面談など、人事業務のさまざまな場面で、人事部員は関係者とのコミュニケーションをとることが必要になる。社内コミュニケーションを良くするためには、まず、人事部員が、これらの場面で、社内の模範となるコミュニケーションを率先して実践していかなければならない。

　ここでは、人事業務の中で発生するさまざまなコミュニケーションについて、人事部員が心掛けるべきポイントについて説明する。

事前準備を周到に行うことがポイント

　どのようなコミュニケーションであっても、うまく行うためには、周到な事前準備が必要である。具体的にいえば、説明会や面談などを行う人事部員は、次の点に注意するように心掛ける。

(1)参加者、時間、場所を早めに押さえる

　団体交渉においては労使双方の代表者に出席してもらわなければならないなど、人事部が設定する会議や説明会の多くは、「絶対に参加してもらわなければならない人」が存在する。まず、これらの参加者を確定して、そのスケジュール（時間）を押さえてしまうことが必要である。参加者や時間が確定したら、そのコミュニケーションを行う場所を予約する。その際には、コミュニケーションをとりやすい参加者の座席配置（次ページ図参照）を考えて、適切な場所を設定する。

(2)説明・会議が円滑に進むようにリハーサルをする

　人事部員が行うコミュニケーションの多くは、働き方や待遇などに関わる内容のものであり、経営に大きな影響を及ぼすと同時に、従業員も高い関心を持っている。人事部員は、自信を持って内容の説明や会議の進行ができるように、また、従業員からの質問に明確な回答ができるように、しっかりとリハーサルをしておくことが必要である。

⑶相手との良好な関係を構築することに重点を置く

　人事におけるコミュニケーションにおいては、「自分（会社側、人事側）の言い分を通すこと」よりも、「相手との良好な関係を構築すること」に重点を置くべきである。例えば、労働組合からの要求を拒否することができたとしても、それを不服として労働組合が会社に対して非協力的な態度をとるようになると、最終的に、会社としては大きなダメージを受けてしまう。人事部員は、相手の言い分を十分に聴き、相手の理解と協力を得られるようなコミュニケーションを心掛けなければならない。

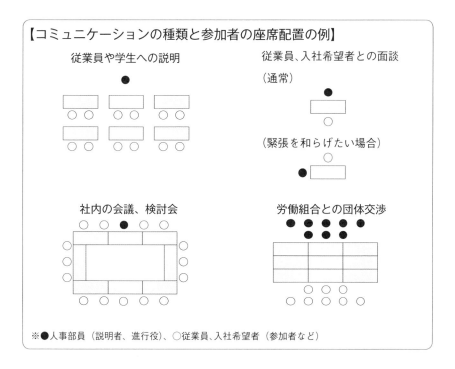

【コミュニケーションの種類と参加者の座席配置の例】

従業員や学生への説明

従業員、入社希望者との面談
（通常）

（緊張を和らげたい場合）

社内の会議、検討会

労働組合との団体交渉

※●人事部員（説明者、進行役）、○従業員、入社希望者（参加者など）

11 面談を進めるときのポイント

　人事部員は、各部署の管理職や従業員、入社希望者などを相手に1対1の面談をする機会がたくさんあるが、そこで適切な対応ができないと、相手からの信頼を失い、最悪の場合は大きなトラブルにもつながりかねない。

　人事部員は、面談を進めるときのポイントを押さえておくことが必要である。

入社希望者との面談におけるポイント

　人事部員は、入社希望者との面談において、優秀な人材を採用したい（あるいは、問題がありそうな人材を採用したくない）と思う気持ちが強すぎて、プライバシーに踏み込んだ質問をしたり、高圧的な態度をとったりして、トラブルを起こしてしまうことがある。

　入社希望者は、あくまでも「社外の人」であるから、節度を守って、丁寧に対応していかなければならない。

　人事部員からの質問は、入社希望者の適性や能力に関係することに限られる。特に次の事項については、就職差別をしているものと捉えられてしまうリスクがあるため、質問してはならない。

①本籍・出生地に関すること
②家族に関すること（家族構成、家族の職業や地位など）
③住宅状況、生活環境・家庭環境に関すること
④思想・信条、宗教、尊敬する人物、支持政党に関すること
⑤労働組合に関する情報、学生運動など社会運動に関すること
⑥購読新聞・雑誌、愛読書などに関すること
⑦男女雇用機会均等法に抵触する質問（「結婚の予定はあるか」等）

　入社希望者から仕事内容や労働条件などに関する質問を受けたときには、人事部員は、事実を答えなければならない。ここで事実と異なる回答をすると、入社後にトラブルが発生することがある。

従業員との面談におけるポイント

「育児休業を取得したいのだが、待遇はどうなるのか？」「仕事が自分に合っていないので、職種転換してほしい」など、人事部員は、従業員からの相談を受けて、労働条件に関する説明をしたり、要求事項への回答をしたりするため、面談を行うことがある。このような面談において、人事部員は、次の点を心掛けておくべきである。

⑴相手の話を十分に聴く

　　人事部に相談を持ち掛けてくる従業員の多くは、何かしら問題を抱えている。まずは、その問題や相手の要望をしっかりと聴くことが必要である。「人事部員に話を聴いてもらえたかどうか」で、従業員の面談に対する満足度が左右されることになる。

⑵未確定であれば、従業員に有利な回答を言わない

　　人事部員は、従業員から強い要求を受けると、未確定の状態にもかかわらず、従業員にとって有利な回答を言ってしまうことがある。このような回答は、従業員に不利な内容に確定したときに、大きなトラブルになるので、絶対に避けなければならない。

⑶従業員のプライバシーに配慮する

　　面談は、従業員のプライバシーに関わる内容が含まれている。したがって、面談は、原則として、秘密厳守で行われなければならない。また、人事部員は、原則として、面談から得られた情報を、目的外のことに利用してはならない（ただし、後日トラブルが発生した場合に備えて、人事部員は、従業員と面談したときには、実施日時や話した内容などを記録に残しておいたほうがよい）。

日本における労働組合活動の変遷

　戦後のわが国の労働組合活動の変遷を見てみよう。

〈黎明期：1945年〜1959年〉

　第二次大戦後、GHQは民主化政策の一環として労働組合の育成に力を入れた。その結果、日本においても、多くの労働組合が結成され、生活環境の改善を求めて、激しいストライキが頻発した。

〈確立期：1960年〜1974年〉

　労働者の生活環境の改善が進む中で、労働組合の中心的な活動は、春闘を通じた賃金水準の引き上げに移った。この頃のストライキは、労働組合が、賃金交渉の過程で自分たちの要求を通すために行うものであった。

〈安定期：1975年〜1989年〉

　賃金水準の改善も進み、労使間の協調路線が確立されてきた。組合の要求は、賃金だけではなく、労働時間短縮などを含めた総合的な労働条件改善に移った。ストライキは、ほとんど行われなくなり、若年層を中心に「組合離れ」が始まった。

〈停滞期：1990年以降〉

　賃金などの労働条件の決定に当たり「個」が重視されるようになったため、「集団」として労働条件を決定しようとする労働組合の存在価値が問われる場面も出てくるようになった。その一方、2000年代に入ると、リストラの発生や非正規労働者の増加により労働者の雇用不安が高まってきたため、労働組合が再び関心を集めるようになってきた。

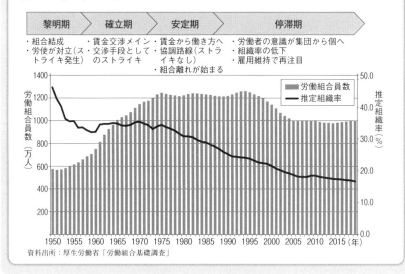

資料出所：厚生労働省「労働組合基礎調査」

第9章

これからの人事
～環境変化と人事労務管理～

1 少子高齢化と人事労務管理

● 少子高齢化に対応した人事労務管理

　わが国では、少子高齢化が急速に進行している。

　労働力の主体となる 15 歳以上 65 歳未満の年齢層の人口を「生産年齢人口」というが、今後、この人口は減少し、65 歳以上の「老年人口」が増加することが見込まれている。この影響を受けて、人事労務管理においては、次のような対応が必要になる。

■1 女性、高齢者の活躍推進

　若年労働者が少なくなるため、今後、新卒採用だけでは労働力が十分に確保できなくなる。そこで、日本企業は、中途採用を、今まで以上に積極的に行うようになるであろう。特に、未就業または退職後の女性や高齢者は、これまで労働参加がなかなか進まない面があったので、これらの人材を積極的に中途採用して、活躍を促す動きが広がるものと考えられる。

　このような動きの中で、会社は、女性や高齢者が働きやすい職場環境づくりに取り組んでいくことが必要になる。

■2 社会保険制度の見直しや定年引き上げへの対応

　少子高齢化によって、老齢厚生年金の受給者が増加する一方、保険料を支払う労働者は減少していく。将来的には、社会保険料率の引き上げ、あるいは年金支給開始年齢の引き上げや年金受給額の引き下げも避けられなくなるであろう。

　社会保険料率が引き上げられれば、それまでと同じ額の給与支給額であっても、従業員の手取り額は減り、（事業主負担分の保険料の増加に伴い）会社の人件費負担は増加する。

　また、年金支給開始年齢が引き上げられれば、会社は、その年齢に達するまで従業員の雇用を維持するように求められることになるだろう。

さらに、年金受給額の引き下げが行われれば、従業員の老後の収入が減ってしまうことも考えられる。会社としては、退職金制度や企業年金を充実させる、従業員に生活設計に関する研修を行うなどの施策を実施することが必要になる。

環境変化をつかみ、早めの対応を

　職場環境の整備や退職金制度の充実などの施策は、企画、実施から実際に効果が出るまでに数年間を要することもある。したがって、人事部門としては、起こり得る環境変化を予測し、早めに対応を検討しておくことが必要である。

　人事部員は、日頃から社会経済の動きに関心を持ち、人事としてやるべきことを考えるようにしておかなければならない。

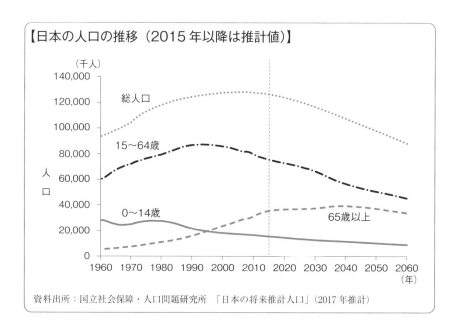

【日本の人口の推移（2015年以降は推計値）】

資料出所：国立社会保障・人口問題研究所　「日本の将来推計人口」（2017年推計）

2 グローバル化と人事労務管理

急速に進む日本企業のグローバル化

　国内の消費市場の伸び悩み、事業の多角化、経営体制のグローバル化などを背景として、日本企業の海外展開は急速に進行している。経済産業省「海外事業活動基本調査」によれば、2018年3月末現在で日本企業の海外現地法人は2万5034社、そこで働く労働者は595万人に上っている。

　一方、国内の事業所においても、外国人労働者が増加している。厚生労働省「外国人雇用状況の届出状況」によれば、2019年10月末現在、外国人労働者を雇用している国内事業所は24万2608カ所（前年同期比12.1％増）、外国人労働者数は165万8804人（同13.6％増）となっている。

　今後も、少子高齢化による国内の労働力の減少を受けて、海外現地法人の設立や外国人雇用は、さらに進むものと考えられる。

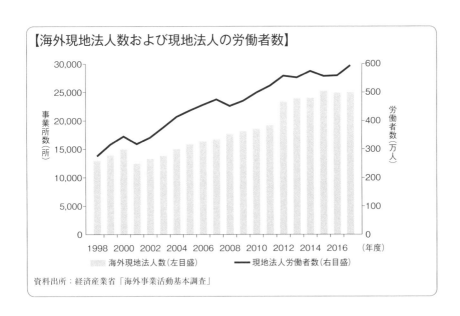

【海外現地法人数および現地法人の労働者数】

資料出所：経済産業省「海外事業活動基本調査」

【外国人労働者を雇用する事業所数・外国人労働者数】

区　　分	2014年10月	2019年10月	5年間の増加率
事業所数　（所）	137,053	242,608	1.77
外国人労働者数　（人）	787,627	1,658,804	2.11
（出身国別内訳）中国	311,831	418,327	1.34
韓国	37,262	69,191	1.86
フィリピン	91,519	179,685	1.96
ベトナム	61,168	401,326	6.56
ブラジル	94,171	135,455	1.44
G7/8※＋オーストラリア＋ニュージーランド	57,212	81,003	1.42
（うち　アメリカ）	24,824	34,454	1.39
その他	134,464	373,817	2.78

資料出所：厚生労働省「外国人雇用状況の届出状況」
※ G7/8は「イギリス、アメリカ、ドイツ、フランス、イタリア、カナダ、ロシア」の7カ国を指す。

グローバル化に向けて人事部門が取り組むべきこと

　このようなグローバル化をしっかりと支えるために、人事部門は次のことに取り組むことが必要である。
①海外拠点に赴任する従業員が安心して働けるように、赴任者に対する支援体制を整備し、また、赴任期間中の処遇などを明確にする。
②各国の生活環境、労働事情などに関する情報を入手して、海外展開を行う部門に適宜提供する。
③海外で通用する人材を確保するため、採用、研修の仕組みを見直す。
④外国人労働者が働きやすい環境を整備し、必要に応じて、人事制度などの見直しを行う。
　なお、会社のグローバル化を支えるためには、人事部員もグローバルな人材になることが求められる。外国人とのコミュニケーションが図れるように、また、国内外の労働慣行に関する質問に答えられるように、日頃から情報収集しておくことが必要である。

3 企業の社会的責任と人事労務管理

企業の社会的責任に関する関心の高まり

　企業も、社会を構成する一員であり、「良い製品やサービスを顧客に提供する」「法令を守る」「雇用の維持、拡大に努める」など、社会に対して一定の責任を担っている。このような企業が果たすべき社会的責任を「CSR（Corporate Social Responsibility）」という。

　CSR を重視する会社は、顧客や投資家からの高い評価を得て、最終的には業績向上と事業運営の安定化を実現することができる。このため近年は、上場企業をはじめ多くの企業が CSR の取り組みに注力するとともに、その内容を開示する CSR 報告書を毎年作成し、公表している。

「ディーセント・ワーク」と「SDGs」

　1999 年、ILO（国際労働機関）のソマビア事務局長（当時）は、「ディーセント・ワーク（働きがいのある人間らしい仕事）の提供」を 21 世紀の目標として掲げた。そこから、「企業は、雇用を創出し、より多くの人に働きがいのある人間らしい仕事を提供する社会的責任を担っている」という考え方が、世界的に広まることになった。

　さらに、2015 年に開催された国連総会で採択された「持続可能な開発のための 2030 アジェンダ」において、持続可能で多様性と包摂性のある社会の実現を目指すための 17 項目の国際目標（SDGs：Sustainable Development Goals）が定められた。SDGs の 8 番目には「ディーセント・ワークと経済成長（包摂的かつ持続可能な経済成長およびすべての人々の完全かつ生産的な雇用と働きがいのある人間らしい雇用を促進する）」という目標が定められており、そこでも、企業が果たすべき社会的責任が明確に示されている。

　今や、CSR を果たすことは、企業が、国際的な舞台で評価されるためには不可欠なことになっている。

CSR を果たすために人事部門が取り組むべきこと

　CSR を果たすために、人事部門は、次のことに取り組まなければならない。

❶法令の遵守
　労働や社会保険に関する法令は、私たちが安心して暮らすことができる社会を構築するために作られたもので、会社は、これらの法令を遵守しなければならない。人事部門は、法令の内容を熟知して、それに則った人事労務管理を行わなければならない。

❷適正な労働条件の設定・雇用の安定化
　労働条件の適正化や雇用の安定化を図らずに、目先の利益だけを追求しても、長期的に見れば、従業員のモチベーション低下によって、会社の業績は悪化してしまう。人事部門は、「会社の利益」と「従業員の満足」とのバランスを意識して、適正な労働条件の設定と雇用の安定化を図らなければならない。

❸働きやすい労働環境の整備
　高齢者や外国人の従業員の増加に見られるように、今後、日本企業においては働く人の多様化が進むものと考えられる。さまざまな立場の人たちが、それぞれに「働きやすさ」を感じられるよう、人事部門は、労働環境の整備に取り組まなければならない。

4 HR テックと ピープル・アナリティクス

HR テックとその目的

　近年、人事管理分野で情報通信技術（ICT）や人工知能（AI）などのテクノロジーを活用して、人事管理の合理化、高度化を図ろうとする取り組みが盛んになっている。このような取り組みは「HR テック」と呼ばれている。

　HR テックは、目的に応じて三つに分けられる。

⑴人事業務の合理化を目的として行われるもの

　　AI などを活用し、判断を伴う作業も含めて機械に代行させる、SNS を利用して情報を効率的に伝達・収集するなどにより、人事業務の合理化を図る取り組み。なお、このようなホワイトカラー業務の自動化、省人化は、「RPA（Robotic Process Automation）」と呼ばれている。

⑵労働生産性の向上を目的として行われるもの

　　IT ツールを活用してテレワークを行う、ウエアラブル端末を用いて従業員の体調管理を行うなど、柔軟な働き方や従業員の健康増進を実現して、労働生産性の向上を図る取り組み。

⑶人事管理の高度化を目的として行われるもの

　　従業員に関するさまざまなデータを AI などに分析させて、その結果を用いて、科学的、戦略的な人事管理を実現すること。従業員の適性や能力に関するデータを分析し、その結果に基づいて人材配置の最適化を図る「タレント・マネジメント」などが挙げられる。

ピープル・アナリティクスへの関心の高まり

　今日、過去の「経験」や個人の「勘」に頼らずに、データを用いて合理的かつ戦略的に人事管理を行うことが要求されるようになってきている。これからは、三つ目の「人事管理の高度化」を目的とする HR テッ

クが急速に広がっていくものと考えられる。

　このような中、人に関するさまざまなデータを分析する「ピープル・アナリティクス」に対する世間の関心が高まってきている。

　既に一部の企業においては、従業員の職務行動や働き方などに関するデータを AI によって分析し、その結果を用いて、採用候補者の絞り込みを行ったり、退職可能性が高い者を抽出したりするなど、ピープル・アナリティクスの活用が進められている。今後、より多くの会社が、人事部門が蓄積してきたデータを科学的に分析し、その結果を組織編成や人材育成に活用していくことになるだろう。

　人事部員は、ピープル・アナリティクスを行うことができるように、データ分析に関する知識やスキルも習得しておくことが必要である。

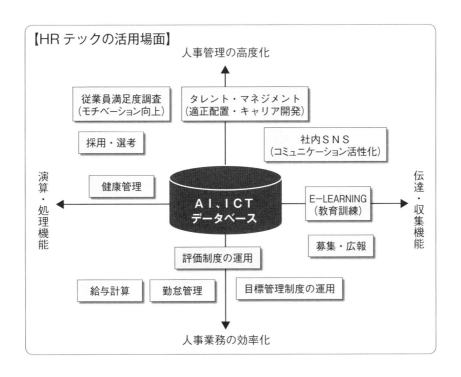

5 日本型雇用慣行とその変容

日本型雇用慣行の三つの特徴

　日本型雇用慣行の特徴として、これまでは「終身雇用、年功序列、企業別労働組合」の三つが挙げられていた。

　これらの特徴は、制度として確立されたものではなく、「新卒一括採用で集めた正社員を中心とした労務構成」や「従業員の生活水準の維持向上に重きを置いて決定される報酬」などの要因が絡んで、長い年月をかけて、日本企業の中に「慣行」として根付いてきたものと考えられる。

　ところが、従業員の高齢化が進み、人件費負担が重くなる中で、多くの会社が、もはや終身雇用や年功序列を維持できないとの意識を強めている。また、従業員は、キャリアアップのためなら転職もいとわない、年齢ではなく能力や職務を基準に報酬を決めてもらいたい、と考えるようになっており、この点からも終身雇用や年功序列の崩壊が進んでいる。

　企業別労働組合については、以前よりも労働組合数は減少し、従業員の組織率も低下しており、労働組合が労使双方に与える影響力は弱まっている。

　このように、かつては日本企業の強さの源泉ともいわれていた日本型雇用慣行の三つの特徴は、今や総崩れという様相を呈している。

欧米型雇用、ジョブ型雇用への移行

　従来の雇用慣行が崩壊する中で、日本企業においても、「個人との契約を重視し、職務や成果に応じて報酬等を決定する」という、いわゆる欧米型の雇用を取り入れるところが増えている。

　特に、優秀人材の獲得競争が激化している業界においては、専門性を有する人材を、高い報酬を出してでも確保していく必要性に迫られている。また、グローバル化を進めている企業においては、世界に通用する、公平な人事管理が求められている。このような中で、これまでの終

身雇用や年功序列にこだわらない雇用への移行が進んでいる。

　近年、日本型、欧米型の雇用を表す言葉として「メンバーシップ型・ジョブ型」という言葉が使われている。前者が「同じ企業で仕事や勤務地を限定せず、長期的に育成・処遇する」ということが重視される日本型であり、後者が「どのような仕事をするか、要求した仕事ができているか」ということが重視される欧米型の雇用の特徴とされる。

　今後、日本企業の雇用は、メンバーシップ型からジョブ型へと移行していくものと考えられている。

　なお、日本型雇用は変革期を迎えているが、それは、それぞれの会社にとって「従来の雇用慣行が時代遅れのものになった」というわけではない。各社に適した雇用の在り方は、それぞれの会社が置かれている環境や組織風土によって異なってくる。

　人事部員は、雇用に対する考え方の変化を把握した上で、自社に適した雇用の在り方を常に考えていくことが必要である。

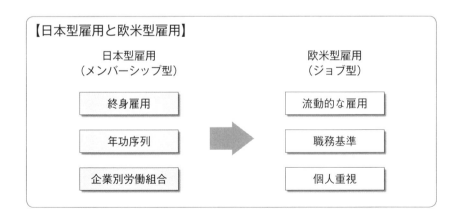

【日本型雇用と欧米型雇用】

日本型雇用 (メンバーシップ型)		欧米型雇用 (ジョブ型)
終身雇用		流動的な雇用
年功序列	⇒	職務基準
企業別労働組合		個人重視

6 人事管理（PM）と 人的資源管理（HRM）

　経営において、「物（モノ）、金（カネ）、人（ヒト）、情報」は重要な資源と捉えられている。「人」は、他の経営資源とは異なり、「労働力」と「感情や意思を持つ人間」の二面性を持ち合わせている。そして、「労働力」と「人間」のどちらの面を重視するかによって、「人」という資源の捉え方、および人事管理の基本的な考え方が変わってくる。

　ここでは、「人」の捉え方や「人」を管理する上での基本的な考え方について、主な理論を紹介する。

● 「人」の捉え方と人事管理に与えた影響

　おおむね 1920 年代まで、「人」という経営資源は、単なる「労働力」として捉えられていた。このような捉え方において、人間は、「自分の利益のために行動し、経済的な報酬によって動機づけられるもの」と考えられていた。このような人間の捉え方を「経済人モデル」という。

　経済人モデルをベースとすると、人事管理の重点は「効率的かつ低コストで従業員を働かせるには、どうすればよいか」ということに置かれる。そこで、従業員一人ひとりの作業分担を明確に決めて、出来高払いで報酬を支払う仕組みが良いものとされていた。

　1930 年代になると、「人は、社会的存在で、集団から影響を受けて行動する」という人間観を持つ人間関係論が登場する。そこでは、「人」という経営資源の「人間」としての側面に着目し、「人を働かせる上では、集団への帰属意識や仲間からの承認が重要である」という考え方が提唱された。このような人間の捉え方を「社会人モデル」という。

　社会人モデルが現れたことにより、人事管理においても、職場環境の改善に取り組んでいくことの重要性が認識されるようになった。

　1950 年代に入り、マズローの「欲求 5 段階説」をはじめとしたモチベーション理論が登場すると、「人間は、自己実現を目指して、自発的に行動する主体」として捉えられるようになる。このような人間の捉え

方を「自己実現モデル」という。

　自己実現モデルにおいて人間を動機づけるものは「仕事のやりがい」や「達成感」であり、この考え方に基づいて目標管理制度などが導入されるようになった。

　このように、「人」という経営資源は、さまざまな捉え方をされており、そして、それは人事管理の考え方に大きな影響を与えている。

　「人を、このように捉えるべきだ」という正解はない。一方で、経営者あるいは多くの従業員の「人の捉え方」によって、その会社の人事管理の基本的な考え方が決まる。例えば、経営者の人の捉え方が経済人モデルに近い場合は「成果主義」が、社会人モデルに近い場合は「家族主義」が、人事管理の基本的な考え方としては適合する。

　人事部員は、仕事を進める上で、経営者や従業員の人の捉え方、および自社の人事管理の考え方がそれに適合するものかどうかということを、ときどき考えてみるとよいだろう。

【人の捉え方と人事管理の考え方】

	経済人モデル	社会人モデル	自己実現モデル
人の捉え方	● 人は、個別的な存在で、自分の利益のために行動する ● 人を動機づけるものは、報酬	● 人は、社会的存在で、集団から影響を受けて行動する ● 人を動機づけるのは、帰属意識や仲間からの承認	● 人は、自己実現を目指して、自発的に行動する ● 人を動機づけるのは、仕事のやりがいや達成感
適合する人事管理	● 成果主義 ● 職務の明確化、出来高払い制　など	● 家族主義 ● 職場環境の整備、表彰制度　など	● モチベーション重視 ● 目標管理制度、自己申告制度　など

人的資源管理（HRM）とは

　1980年代以降、アメリカを中心に、「人」を重要な経営資源として捉えて、長期的かつ戦略的な観点から有効活用していこうとする考え方および管理手法が広がり始めた。このような考え方・管理手法は、それまでの「人事管理（Personnel Management：PM）」と一線を画するものとして、「人的資源管理（Human Resource Management：HRM）」と呼ばれている。

　人的資源管理の代表例としては、アメリカのミシガン大学を中心とした研究グループによる「ミシガン・モデル」（下図）が挙げられる。こ

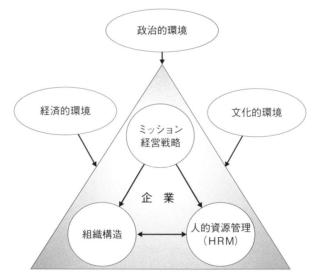

【人的資源管理のイメージ図（ミシガン・モデル）】

資料出所：『ＨＲＭマスターコース 人事スペシャリスト養成講座』（須田敏子　慶應義塾大学出版会　2005）、Fombrun, C.J., Tichy, N.M., and Devanna, M.A. (1984) Strategic Human Resource Management から作成

のモデルでは、「人」を管理する上で、社外の経営環境、企業のミッション（使命）・経営戦略および組織構造とフィットさせることが重要であることが示されている。

　人事管理と人的資源管理の主な違いは次の点にある。

①人事管理では、人を「労働力」と捉えて、それをコントロールすることに重点を置く。人的資源管理では、人を、意思や感情を持ち「経営戦略を実現する重要な資源」として捉えて、それを育成し、活用することに重点を置く。

②人事管理は、賃金や労働時間などの決定やそれに関する労使交渉など、従業員の処遇に関わる限定的な機能を遂行する。人的資源管理は、労働条件の決定等に加えて、要員計画の策定から人材・組織開発まで、経営戦略に関わる総合的な機能を遂行する。

③人事管理は、人件費を「コスト」と捉えて、短期業績との関連において適正化を図る。人的資源管理では、人件費を戦略実現のための「投資」と捉えて、長期的な視点から費用対効果の最適化を図る。

　日本企業は、昔から従業員を大切にして、長期的な視点から育成し、活用しようとする意識が強かった。しかし、近年、少子高齢化、グローバル化、産業構造の変化（製造業からサービス業への産業のシフト等）などが進む中で、経営戦略と人的資源管理との結び付きをさらに強めて、採用、配置、育成、労働条件の決定などを一貫した考え方の下に行っていくことが重要になっている。

　人事部員は、社会経済の動きに目を配り、自社の経営戦略を理解して、人的資源管理を実践していかなければならない。

7 これからの人事労務管理

「多様性・柔軟性に富む管理」への移行

　会社が多くの「人」が集まって構成される「組織」である以上、「人事労務管理」は、これまで重要な経営課題であったし、これからもそうであり続けるだろう。ただし、「これまでの人事労務管理」と「これからの人事労務管理」には、根本的な考え方に大きな違いがある。

　「これまでの人事労務管理」は、会社が定めた働き方やキャリアパスに従業員を適合させていく、「画一的」で「硬直的」な管理が多くみられた。また、他社の人事制度を真似したり、世間水準に合わせて自社の昇給を決定したりする「横並び」を重視した管理でもあった。

　近年、従業員は「自分に合った働き方をしたい」「自分の個性・能力を発揮したい」という意識を強めている。また、グローバル化の進行などに伴い、さまざまな価値観を持った人々が会社で働くようになっている。

　このような変化を受けて、「これからの人事労務管理」は、それぞれの従業員が働き方やキャリアパスを選択できるような、「多様性」と「柔軟性」に富む管理になっていくだろう。そして、それぞれの会社が、自社の経営方針・戦略の実現に資する「独自性」を重視した人事労務管理を目指していくことになると思われる。

ますます重要となる人事労務管理

　「独自性」が重視されることによって、今後、各社の人事労務管理の考え方ややり方に大きな違いが出てくることになる。そして、この人事労務管理の考え方・やり方の違いは、従業員の能力開発やモチベーションの差となって表れ、それが会社の将来を大きく左右することになる。

　「人事労務管理の重要性は、これから、ますます高まっていく」

　人事の仕事に携わる者は、このことを忘れてはならない。

特別付録

1 人事管理データの見方・活用術

1．基本的な考え方

■人事管理における情報・データ活用の必要性

　インターネットの普及により、人事管理の動向に関する情報や賃金水準に関する統計データなどが、誰でも簡単に入手できるようになった。また、パソコンの表計算ソフトの機能向上により、データの分析やグラフ化が効率的にできるようにもなった。

　人事部員は、これらの情報やデータの分析を通じて、世間の動きや自社の人事管理の現状を把握して、必要に応じて、人事制度の再構築や労働条件の見直しなどを行わなければならない。

　社内外の情報やデータを収集・分析し、それを有効活用することは、今や、人事部員にとって必要不可欠なスキルとなっている。

■自社のデータを統計データと比較するときのポイント

　自社データを統計データと比較すれば、自社の労務構成や賃金水準などの特徴や傾向を分析することができる。ただし、自社データと統計データとの間に乖離があっても、自社を世間水準に近づけたほうがよいとは限らないので注意が必要である。統計データは、「一般的な数値」であって、「自社にとっての最適値」を示しているわけではない。

　自社データと統計データを比較するときには、数値の大小・高低を見るのではなく、そのことの意味や影響を捉えるようにしなければならない。例えば、「自社の賃金水準が統計データよりも低い」という特徴が分かったら、「それが人材を採用するときの支障になっていないか」という視点で、そのことの意味・影響を考える。そして、賃金水準の低さが何かしらの問題を引き起こしていることが判明したら、「ベースアップにより賃金水準を引き上げる」などの対策を検討し、この対策を実施するときの基準・目標として統計データを使うようにする。

■**人事管理において活用する情報・データと活用上のポイント**

　人事部が取り扱う情報やデータの主なものは、下表のとおりである。

　人事部が取り扱う情報やデータには、「数値で示せない定性的な情報」や「評価や賃金など公表することが困難な機密データ」が多く含まれている。したがって、人事部員が情報やデータを活用するときには、「定性的な情報を定量的なデータに置き換える」「（個人のデータではなく）平均値やモデル賃金で示す」などの工夫や、「個人情報の取り扱いは厳格に行う」などの注意が必要になる。

　なお、人事部員が活用する社外情報・データの入手先のリストが後掲の「２．法令、労働・社会保険に関する情報の入手先リスト」や「３．給与や雇用に関する統計データの入手先リスト」に掲載されているので、法令のチェックや統計データの収集をするときには、このリストを参考にするとよい。

【人事管理で活用する情報・データと入手方法】

	定量的な情報、データ	定性的な情報
社内情報・データ	従業員数 年齢、勤続年数、離職率 賃金、労働時間、年休取得率 業績指標（売上高等）、労働分配率　等 → 情報システム、財務諸表などから	経営理念・経営方針 従業員の保有能力、知識 モチベーション、従業員満足度、働きやすさ 従業員からの意見・要望　等 → アンケート、ヒアリングなどから
社外情報・データ	労働力人口 雇用情勢（失業率、求人倍率） 賃金水準、労働時間、年休消化率 経済指標、物価、主な経営指標 → 官公庁の統計調査から 　（インターネット経由で入手）	法改正、労働行政の動向 社会の動き、価値観、勤労者の意識 競合企業の動き、技術動向 顧客の声、ブランドイメージ　等 → 新聞、ビジネス誌、ＨＰから 　顧客アンケートから

２．雇用情勢の把握

■雇用情勢を把握することの必要性

　雇用情勢は、企業経営や人事管理に大きな影響を及ぼす。一般的に、雇用情勢が改善してくると、企業間の人材獲得競争が激しくなり、多くの企業で労働力不足が発生する。また、企業は、他社よりも良い労働条件を提示して人材を確保しようとするため、賃金水準が上昇する。

　人事部員は、雇用情勢を常に把握して、必要に応じて、要員計画の見直しや労働条件の改善などの施策を実行していかなければならない。

■完全失業率、求人倍率をチェックする

　雇用情勢の把握のために、次の指標をチェックすることが必要である。

①完全失業率

　労働力人口（15 歳以上人口のうち、就業者と完全失業者を合計した人口）に占める完全失業者の割合。一般的に、完全失業率が低下すると、労働力不足が発生する。総務省「労働力調査」で毎月公表される。

　2019 年平均の完全失業率は 2.4％で、2000 年以降、最も低い水準になっている。

②求人倍率

　「（ハローワークにおける）求人数÷求職者」で算出される指標で、これが「１」を上回れば、求職者１人に対して１件以上の求人案件が存在し、「就職しやすい状態」であることを示す。「新規求人倍率」と「有効求人倍率」の２種類があるが、今後の雇用情勢を予測するときには「新規求人倍率」を、現在の雇用情勢を把握するときには「有効求人倍率」を見るようにするとよい。厚生労働省の「一般職業紹介状況（職業安定業務統計）」で、毎月公表される。

　2019 年平均の有効求人倍率（含むパート）は 1.60 倍で、バブル経済が崩壊した 1992 年以降、2018 年(1.61 倍)に次いで高い水準となっている。

■労働力の将来予測にも関心を持つ

　人事部員は、このような直近の雇用情勢を把握して、さまざまな施策を講じると同時に、労働力の将来予測に基づいて、中長期的な観点から人材戦略を考えて、それを実践していくことが必要である。

　国立社会保障・人口問題研究所の推計（2017年）によれば、22歳人口は2020年の124万人から、20年後の2040年には98万人にまで減少する。若年労働者の減少が見込まれる中、企業は、新卒採用の在り方や幹部人材の育成方法などを抜本的に見直していかなければならない。人事部員は、労働力の将来予測にも関心を持ち、これからの人事管理について、日頃から考えておくことが必要である。

【完全失業率と有効求人倍率の推移】

資料出所：総務省統計局「労働力調査」、厚生労働省「職業安定業務統計」

3．賃金分析の進め方

■賃金分析の二つの視点（賃金水準と格差構造）

　賃金が適切に支払われているかどうかを検証するために、実際に各従業員に支払った賃金データを使った分析を行うことがある。

　この賃金分析は、基本的には、次の二つの視点から行う。

---

①賃金水準：一定の生活レベルが維持できる金額になっているか？
　　　　　　世間水準と比べて高すぎないか？　低すぎないか？
　　　　　　賃金水準の高低が問題を引き起こしていないか？
②格差構造：能力や成果などに応じた適度な金額差がついているか？
　　　　　　等級や役職などに応じて適度な金額差がついているか？
　　　　　　年齢間、勤続年数間の格差は妥当か？

　基本的に、「賃金水準」は、その会社の競争力（人材獲得競争力やコスト競争力など）を決定づけるもので、一方、「格差構造」は、その会社の組織風土・従業員意識を形成するもの（例えば、成果による金額差を大きくすれば実力主義的な組織風土になる等）と捉えられる。

　賃金分析では、「自社が必要とする人材のレベルや企業業績から見て適正な賃金水準になっているか」そして「自社の組織風土や従業員意識から見て適正な格差構造になっているか」ということについて、データを用いて検証していく。

■賃金散布図を作成する

　賃金分析においては、賃金散布図（横軸に年齢、縦軸に賃金を設定した座標軸上に各従業員を点で示したグラフ）を作成して、賃金水準や格差構造を視覚的に捉えると、効率的に進められる。

　なお、散布図を作成するときに、役職ごとにプロットする点の種類を

変えると、役職による賃金格差も捉えることができる。

　パソコンの表計算ソフトのグラフ作成機能を使えば、賃金散布図は簡単に作成することができる（作成方法は、次ページ参照）。散布図は、賃金分析以外にもさまざまな用途で使うことができるものなので、人事部員は、その作成方法や見方に慣れておくことが必要である。

■「賃金構造基本統計調査」のデータと比較する

　自社の賃金データを比較するときには、厚生労働省の「賃金構造基本統計調査」と比較するとよい。この統計データは、産業、企業規模、性別などに応じて年齢階級ごとの賃金が表示されているので、これと比較すれば、自社の賃金水準や賃金カーブ（年齢に応じた賃金の上がり方）の特徴を簡単に捉えられる。

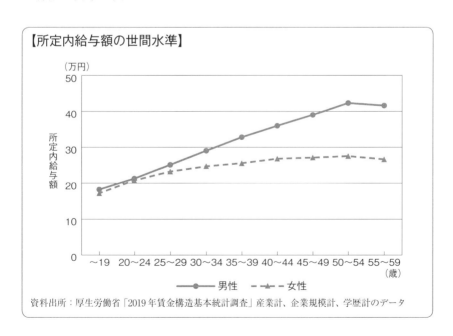

【所定内給与額の世間水準】

資料出所：厚生労働省「2019年賃金構造基本統計調査」産業計、企業規模計、学歴計のデータ

パソコンの表計算ソフト（エクセル®）を使った散布図の作成方法

※「エクセル」は、米国マイクロソフト社の登録商標である。

①年齢、賃金データの入力	エクセルシートに、全従業員の年齢と賃金のデータを入力する。

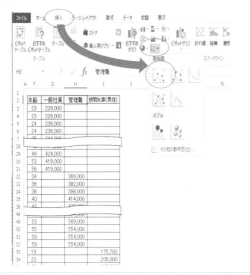

エクセルシートに、全従業員の年齢と賃金のデータを入力する。

一般社員と管理職でプロットする点の種類を変えるときには、賃金のデータだけ列を変えて入力する。

データを入力し終わったら、入力した領域を指定した状態で、［挿入］→［グラフ］→［散布図］を選択する。

②散布図の表示

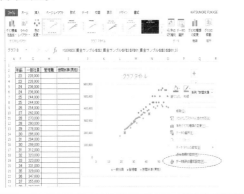

エクセルシート上に、散布図が表示された。自社データの入力領域の下に、厚生労働省「賃金構造基本統計調査」の年齢と賃金のデータを入力しておけば、世間水準のデータも表示される。

③世間水準のデータの折れ線グラフ化

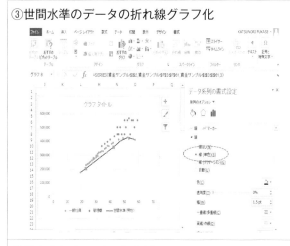

散布図上の世間水準のデータの一点を右クリックし、表示されたボックスから［データ系列の書式設定］を選択する。表示されたボックスで、データ間を「線」で結ぶように設定する。

この操作で、世間水準だけ折れ線グラフで表示されて見やすくなる。

④散布図によるデータ分析

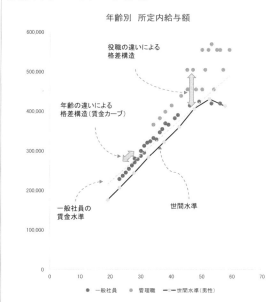

散布図から賃金水準と格差構造を読み取る。賃金水準は、自社のデータ全体を世間水準のデータと比較する。格差構造は、年齢の違いによる格差は自社データの上がり方から、役職や能力による格差は同年齢における点の散らばり方から考察する。

4．人件費分析の進め方

■人件費管理の必要性

　売上高を増やしたとしても、それ以上に人件費が増加してしまうと、企業は利益を出せなくなる。一方、利益を増やそうとしてリストラによる人件費削減を進めすぎると、従業員のモチベーション低下や人材の流出を引き起こし、事業運営に支障が生じる。

　企業は、利益を生み出せるコスト体質を維持しつつ、人材の確保や従業員のモチベーション向上が図れるように、人件費を適正に管理していくことが必要である。

■人件費の捉え方

　人件費とは、人材に関わるすべてのコスト（費用）を指すもので、企業の財務諸表上は、次の項目を合計して算出する。
①労務費：直接部門の人件費（売上原価明細書等に表示される）
②従業員給与手当：従業員に支払う給与や賞与。時間外手当も含む
③退職給付費用：実際に支払った退職金、企業年金の掛け金等
④法定福利費：法律で定められた労働・社会保険料の事業主負担分
⑤福利厚生費：社宅管理費、慶弔見舞等、法定外の福利厚生費用
⑥教育訓練費：従業員の研修、講演会への参加等の費用
⑦募集広告費：募集・採用にかかる費用。募集関係の委託費等
⑧役員報酬・慰労金：役員に支払われる報酬・賞与や退職慰労金

　なお、従業員の賃金データから１年間に支払った給与手当の総額を算出し、それに法定福利費等を加算して、人件費を算出することもできる。

■労働分配率の算出方法と見方

人件費分析の指標としては、「労働分配率」が広く用いられている。

労働分配率 ＝ 人件費 ÷ 付加価値※ × 100（％）

※付加価値とは、企業が新たに生み出した価値で、「売上高－外部購入価値」で算出される。なお、経済産業省の「企業活動基本調査」の場合は、財務諸表上の「営業利益、給与総額、福利厚生費、租税公課、減価償却費、動産・不動産賃借料」の合計額を付加価値としている。

一般的に労働分配率は低いほど良い（人件費が少なくなる分、利益が増加して経営が安定する）といわれている。ただし、労働分配率が低すぎる状態は、「労働力不足で事業運営に支障を来している」「低賃金で従業員のモチベーションが低い」などの問題が発生しているケースもある。したがって、人件費の適正性については、労働分配率の数値と併せて、社内の状況を見て総合的に判断することが必要である。

【産業別　労働分配率と労働生産性（1企業当たり）】

	労働分配率（％）	労働生産性（万円）
合計	48.7	884.2
鉱業、採石業、砂利採取業	15.1	4,961.8
製造業	47.8	1,170.3
電気・ガス業	21.0	3,544.9
情報通信業	55.7	1,035.0
卸売業	48.6	1,093.0
小売業	49.9	497.1
クレジットカード業、割賦金融業	28.3	1,783.5
物品賃貸業	24.7	1,830.4
学術研究、専門・技術サービス業	61.0	1,010.9
飲食サービス業	64.8	242.7
生活関連サービス業、娯楽業	47.5	524.9
個人教授所	57.2	350.9
サービス業	71.5	424.3

資料出所：経済産業省　「2019年　企業活動基本調査速報」（2018年度実績）
［注］　労働分配率＝給与総額÷付加価値額×100
　　　　労働生産性＝付加価値額÷常時従業者数

5. 人事情報の有効活用

■情報を活用して人事管理を戦略的に行う

　グローバル化が進み、環境変化のスピードが速くなっている今日、日本企業は、世界各地の多様な人材の中から、タイミングを逃さず、職務遂行に最適な人材を選べる体制を整えなければならない。

　これからの人事管理は、従業員のデータを一元的に集約した情報システムを活用して、特定の技術や経験を持つ人材をリストアップしたり、人材の過不足状況をチェックしたりすることにより、戦略的に進められていくことになるだろう。

■人事部門が収集するべき情報・データ

　このような人事管理を行うために、人事部門は、次のようなデータを収集することが必要である。

①氏名、年齢、勤続年数、職務経歴、保有資格などの個人属性
②職務歴、評価歴、表彰歴、社内実績などの職務に関する情報
③研修受講歴、専門知識・技術、語学力などの能力に関する情報
④職務への希望、職務や職場に対する満足度などの意識に関する情報
⑤賃金、労働時間、休暇取得などに関するデータ

　人事部門は、これらの情報・データを活用して、従業員の配置、キャリア開発、能力開発、処遇の決定、健康管理などを合理的に行うと同時に、経営層や現場マネジメントが意思決定や計画策定などを行うときにも情報・データを使えるようにしていくべきである。

■まずは経営層や従業員から高い信頼を得ること

　人事部門は、給与計算や就業管理などを行う「事務処理・労務管理部門」から、情報・データを活用し人材戦略を立案・実行する「情報管理・経営企画部門」へと変貌しつつある。人事部員も、情報処理やデータ分析に関するスキルを高め、また、データ分析結果やそれに基づく施

策を部内外の関係者に提案・説明し得るプレゼンテーション・スキルも身に付けることが必要である。近年、人事に関わる情報・データを統合的に管理し、特定の職務を行うときの最適人材をリストアップしたり、人的資源の保有状況を可視化したりする機能を搭載した人事情報システムも出現している。これからの人事部員は、このようなツールも活用しながら、人事管理の一層の高度化を図ることが必要であろう。

　そして何よりも大切なことは、人事部員が、経営層や従業員から高い信頼を得ることである。関係者から信頼を得ない限り、情報・データは集まらないし、提案・説明をしても聞き入れてもらえない。行うべき職務を着実に遂行して「信頼できる人事部員」になることが、情報・データを活用して、戦略的な人事管理を実践するための第一歩となる。

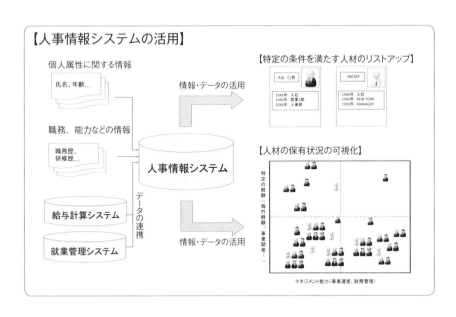

【人事情報システムの活用】

エクセル® のピボットテーブルによる、簡単な人事情報管理

①従業員の属性、賃金などのデータの入力

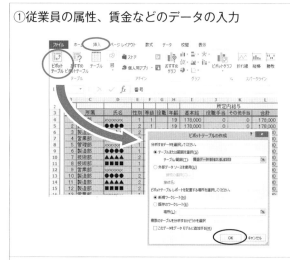

エクセルシートに、全社員の所属、氏名、年齢、等級、賃金などのデータを入力する。

データを入力し終わったら、入力した領域を指定した状態で、［挿入］→［ピボットテーブル］を選択して［OK］ボタンをクリックする。

②ピボットテーブルの設定

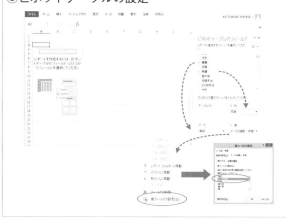

新規シートにピボットテーブルが表示された。

「ピボットテーブルのフィールド リスト」のボックスで、列に「年齢」、行に「等級」を設定する。「値」は「年齢」を設定し、「値フィールドの設定」で「データの個数」を選択する。

316

③年齢・等級別人員表の表示

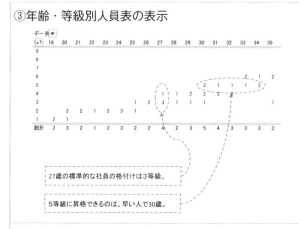

27歳の標準的な社員の格付けは3等級。

5等級に昇格できるのは、早い人で30歳。

各年齢・等級の社員数を表示した一覧表が作成された。これを見れば、「ある年齢の標準的な等級」や「各等級の最低年齢、最高年齢」などがすぐに分かる。

④年齢・等級に該当する社員リストの表示

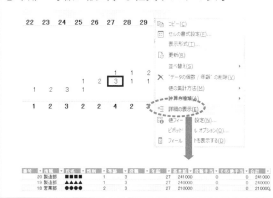

特定の年齢、等級のセルを右クリックする。表示されたボックスから「詳細の表示」を選択すると、その年齢、等級に該当する社員のリストが別シートに表示される。

317

❷ 法令、労働・社会保険に関する情報の入手先リスト

　法令や労働・社会保険の保険料率などは改正されることがあるため、適宜、最新情報を確認しておかなければならない。これらの情報の入手先は、次のとおりである。

1. 法令をチェックする

(1)総務省行政管理局「電子政府の総合窓口（e-Gov）」　法令検索

　　https://elaws.e-gov.go.jp/search/elawsSearch/elaws_search/
　　lsg0100/

　　日本の法令（憲法・法律・政令・勅令・府令・省令・規則）の内容（条文）を見ることができる。

(2)厚生労働省「法令等データベースサービス」

　　https://www.mhlw.go.jp/hourei/

　　厚生労働省所管の法律、政令、省令、告示、および主な訓令、通知、公示等を見ることができる。

2. 判例をチェックする

　人事労務管理においてトラブルが発生した場合、過去の判例が参考になることもある。インターネット上で判例が確認できるサイトには次のものがある。

(1)裁判所「裁判例情報」（判例検索システム）

　　https://www.courts.go.jp/app/hanrei_jp/search1

(2)中央労働委員会「命令・裁判例データベース」

　　https://www.mhlw.go.jp/churoi/meirei_db/index.html

3. 労働保険についてチェックする

⑴厚生労働省 「労働保険の適用・徴収」

https://www.mhlw.go.jp/stf/seisakunitsuite/bunya/koyou_
roudou/roudoukijun/hoken/index.html

労働保険（雇用保険、労働者災害補償保険）に関する情報を入手できる。労働保険の概要をつかむ上でも、閲覧しておくとよい。

⑵ハローワークインターネットサービス（雇用保険手続きのご案内）

https://www.hellowork.mhlw.go.jp/insurance/insurance_guide.
html

雇用保険の手続きや給付内容が掲載されている。なお、基本手当の所定給付日数は、次の URL に掲載されている。

https://www.hellowork.mhlw.go.jp/insurance/insurance_
benefitdays.html

4. 社会保険についてチェックする

⑴全国健康保険協会（協会けんぽ）ホームページ

https://www.kyoukaikenpo.or.jp/

健康保険制度の概要をつかむことができる（なお、組合健保の場合は、それぞれの健康保険組合が提供する情報を確認する）。

都道府県ごとの保険料率については、次の URL から入手できる。

https://www.kyoukaikenpo.or.jp/g3/cat330/sb3130/

⑵日本年金機構ホームページ

https://www.nenkin.go.jp/

厚生年金保険の概要をつかむことができる。

保険料額表は、次の URL から入手できる。

https://www.nenkin.go.jp/service/kounen/hokenryo-gaku/
gakuhyo/index.html

5. 給与にかけられている税金について調べる

(1)国税庁ホームページ

https://www.nta.go.jp/

「所得税」「源泉所得税」の項目を調べる。なお、源泉徴収税関係の
情報は、次の URL から入手できる。

https://www.nta.go.jp/publication/pamph/01.htm#a-03

(2)住民税（地方税）の税率については、各地の市区町村のホームページ
で確認する。

3 給与や雇用に関する統計データの入手先リスト

給与水準や雇用情勢について調べたいときには、次の統計データを見
るとよい。

1. 給与水準などをチェックする

(1)厚生労働省「賃金構造基本統計調査」

https://www.mhlw.go.jp/toukei/list/chinginkouzou.html

年齢別、産業別などの賃金などを見ることができる。データの詳細
は「政府統計の総合窓口（e-Stat）」から入手する。

https://www.e-stat.go.jp/stat-search/files?page=1&toukei
=00450091&tstat=000001011429

(2)中央労働委員会「賃金事情等総合調査」

https://www.mhlw.go.jp/churoi/chingin/index.html

大企業(資本金5億円以上・1000人以上)のモデル賃金・賞与、およ
び実在者賃金、諸手当の支給実態などに関するデータが入手できる。

なお、隔年でモデル退職金や役職定年・早期退職・再雇用等の調査
（「退職金、年金及び定年制事情調査」）および「労働時間、休日・休
暇調査」も行われる。

(3)東京都産業労働局「中小企業の賃金・退職金事情」

https://www.sangyo-rodo.metro.tokyo.lg.jp/toukei/koyou/chingin/

　都内の中小企業のモデル賃金、諸手当の支給実態。隔年で労働時間、退職金に関する調査も行われる。

2. 昇給や賞与の世間動向をチェックする

(1)厚生労働省「民間主要企業春季賃上げ要求・妥結状況」および「民間主要企業夏季（年末）一時金妥結状況」

　　https://www.mhlw.go.jp/stf/seisakunitsuite/bunya/koyou_roudou/roudouseisaku/shuntou/index.html

　　厚生労働省ウェブサイトの「報道発表」で公表される。毎年、昇給については8月上旬、夏季賞与は9月中旬、年末賞与は1月中旬に調査結果が公表される。

(2)日本経済団体連合会「春季労使交渉　妥結結果」および「夏季（年末）賞与・一時金　妥結結果」など

　　http://www.keidanren.or.jp/policy/index09a.html

　　経団連の「Policy（提言・報告書）」の「春季労使交渉／賞与・一時金　妥結状況」に調査結果が掲載される。なお、このサイトには、ほかにもさまざまな調査結果が公表されるので、定期的にチェックするとよい。

(3)日本労働組合総連合会（連合）「労働・賃金・雇用　春季生活闘争」

　　https://www.jtuc-rengo.or.jp/activity/roudou/

　　連合に加盟する労働組合の賃上げの交渉結果などが集計されている。前年12月ごろから春闘に関する情報が随時掲載される。

3. 生計費をチェックする

(1)総務省統計局「家計調査」

　　http://www.stat.go.jp/data/kakei/index.html

　　「家計収支編」の「消費支出」を見れば、1世帯・1カ月間の平均支出額に関するデータが入手できる。

⑵人事院「標準生計費」

https://www.jinji.go.jp/kyuuyo/index.html

毎年8月ごろ公表される「人事院勧告」の「生計費関係」の資料
で、全国の1〜5人世帯の標準生計費が公表される。なお、各都道府
県人事委員会も、その地域の標準生計費を10月ごろに発表する。

4. 人件費に関するデータをチェックする

⑴財務省「法人企業統計調査」

https://www.mof.go.jp/pri/reference/ssc/index.htm

日本の営利法人等の財務諸表を取りまとめた調査で、さまざまな経
営分析に使えるデータが入手できる。

⑵経済産業省「企業活動基本調査」

https://www.meti.go.jp/statistics/tyo/kikatu/index.html

「労働分配率」や「労働生産性」のデータが産業別に表示されてい
る。部門別従業員数や研究開発への取り組み状況などの調査結果も表
示されている。

5. 人事制度の導入状況を調べる

⑴厚生労働省「就労条件総合調査」

https://www.mhlw.go.jp/toukei/list/11-23.html

労働時間制度、定年制等および賃金制度などについて総合的に調査
したもの。数年おきに行われる「労働費用」の調査の結果を見れば、
労働者1人当たりの福利厚生費用や退職関連費用などが分かる。

6. 労働市場の動きをチェックする

⑴厚生労働省「毎月勤労統計調査」

https://www.mhlw.go.jp/toukei/list/30-1.html

雇用、給与および労働時間の変動を明らかにすることを目的に行わ
れる調査。毎月中旬に前々月分の集計結果を公表する。所定外労働時

間や常用雇用者の動きを見ることに適している。

(2)総務省統計局「労働力調査」

　　http://www.stat.go.jp/data/roudou/index.html

　　労働力人口や完全失業率などは、ここに掲載されている。

(3)厚生労働省「一般職業紹介状況（職業安定業務統計）」

　　https://www.mhlw.go.jp/toukei/list/114-1.html

　　求人倍率に関するデータは、ここに掲載されている。

(4)厚生労働省「大学等卒業予定者の就職内定状況調査」および「高校・中学新卒者のハローワーク求人に係る求人・求職・就職内定状況」

　　https://www.mhlw.go.jp/stf/seisakunitsuite/bunya/

　　topics_150898__158.html

【統計データを使用するときの注意点】

(1)信頼性が高い情報を収集すること

　　サンプル数が多いこと、客観性が高いことなど。

(2)自社の従業員規模、業種に近い情報を収集すること

　　規模や業種により水準が大きく異なる場合があるので注意すること。

(3)データの比較に当たり、データの算出方法などを合わせること

　　データの比較を行う場合は、統計調査の「用語の説明」や「データの算出方法」などを確認して、そこで示された定義、算出方法で自社のデータを集計し直すこと。

---

❹　e-Stat（政府統計の総合窓口）の使い方

　「e-Stat（政府統計の総合窓口）」とは、政府統計のポータルサイト
で、ここでは、各府省等が実施した統計調査の結果がインターネット上
で一元的に管理されている。

【厚生労働省「賃金構造基本統計調査」を閲覧する場合】
⑴下記の URL を入力して「e-Stat」の画面を開く。
　　https://www.e-stat.go.jp/
⑵「e-Stat」の画面の「統計データを探す」から「分野」を選択する。な
　お、統計名が分からない場合は、「キーワードで検索」に、自分が見
　たい情報を入力する。

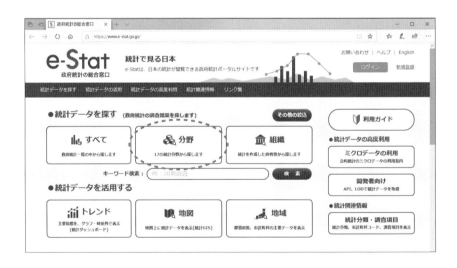

⑶分野ごとに、統計調査名が表示されるので、ここから入手したい情報
　が掲載されている統計名を選択する。

(4)自分が使いたい統計表を選択する。データを CSV 形式で入手すれ
ば、パソコンの表計算ソフトでそのまま活用することもできる。

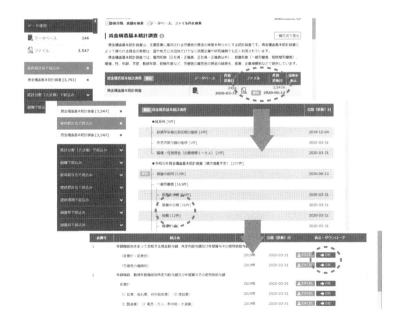

5 法令・通達・判例・Q&A データベース 「労働法ナビ」の使い方

　「労働法ナビ」（https://www.rosei.jp/lawdb/）は、労務行政研究所が運営する、労働関係の最新法令・通達・判例情報等を提供する専門WEB サービスである。改正法情報のチェックにも活用できる。PC はもちろん、タブレット・スマートフォンからの利用も可能となっている。

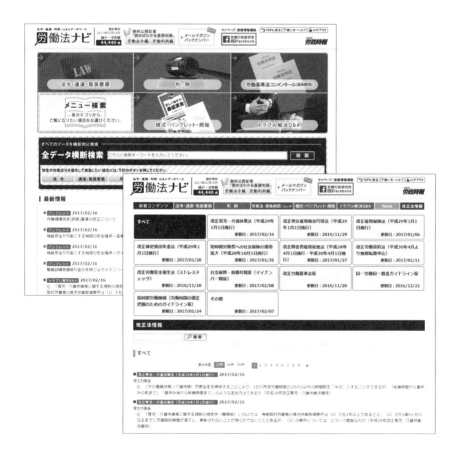

索　引

328

■執筆者プロフィール

深瀬 勝範（ふかせ かつのり）

Fフロンティア株式会社　代表取締役
人事コンサルタント 社会保険労務士
1962年神奈川県生まれ。
一橋大学卒業後、大手電機メーカー、金融機関系コンサルティング会社、大手情報サービス会社人事部長を経て、2010年に経営コンサルタントとして独立。人事制度の設計、事業計画の策定等のコンサルティングを行いながら、執筆・講演活動を積極的に展開している。
主な著書に、『Excelでできる戦略人事のデータ分析入門』（労務行政）、『担当になったら知っておきたい「人事」の基本』（日本実業出版社）などがある。

カバーデザイン／PARADOX INC
印刷・製本／株式会社加藤文明社

第3版
はじめて人事担当者になったとき知っておくべき、7の基本。8つの主な役割。（入門編）

2012年 6月15日　初版発行
2020年 8月25日　第3版発行
2024年 7月30日　第3版第5刷発行

編　者　一般財団法人 労務行政研究所
発行所　株式会社 **労務行政**
　　　　〒141-0031　東京都品川区西五反田3-6-21
　　　　　　　　　　住友不動産西五反田ビル3階
　　　　TEL：03-3491-1231
　　　　FAX：03-3491-1299
　　　　https://www.rosei.jp/

ISBN978-4-8452-0441-0